W0470786

Laurent SAINT-GÉRARD

Alias

Lolo le Daron

D'un cœur à l'autre

ALORIA EDITIONS

© Laurent SAINT-GÉRARD, 2025
Imprimé à la demande
Mise en page : Auto-édition Karenine
ISBN : 979-10-977754-0-7
Dépôt légal : juin 2025

Tous droits réservés, y compris de reproduction partielle ou totale, sous toutes ses formes.

À elle. À lui.

À mes trois enfants.

En souhaitant à chacun d'entre eux, de toute la force de mon amour, de devenir l'acteur de sa vie.

Partie I

— Votre fils, Laurent, a un retard de croissance, confie le pédiatre à ma mère.

Je suis avec elle pour une visite de routine chez un docteur de Limoges où mon père est en poste comme préfet de région depuis deux ans.

La consultation vire, ce jour-là, en une séance de torture.

D'abord, par la présence de ma mère à mes côtés dans le cabinet sombre et froid de cet infâme médecin. Ensuite, quand ce dernier n'a pas même la délicatesse de l'inviter à sortir de la pièce quand il m'examine sur la table. Et finit par baisser mon slip devant elle.

J'ai tout juste quinze ans.

Ce vicieux sadique enfonce alors deux doigts dans mon pubis.

Il pousse le vice jusqu'à demander à ma propre maman de constater par elle-même que ce que l'on s'angoisse à penser comme un micropénis est en fait raccourci de plus de la moitié de sa taille réelle par la graisse qui l'entoure. Ma mère se risque à un rapide coup d'œil sur le petit monstre qui lui est ainsi exposé. Puis détourne rapidement le regard.

Son malaise légitime le dispute à sa pudeur légendaire.

Je me souviens précisément de chacun des mots assénés par mon bourreau.

Premier coup de poing :

— Ses testicules ne sont pas tout à fait descendus dans le scrotum. Ils finiront par se mettre en place. Quant à ce que l'on pourrait croire être un micropénis, vous voyez, si j'enfonce mes doigts là, comme ça, regardez madame, mais regardez bien, lààà, mes doigts qui font pression au niveau de son pubis adipeux, vous voyez, là, comme ça, il a un pénis tout à fait normal. Ce jeune garçon est juste trop gros.

Il faut dire qu'à cette époque, je suis un adolescent à peine prépubère. Quelque chose en moi ne veut apparemment pas grandir. En retard sur la plupart de mes copains — plus grands, plus costauds, plus virils. Certains ont presque déjà des sexes d'homme. Je les épie discrètement avec envie dans les vestiaires de sport que je partage avec eux après la séance de piscine hebdomadaire de ma classe de troisième. Mon embonpoint de l'époque n'arrange rien et achève de me complexer.

Je mange trop de sucreries.

Sans doute pour oublier que je suis mal fichu.

Le besoin de comblement affectif n'attend pas le nombre des années.

L'autodestruction et le manque d'estime de soi non plus.

Je me rhabille rapidement, la tête sonnée par le coup autant que par la honte.

Ce vieux pervers m'envoie alors son deuxième crochet en pleine figure :

— Tu n'as pas de poils. C'est plutôt rare à ton âge, mais ça va finir par pousser, hein !

Puis soudainement, un uppercut aussi brutal qu'inattendu :

— Quant à cette varicocèle, ce petit nœud veineux que tu as au testicule gauche, cela t'empêchera peut-être d'avoir des enfants. Si c'est le cas, tu te feras opérer et ça s'arrangera certainement.

Knock-out.

Tout ça en présence de ma mère.
Un vétérinaire aurait eu plus de délicatesse avec un veau.
Une scène que rien en moi n'a pu oublier quarante ans après.

Ma mère et moi sortons hagards de cette consultation dont mon vieux carnet de santé d'un bleu délavé par le temps a gardé la trace. Un coup de tampon et une date : mai 1984.
Une marque indélébile.
Je ne suis pourtant pas au bout de mes peines.
Ma mère, aussi choquée que moi au sortir de cet éprouvant rendez-vous, n'a pas la force d'un mot réconfortant à mon endroit. Elle est abasourdie par la litanie de difformités et autres disgrâces que ce « professionnel de santé » vient d'énumérer en

sa présence. Ces affaires-là ne sont finalement pas les siennes. Elle en réfère donc à mon père. Un transfert de charges sans doute normal de la part d'une épouse qui veut restituer à son mari les « problèmes de garçon » de leur fils. Ces histoires masculines doivent rester des histoires entre hommes.

Mon père s'empare du problème avec autorité.

Durant les semaines qui suivent, il ne cesse de me demander si mes testicules ont fini par descendre. Il se heurte à un mur. Plutôt mourir que de lui répondre. Ses questions à répétition tournent vite à l'interrogatoire, et la forme d'obsession qu'il y met avec tant d'insistance se transforme peu à peu en harcèlement.

Ce rituel presque sadique prend un jour une forme insolite. Mon père dessine sur un bout de papier deux petits croquis. Sur le premier d'entre eux, les bourses sont schématisées sommairement en coupe transversale et montrent une boule encore en apesanteur. Le deuxième schéma présente les mêmes bourses, mais cette fois-ci lestées par des testicules bien descendus dans leur base.

Ma mère assiste, là encore, à la scène.

Mon père me pose la feuille sous les yeux.

— Tu n'as plus à me répondre « oui » ou « non », mais « un » ou « deux ». Alors ? Peux-tu me dire si c'est « un » ou « deux » ? Réponds ! Mais réponds, voyons !

Silence.

Il semble aussi satisfait de son esquisse picturale que de son stratagème supposé me stimuler à lui répondre. Qu'elles soient descendues ou non, j'en ai plein les couilles. Je prends le morceau de papier et le déchire sans ménagement sous son nez. Que n'ai-je pas fait là ? Attila a dû avoir des colères plus souples. Et des vexations moins soupe au lait. Mon père, furieux, me hurle dessus, tente de me frapper, j'esquive le coup, course poursuite dans le couloir, je me réfugie dans ma chambre et m'abrite sous le bureau où il achève de me vomir sa colère à coups de pied. Je suis apeuré comme un chien sous les frappes ininterrompues d'un maître violent et hors de lui. Je hurle à la mort. Il claque la porte. Je pleure toutes les larmes de mon corps. Je reste seul sous le bureau.

Seul avec ma honte.

Seul avec ma fierté de ne pas lui avoir répondu.

Seul avec ma douleur.

Je ne sais pas si Attila avait des chiens.

Mon père n'a plus jamais évoqué le sujet.

C'est à l'âge de cette adolescence blessée, bien avant l'arrivée d'internet, que je commence à collectionner des images très explicites dans un cahier bleu grand format de la marque Clairefontaine. Ses quatre-vingt-dix pages se remplissent au fil du temps de plusieurs dizaines de photos. Je les découpe avec soin dans les magazines à succès de l'époque, de *Lui* à *Newlook* en passant par le légendaire *Playboy*. Je découvre avec une joie non dissimulée les *playmates* du mois offrant généreusement tous les angles de leurs sublimes anatomies à l'objectif du photographe.

J'y adjoins des photos de garçons plutôt jeunes et sportifs. Ces dernières ont davantage mes faveurs que les autres. Mon Dieu, qu'est-ce que j'aimerais leur ressembler. Cela m'excite tant d'imaginer avoir leurs corps magnifiques, musclés, en tous points parfaits.

Et pour cause.

On m'a tant fait douter du mien.

Acheter ces magazines pour hommes qui aiment les hommes me demande un certain courage. Je me rends chez des marchands de presse aussi éloignés que possible de chez moi. Des commerçants parfois sourcilleux devant lesquels le gamin à la caisse baisse le regard, penaud et un peu honteux.

Un cahier de fantasmes des plus œcuméniques qui devient le soutien précieux et stimulant de mes « secrets de salle de bains ».

Je suis assez satisfait de cette collection plutôt unique. Ce cahier intime m'est aussi cher qu'un journal de bord. Je me régale souvent à en redécouvrir toutes les photos en le feuilletant avec délectation depuis sa première page.

Un « hors-série » dont je suis à la fois le rédacteur en chef, le maquettiste et l'unique lecteur. Un glossaire de photos aussi secret que sacré.

À chacun sa bible selon son manque de foi.

Les conquêtes féminines que je commence néanmoins à enchaîner, pas insensibles à mon humour ni à ma personnalité d'écorché vif, achèvent d'apaiser mes angoisses de ne pas être dans la norme.

***

J'ai vingt ans.

Il est déjà tard chez Castel. Je ne sais plus qui me présente cette jeune fille. Elle a de l'allure, doit mesurer un mètre soixante-quinze, un sourire charmant, du caractère dans le visage qui me fait penser à l'actrice Carole Bouquet. Je suis ivre plus que de raison et à mille lieues de soupçonner la portée fondatrice de cette rencontre.

Mon attitude confirme que passé un certain taux d'alcool, on ne cherche plus à plaire, mais juste à exister.

— T'AS DE GROS SEINS, TOI !

Voilà la toute première phrase que j'aie dite à celle qui devait devenir ma femme et la mère de mes trois enfants huit ans plus tard.

Une autre fille aurait fui à jamais ce triste goujat que les nombreux cuba libre rendirent ce soir-là aussi idiot que vulgaire.

Il n'en fut rien.

Mieux encore, ça la fit rire.

Dès les premières secondes, elle sut qu'avec un gugusse comme moi, elle souffrirait sans doute, mais ne s'ennuierait jamais.

***

J'ai trente-sept ans.

Ce matin, je suis heureux. Je me sens léger. Je rends grâce à la vie. C'est assez inédit.

Surtout en garde à vue.

Dans un accès de colère, j'ai poussé brutalement ma femme. Elle est tombée par terre. Elle s'est fait mal au dos. JE lui ai fait mal au dos. Nos trois petits ont assisté à la scène. Je n'oublierai jamais leur regard effrayé. Delphine a porté plainte. J'ai été convoqué à la brigade de gendarmerie de Montfort-l'Amaury.

Et voilà.

Une chaude journée de juin où je me retrouve seul dans une cellule de sept mètres carrés. Un rayon de soleil traverse l'épais carreau de verre au-dessus de ma tête. Ça pue la pisse et la vinasse. Je n'ose pas m'asseoir sur le lit en fer. La couverture sombre qui le recouvre doit contenir des germes bactériens qui feraient rêver plus d'un laboratoire de microbiologie. Dans la cellule d'à côté, j'entends les grognements d'un homme. Il pousse, à intervalles réguliers, des cris de bête. Il s'agit peut-être d'un dangereux criminel. On peut être privé de tout quand on est enfermé, mais pas de son imagination.

Surtout moi qui n'en ai jamais manqué.

On m'a demandé de retirer mes lacets et ma ceinture. Il m'a été prélevé un peu de salive avec un coton-tige géant — pour le fichier des empreintes ADN, me précisent les gendarmes qui s'occupent de moi. Ils sont bienveillants, professionnels et respectueux. J'ai été gendarme auxiliaire pendant mon service militaire. J'évoque les bons souvenirs que j'en garde et auxquels ils sont sensibles. J'ai avec eux un échange courtois et plutôt sympathique.

Ces gendarmes comprennent qu'ils sont face à une crise de couple.

Cela doit être sérieux, car cette main courante a été déposée pour des faits qui remontent à plusieurs mois.

Delphine m'avait pourtant pardonné cet incident isolé, si regrettable et tant regretté.

Mais sa peur ce jour-là n'était pas celle d'une femme battue, mais d'une femme bafouée, trahie, terrorisée à l'idée d'être abandonnée.

Car six jours plus tôt, je lui ai avoué avoir fait une rencontre.

Une rencontre qui va bouleverser le cours de nos vies.

Je suis marié à Delphine depuis huit ans.

Nous avons trois beaux enfants de six, quatre et trois ans.

J'aime cette femme et la vie que nous avons construite ensemble.

J'aime notre si jolie maison à la campagne.

J'aime ses murs de pierres sèches, son panachage de tuiles anciennes sur les toits, ses gouttières en cuivre, la mare aux grenouilles, le parterre de rosiers anglais, l'allée d'arbres fruitiers, le jardin à la française et son bassin de pavés versaillais, le vieil arrosoir en zinc posé sur le rebord d'une fenêtre.

J'aime le sol en pierre de Bourgogne, la cheminée Louis XIII de la salle à manger, celles en bois du salon et de notre chambre à coucher, les matériaux nobles et les tissus raffinés, mon incroyable cave à vin de trente-cinq mètres carrés, la cuisine rouge qui fit la une d'un magazine de déco.

J'aime cette maison dont je n'ai négligé aucun détail, résultat de quatre années d'exigeants travaux qui l'ont transformée en une propriété d'exception entourée d'un jardin de trois hectares.

Je bénis le grand-père qui a travaillé toute sa vie pour me permettre d'hériter d'une coquette somme d'argent.

J'ai presque tout investi dans ce lieu.

Un si bel endroit.

Une si belle « vitrine », dit ma psy.

J'ai toujours soigné mes vitrines.

Un peu moins l'arrière-boutique.

Jusqu'à ce jour qui allait tout changer.

C'était il y a quatre mois.

***

Delphine est aux sports d'hiver avec les enfants. Je reste à Paris pour jouer une pièce de théâtre. Comédien depuis plus de dix ans, j'adore mon métier.

Nous sommes dimanche et je suis en relâche jusqu'au mardi soir.

« Quand le chat court sur les toits, les souris dansent sur les planchers », a écrit Balzac dans son roman *Eugénie Grandet*.

Ça tombe bien, j'ai envie d'aller m'éclater sur un *dancefloor* avec du super son et de la bonne MDMA. Une drogue que je m'autorise de temps en temps. Elle donne la pêche et la *vibe*. La sérotonine qu'elle sécrète en abondance dans le cerveau procure une sensation de légèreté, de chaleur et de bien-être que j'adore.

Je réunis une bande de neuf copains pour aller à un *gay tea dance*, une fête entre dix-sept heures et minuit. Un concept malin de fin d'après-midi festif proposé par une grande boîte de Montparnasse.

Je suis *gay friendly* depuis longtemps. J'ai eu quelques expériences sexuelles plus jeune avec des garçons de mon âge. Pour moi, c'est normal, cela fait partie de ma vie.

L'idée d'aller danser dans un endroit de garçons me plaît. J'aime leur façon de se lâcher dans la fête. Il y a davantage de drogues et moins d'alcool que chez les hétéros. Cela donne étonnamment des ambiances moins bêtes. Et puis j'adore le son techno *house progressive* que l'on entend à cette époque exclusivement chez les homos.

Une musique pour danser et planer.

J'ai toujours adoré les massages.

Y compris ceux du cerveau.

Le rendez-vous est donné à cette belle équipe que j'ai un plaisir malicieux à emmener dans ce lieu.

Ils se sont décommandés les uns après les autres.

On se retrouve à trois, avec mon meilleur ami Manu, et Stanislas, mon beau-frère. Ce dernier est gay. L'idée de partager un moment comme celui-là avec le grand frère de ma femme nous amuse tous les deux. Il est mon alibi complice pour cette virée festive dans cet endroit hors des sentiers battus.

Quand nous arrivons, la fête bat son plein. Ambiance deux heures et demie du mat', sauf qu'il est vingt heures. Une vertu de ces *gay tea dance*.

Après une bière, Manu déclare forfait. Le spectacle de mille « garçons coiffeurs » — comme il s'amuse à les décrire — se déchaînant sur la piste et les podiums, a raison de sa capacité d'adaptation pourtant légendaire.

Ça manque singulièrement de filles.

Je ne peux pas lui donner tort.

Les deux seules que l'on croise ce jour-là s'occupent du vestiaire.

Je me retrouve seul avec Stanislas.

Seul avec un beau-frère gay entouré de mille mecs qui font la fête.

Les montagnes de Delphine et des enfants me paraissent bien loin.

À chacun ses sports divers.

Je ne sais plus comment j'ai pu me souvenir précisément de l'heure où j'ai vu ce garçon pour la première fois ce soir-là.

Vingt et une heures quinze.

Comme si le premier instant de cette rencontre incroyable devait rester gravé sur l'horloge du temps.

Le « premier jour du reste de ma vie », disait ce joli titre de film.

Le plus impensable est que je lui aie été présenté par Stanislas.

Comment imaginer une seconde qu'au milieu de cette piste de danse à l'ambiance survoltée et insouciante, au moment où mon beau-frère me hurle dans l'oreille : « Tu ne connais pas Sam ? Viens, je te le présente ! », qu'il soit sur le point de provoquer le déclenchement d'une histoire qui va en bouleverser beaucoup d'autres autour d'elle, dont celle de sa propre sœur.

Une tragédie grecque des temps modernes.

Un ange tombé du ciel.

Voilà la vision que j'ai de Sam à cet instant.

Son torse nu, comme la plupart des garçons présents, révèle une musculature harmonieuse de nageur, sa peau semble si douce. Il porte un jean clair.

Comme le vert de ses yeux.

Son visage inspire spontanément la sympathie. Il semble ne pas chercher à être autre chose que ce qu'il est. Plutôt rare dans ce temple de l'exubérance. Lui est seul, tranquille, venu danser ce soir-là pour se détendre un peu. Les danseurs autour de lui deviennent tout à coup totalement insignifiants, presque invisibles.

Comme les figurants d'une scène où l'on ne voit plus que les deux héros.

Deux anges entourés de diablotins.

Il est si beau et paraît si gentil.

Je n'ai pas hésité une seconde.

Je l'ai choisi.

Je souris encore de mon audace quand je m'entends dire à Sam, quelques minutes à peine après l'avoir rencontré sur cette piste de danse surchauffée :

— TU SAIS QUE TOI ET MOI, ON VA FINIR ENSEMBLE !

Je ne saurai jamais dire d'où m'est venue cette phrase, dépassant tout entendement pour l'homme marié et père de trois enfants que je suis.

Le sourire de Sam, à ce moment-là, trahit une certaine surprise quant à ma hardiesse si spontanée. Je sais que j'ai déjà commencé à le séduire par mon humour.

De l'humour, cette soirée insolite n'en a pas manqué.

Comme le jeu du chat et des deux souris qui se met rapidement en place entre mon beau-frère et nous.

La tragédie grecque prend des airs de vaudeville.

Comprenant l'attraction des corps qui est en train de se produire devant lui, Stanislas tente à plusieurs reprises de faire entendre raison aux deux canailles qui se cachent comme ils peuvent pour échanger de langoureux et passionnés baisers. Son statut de chaperon se transforme en porteur de chandelle. Il doit penser que mon incartade sera celle d'un soir, circonscrite à cette sortie en forme de lâcher-prise que nous avons décidé de partager. Il en est un peu mal à l'aise, mais n'y voit pas forcément le mal.

Pas encore.

Sam et moi sommes sur un petit nuage. On s'amuse comme des enfants. Avec ce goût de l'interdit que symbolise la présence de mon propre beau-frère. Nous voulons arrêter le temps, tant ce moment est féérique, irréel. On danse, on se regarde, on s'effleure, on se tient la main, on s'embrasse. Et on recommence sans pouvoir s'arrêter. C'est une attraction magique, puissante, évidente. On se serre très fort dans les bras l'un de l'autre, comme deux êtres qui se retrouvent, comme deux âmes qui se reconnaissent.

Je crois à la rencontre des enfants intérieurs.

J'y crois parce que je l'ai vécue cette nuit-là.

La fermeture du *gay tea dance* approche.

Comme nous ne pouvons pas arrêter le temps, nous continuons la fête. Au Queen, le célèbre club des Champs-Élysées.

Là ou ailleurs, j'irai n'importe où tant que je suis avec lui.

Je suis aussi subjugué qu'émerveillé de cette communion inouïe avec ce garçon. On est comme connectés par un fil invisible, un lien d'énergie et d'amour dont on ne soupçonne pas encore l'immense portée, mais que nous dévorons ensemble avec gourmandise dans le moment présent.

Le présent.

Ce joli synonyme de cadeau.

Stanislas nous suit. Il ne veut pas me laisser partir seul avec Sam. Par goût des responsabilités autant que celui de la fête certainement. Il m'a présenté à lui. Il m'a vu succomber à son charme.

La fête bat son plein au Queen. Les dimanches soir y sont légendaires à l'époque. Et très gay. La musique, la foule, la chaleur, nos cœurs qui s'emballent et nos corps qui s'entrelacent gravent le deuxième chapitre de cette nuit magique. On ne peut plus se lâcher du regard. Ni se lâcher tout court. On s'abrite comme on peut derrière la cabine du DJ. Nos baisers sont profonds et d'une intensité incroyable.

Stanislas symbolise tout ce dont je dois me cacher ce soir-là, ma famille, les conventions, mon éducation, la fidélité à mon mariage.

Il est néanmoins homosexuel.

J'envie, sans en avoir pleinement conscience, le statut d'homo de mon beau-frère. Son identité plus encore que sa personnalité. Pas tant ce qu'il en fait, au travers d'histoires malheureuses ou sans lendemains, mais son apparente liberté dans cette vie « hors normes ».

Et pourtant, jusqu'à ce jour, il me semble bien inconvenant que deux hommes puissent avoir l'un pour l'autre des sentiments amoureux. Le sexe est facile, et l'ancien pensionnaire que je suis ne s'en est pas privé plus jeune, mais de l'amour entre garçons ? Grand Dieu ?! Jamais !

Mais ce soir, rien ne me semble grave. Toutes les cellules de mon corps vibrent à l'unisson de celles de Sam. La puissance de « l'ici et maintenant » a raison de toute contrainte, de tout interdit, et de toute certitude. On partage un pur moment de joie, celui d'être ensemble et celui d'être au monde. Un moment d'une vibrante connexion.

De celle qui a l'éclat et la fulgurance d'un coup de foudre.

Tard dans la nuit, prétextant raccompagner Sam à son scooter laissé à Montparnasse, nous faussons compagnie à mon beau-frère.

Je me souviens de son regard, loin d'être dupe du stratagème, où je lis à la fois de l'inquiétude, de la désapprobation, et peut-être un peu d'envie.

Dans ma voiture, Sam et moi sommes comme deux collégiens qui viennent de faire le mur. On a réussi à échapper à la vigilance du pion. On rigole de la situation, pleins de satisfaction et de fierté d'avoir semé notre garde d'un soir.

Un « garde du corps » dépassé par la fièvre qui s'est emparée des nôtres.

Mais l'attraction évidente et puissante que nous avons l'un pour l'autre devait échapper tôt ou tard au contrôle d'un tiers.

Les heures qui suivent vont nous le confirmer.

Nous partons directement chez lui.

Sam est propriétaire d'un petit appartement au quatrième étage d'un immeuble ancien d'Asnières. Des murs blancs sans tableaux, un mobilier scandinave en bois clair, un grand écran plat et un immense lit où il est particulièrement fier de m'accueillir ce soir-là.

Nous avons tellement envie l'un de l'autre.

On ne sait pas par quoi commencer, où donner de la tête, et du reste.

Un festin de roi.

Son corps athlétique est fascinant. Une peau de bébé plus douce encore que la mienne. J'ai tout de suite adoré sa musculature magnifique qui a su s'enrober quelque peu, juste ce qu'il faut pour donner à l'œil et au toucher une sensation de muscles rebondis, telle une étoffe molletonnée recouvrant une armure. Le caresser, l'embrasser, me blottir contre lui sont des instants enivrants. Nous nous sommes happés, dévorés, nourris l'un de l'autre. Son grand lit accueille notre première nuit d'amour dans une synchronisation d'intentions et de gestes enivrants. Nos corps communiquent dans un équilibre parfait de fougue et de tendresse.

C'est inouï, presque irréel.

Un échange d'énergie si rare entre deux êtres humains.

D'autant plus inimaginable pour moi avec un autre homme.

Nous jouissons plusieurs fois ensemble.

On s'endort dans les bras l'un de l'autre.

***

J'ai vingt et un ans.

Mon frère Éric, le quatrième de la fratrie, de huit ans mon aîné, m'invite à partager un week-end de quatre jours en Bretagne. Parmi les invités, une jeune fille au sourire malicieux me fait rapidement comprendre que nous nous sommes déjà croisés quelques mois auparavant. Elle s'en souvient plus précisément que moi.

Et pour cause.

Me revient soudainement avec effroi le souvenir chez Castel et la grivoiserie que m'inspira sa poitrine généreuse.

Delphine trouve des mots simples pour apaiser mon sentiment de honte et de gêne et réussit à me convaincre que ma sortie de route ce soir-là l'a bien fait rigoler.

Elle manie déjà l'art séduisant de savoir transformer un incident en anecdote.

Et semble aussi bien élevée que bienveillante.

Tout au long du week-end, nous ne cessons d'échanger avec enthousiasme, de refaire le monde en parlant de tout. Et beaucoup de musique que l'on se découvre comme passion commune.

Delphine me confie qu'elle est arrivée à Paris deux ans auparavant, après avoir passé les dix-huit premières années de sa vie à Lausanne. Elle vit avec son grand frère Stanislas, de sept ans son aîné, qui a lancé sa propre marque de couture. Il a accueilli sa petite sœur à Paris, venue y suivre des études d'attachée de presse.

L'ambiance du week-end est à l'image de la météo ensoleillée. Tout est simple et joyeux. Dans le supermarché où nous partons faire des courses, je fais le pitre avec notre caddie que je transforme pour l'occasion en planche de surf. Je ne cesse de faire rire Delphine. Et y prends un évident plaisir.

Moi qui ai tant besoin d'exister, je rencontre ce week-end-là le meilleur des publics et me sens vite au centre de toutes ses attentions.

Dès notre retour à Paris, elle vient chez moi écouter les vinyles que je collectionne à la pelle. Ce sont les années de l'*acid house* anglaise et du *new beat* belge. Je suis fan de cette révolution galopante qu'est la musique électronique. J'ai l'enthousiasme communicatif. Dans ses yeux, je me vois DJ. Je lui enregistre des cassettes, je soigne les choix musicaux et les pochettes « *home made* » dont je suis assez fier.

Autant qu'elle de les collectionner.

Je partage avec Delphine mon admiration pour le chanteur Prince. Ses concerts, que nous visionnons en VHS, enrichissent encore un peu la belle complicité qui est déjà la nôtre. Nous allons l'applaudir en live au Parc des Princes. Cet immense musicien et *showman* de génie ne ressemble à aucun autre. Il aime et plaît aux femmes, en dépit de ses talons aiguilles et de ses looks souvent très féminins.

Une androgynie assumée et revendiquée loin de me déplaire.

Un mois après notre séjour breton, j'emmène Delphine à la montagne. Deux copains se joignent à nous. Pour moi, il est impensable de partir seul avec elle. Le principe du séjour « en amoureux » me terrorise. Je ne veux pas me soumettre à la tyrannie d'un résultat. Comme si son attente devenait oppressante pour moi.

Je sens confusément que la place où Delphine me désire dans son cœur n'est pas juste.

Un week-end à quatre fera parfaitement l'affaire pour partager du bon temps tous les deux. Il faut admettre que l'on s'entend à merveille. Un soir, nous décidons de revisiter le *Scrabble*, ne retenant que des mots paillards et grivois. Crise de rire mémorable. L'alibi de la bande de potes me stimule à faire le mariole en me protégeant de tout autre statut.

Ni chevalier ni servant.

Son affection pour moi et ses attentes que je feins de ne pas voir me rendent paradoxalement aussi fier qu'inquiet. Je ressens une grande joie d'avoir rencontré une aussi belle personne, d'être l'objet de tant de désirs de sa part, et suis en même temps en proie à de sombres tourments quant à devoir les satisfaire.

On est si bons copains, elle et moi.

Pourquoi diable cette jeune fille semble-t-elle en vouloir davantage ?

Nous sortons en boîte un soir. On danse toute la nuit. L'ambiance est joyeuse et insouciante. Même si dans ma tête, je suis anxieux. J'ai décidé d'embrasser Delphine à la première occasion venue. La meilleure façon de savoir si c'est juste pour moi est sans aucun doute d'essayer.

J'aurais pu sortir avec Delphine dès notre premier week-end en Bretagne. Je sais qu'elle n'attendait que cela. Tout dans son attitude à mon égard trahit très vite son consentement et son espérance. Cela me fait plus peur encore qu'un improbable rejet de sa part.

Ce n'est pas la première fois que je suis assailli par cette sensation oppressante. Plusieurs jeunes filles ont déjà jeté leur dévolu sur moi ces dernières années, n'attendant qu'un geste de ma part. Ce fut chaque fois terrorisant pour moi.

Tout se résume en une phrase que je lâche à Delphine ce soir-là :

— Comment fais-tu pour m'aimer alors que je ne m'aime pas ?

Je suis un jeune homme qui n'a aucune confiance en lui et dissimule son mal de vivre par une attitude extravertie, bavarde et parfois bruyante. Je tente d'exister, depuis ma plus tendre enfance, en faisant mon intéressant, le pitre, le rigolo de service, avec des résultats parfois contrastés. Surtout pour mes parents, très souvent lassés par l'enfant turbulent que je suis. Adolescent, dans ma bande de copains, on me laisse rapidement cette place de fanfaron, et je finis par croire que ce rôle est le seul possible à ma survie, aussi psychique que sociale.

Il aurait été tellement plus simple que Delphine fasse le premier pas.

Plus simple pour moi, mais à l'évidence, pas pour elle chez qui je constate rapidement une grande timidité. C'est moi qui vais devoir encore faire semblant d'être plus fort que je ne le suis. Ce statut de garçon supposé prendre l'initiative du premier baiser m'angoisse plus que tout. Il suppose une confiance en soi qui me fait cruellement défaut. Cela fonctionne dans les scènes de cinéma ou pour des garçons pleinement constitués.

Ce que je sens ne pas être du tout.

Les heures qui suivent notre sortie de discothèque avec Delphine viennent me le rappeler douloureusement.

Nous rentrons à pied au petit matin par le golf qui offre un raccourci plutôt bucolique vers l'appartement. Les amis sont déjà rentrés se coucher.

Je suis seul avec elle.

Je joue la décontraction alors que mon cœur est aussi serré que mon ventre.

Nous arrivons sur le parking de l'immeuble vers six heures du matin. Le jour se lève. J'ouvre le garage pour y prendre un sac de golf. Ne considérant à aucun moment l'insolite de la situation, je propose à Delphine d'aller jouer quelques trous. Elle accepte avec enthousiasme. Se laisse-t-elle seulement le choix ? Je fais un rapide aller-retour dans l'appartement pour en redescendre une bouteille de vin blanc.

Aux grands maux, les remèdes que l'on peut.

Ce n'est pas elle que je dois avoir à l'usure, mais bien moi.

Nous voilà partis pour un drôle de manège. Delphine ne joue pas, mais m'encourage à chaque coup que j'essaie de réussir maladroitement. On boit la bouteille au goulot, comme des pochetrons sous un pont. On est loin de faire honneur à la renommée de ce golf du Valais suisse, dont l'Open annuel a fait la réputation internationale. Nous parcourons les deux ou trois trous qui entourent l'immeuble. Tous mes coups ratés par la fatigue et l'alcool sont salués par l'hilarité intarissable de Delphine. Je perds en balles ce que je gagne en humour. Nous remontons doucement vers la maison. À l'abri de quelques sapins, en lisière du terrain, je décide de prendre enfin mon courage à deux mains. À l'instar du visage de Delphine qui se laisse facilement embrasser. Un patin qui n'est pas des plus artistiques, mais vécu comme une vraie libération. Tant attendu par Delphine et tant redouté par moi, nous avons au moins la satisfaction de l'objectif atteint.

Mon Dieu, tout ça pour ça…

Notre échange de fluides s'en tient là pour aujourd'hui. Je n'ai plus aucun autre désir que celui de dormir très vite. Avec le sentiment d'un devoir accompli. Un devoir scolaire qui ne me laisse pas un souvenir impérissable, mais dont je retiens le symbole fort et si attendu par Delphine. Un premier baiser qui me procure d'ailleurs l'étrange sensation d'embrasser ma sœur.

Une « sœur d'âme », peut-être ?

Avancer de trois cases et reculer de deux.

Commence ce jour-là l'invraisemblable chorégraphie de mon histoire avec elle.

***

J'ai trente-six ans.

Il y a des « petits matins » qui se transforment parfois en un brutal retour à la réalité.

Il n'en est rien pour Sam et moi.

Bien au contraire.

En nous réveillant ensemble, nous prenons la mesure du moment exceptionnel que nous avons partagé. Ce n'était donc pas un rêve. Nous avons vraiment vécu tout cela.

Nous refaisons l'amour avec une exquise tendresse.

Nous nous sommes drogués l'un à l'autre toute la nuit durant.

Et dès les premiers instants du lendemain, nous étions déjà accros.

Sam a alors un geste incroyable, qu'il n'a jamais eu pour personne.

Il me donne les clés de chez lui.

Sam n'a jamais ramené personne avant moi dans son appartement. Il a acheté ce dernier grâce au seul fruit de son travail. Cet appartement est son seul bien. En me donnant cette clé, il m'en donne l'accès, comme celui de son cœur.

Ce modeste trois-pièces va devenir, pour moi, un repaire d'exception.

Une cabane protectrice.

Le meilleur endroit au monde.

Je m'y sens si bien.

Les quatre mois qui suivent notre rencontre sont une période bouleversante. Mon activité de comédien me permet de ne pas dormir tous les soirs chez moi à la campagne. Je prétexte auprès de ma femme des rendez-vous professionnels tôt le matin à Paris. Elle comprend que je loge dans l'appartement que mes parents possèdent près de l'Hôtel de Ville. Ils n'y sont pas souvent. J'en ai les clés. Je n'y passe que pour défaire le lit où je ne dors pas.

Brouiller les pistes et partir là où personne ne pourra me retrouver.

Pendant plusieurs semaines, ces petits stratagèmes coulent de source. Rien n'est difficile. Ce que je vis avec Sam est si fort que cela dépasse tout. Tout entendement, toute raison, tout principe. Je suis mû par une force intérieure indomptable, mêlée à un ardent désir certes, mais aussi à une forme d'intuition. Je navigue à vue sans me préoccuper des conséquences de mes actes.

Encore moins de l'avenir.

Pour le moment, cette histoire n'est connue de personne, et l'idée de la souffrance d'autrui m'est étrangère puisque inexistante.

Je connais déjà la route par cœur pour le rejoindre chez lui. À partir du périphérique que je quitte porte de Clichy, je rentre en clandestinité. Je sors des sentiers battus de la capitale pour m'enfoncer dans cette banlieue du nord-ouest parisien que je connais peu et qui devient pour moi d'un surprenant dépaysement. Ce trajet, son but si désiré, se transforme tout à coup en un voyage d'un exotisme rare.

Ce n'est pas la distance géographique qui détermine la qualité d'un périple, mais le fait de goûter pour la première fois à d'heureuses et agréables sensations.

Ce qui se passe dans mon cœur et dans mon corps depuis ma rencontre avec Sam est totalement inédit.

D'une fulgurance inouïe.

Un lien puissant, d'une intensité qui s'impose pleinement à moi.

Une forme d'amour que je n'ai jamais connue jusque-là.

***

J'ai vingt et un ans.

Mon frère Éric, encore lui, a organisé une croisière en Grèce. Je retrouve sa bande de copains sur un voilier de location au port de Rhodes.

Delphine est à bord. J'adore cette jeune fille et son énergie pétillante, mais suis assurément plus à l'aise avec elle dans une relation d'amitié. Un statut que notre insolite baiser matinal un mois plus tôt n'a pas entamé. Pas plus que son espérance chevillée au cœur, me confiera-t-elle plus tard.

Notre joyeux équipage tombe sous le charme des Cyclades où nous découvrons une nouvelle île chaque jour. La météo est parfaite. La croisière s'amuse.

Nous débarquons un soir dans un petit port sympa. Notre skipper, Keith, un anglais ventru et souriant, nous emmène dîner à quai. Il nous initie au *Bunny's,* un jeu de rapidité et de réflexe qui transforme rapidement le repas en une sacrée partie de rigolade. L'alibi pour boire cul sec des verres d'ouzo quand on perd. Notre bande retourne au bateau en chantant à tue-tête. C'est ce soir-là que choisit Laetitia, une amie de mon frère, pour me sauter dessus. Je suis séduit par cette jolie blonde aux yeux bleus qui a deux ans de plus que moi, une belle personnalité qui a su prendre l'initiative de ce rapprochement inattendu, n'entraînant aucune résistance de ma part.

Delphine est sous le choc, mais agit comme si ça ne l'affectait pas. Une dignité qui n'a d'égale que sa pudeur. Comme elle ne dit ni ne montre rien, pour moi la situation est claire. Je suis convaincu que ce mouvement du cœur avec Laetitia a cessé de faire battre celui de Delphine pour moi.

Je suis plus que jamais heureux d'être son ami.

Cette idylle démarrée en croisière devient ma première vraie histoire sentimentale. Je suis à l'époque étudiant à Nancy, pour faire comme mes grands frères quelques années avant moi. J'ai choisi un cursus d'information-communication. Quelques cours m'intéressent, autour du cinéma ou de la presse, mais je suis bien plus excité par mes week-ends à Paris où Laetitia me rend amoureux pour la première fois. Peut-être davantage de l'amour que je n'en ai conscience. J'ai l'impression d'avoir été sa proie et qu'elle est devenue mon trophée. Nos premiers mois sont très complices. Nous partageons des plaisirs fantastiques au lit, où elle se montre une maîtresse aussi libérée que pédagogue. Je suis fier d'être son amant — qu'elle rend meilleur au fil du temps, attentif à ses conseils avisés —, m'apprenant comme aucune femme auparavant le fonctionnement subtil de son corps.

Je sens néanmoins que nos deux fortes personnalités peuvent aussi se faire beaucoup de mal. Je retrouve un soir sous son canapé un cadeau que je lui ai fait quelques jours auparavant. Il est encore emballé dans son papier cadeau. Je ressens ce jour-là un sentiment de rejet et d'indifférence qui me dévaste littéralement.

Un de ceux que j'ai déjà connus douloureusement dans mon enfance.

Je me confie régulièrement à Delphine sur ma relation avec Laetitia. Elle devient la tendre amie à qui je peux tout dire. Elle n'hésite pas à me donner des conseils. Je n'imagine pas lui faire du mal en lui confiant les élans que j'éprouve pour une autre qu'elle. Je suis loin de croire qu'elle la jalouse secrètement. À choisir, elle préfère devenir ma confidente plutôt que rien du tout. Nos échanges sur l'art de bien aimer sont l'occasion de me parler d'elle et de son cœur, d'en baliser le chemin d'accès, même si le mien bat pour celui d'une autre.

Delphine s'était mise en tête de me conquérir, coûte que coûte, et rien ni personne ne l'en dissuaderait. Dès notre rencontre, elle se convint rapidement que sa patience serait un jour récompensée.

Elle y mettrait le temps qu'il faut, mais finirait par m'avoir.

Je sens confusément que cette rupture avec Laetitia est juste et que je ne dois pas poursuivre cette relation qui m'apparaît de plus en plus comme une impasse. La fierté du courage qu'il me faut pour rompre ne m'empêche pas d'être en proie à une grande tristesse. Je maigris de plusieurs kilos, m'imposant un régime alimentaire sévère, comme si je devais me nettoyer de quelque chose.

Delphine est à mes côtés, plus que jamais. Elle tente de me consoler comme elle peut. Même si j'en suis à l'origine, cette rupture avec Laetitia déclenche en moi une angoisse d'abandon profonde. Les mots de Delphine se veulent réconfortants, mais ne m'apaisent pas. Ils ne sont que l'écho de mon vide intérieur. Sans doute pense-t-elle que je pourrais combler le sien. Delphine voudrait panser mes plaies. Sans le savoir, ses sentiments et l'espérance qu'ils suggèrent ont l'effet inverse, me mettant un peu plus encore face à mon incapacité à me réparer moi-même.

Je confie mes tourments à ma grande sœur Christine. Cette dernière me conseille d'aller voir une psy.

J'entreprends ainsi très jeune un travail sur moi.

J'ouvre les premières pages du livre de ma vie intérieure sans imaginer que ce vaste univers de l'inconscient est aussi épais que tourmenté. Je suis néanmoins animé d'une forte motivation à vouloir en apaiser les plus douloureux chapitres.

Sans bien réaliser que je mets ce jour-là le doigt dans un engrenage que je ne cesse d'explorer depuis plus de trente ans.

Ma thérapeute s'appelle Eva. Elle est freudienne. Je vois cette femme bienveillante et attentive jusqu'à trois fois par semaine. Ce « tour du propriétaire » me permet de mettre des mots sur des émotions et de comprendre rapidement que nos histoires de couple sont directement reliées à celles de notre famille. Je prends ainsi conscience que nous héritons de ce que nos parents n'ont pas réparé.

La perspective d'un vaste chantier à explorer et à tenter de réhabiliter.

Je me souviens très précisément d'une phrase de ma psy dans les débuts de mon travail avec elle.

— Votre oncle Philippe est la personne de votre famille qui a le moins de problèmes avec le plaisir.

Pour lui parler de moi, je lui parle de ma famille. Et de ce personnage emblématique qu'est le frère de ma mère, brillant polytechnicien qui prit les rênes du groupe de distribution que créa mon grand-père. Un homme d'affaires redoutable qui saura, avec ses deux frères, développer cette société de grandes surfaces avec talent. Son train de vie est à la mesure de sa réussite, mais c'est dans les aspects plus intimes de sa vie privée que cet homme m'impressionne tout particulièrement.

Il est marié et père de trois enfants, déjà grands, quand il tombe amoureux d'une autre femme. Mais il ne divorce pas de la première, et sait entretenir autant qu'assumer une vie bien remplie entre ses deux foyers, passant de l'un à l'autre sans que quiconque entrave sa totale liberté de mouvement et de décision. Tout le monde est au courant, mais personne n'en parle. Cet homme a décidé de sa vie, et de la manière de l'inventer comme il le désire.

Le gamin d'une vingtaine d'années que je suis à l'époque est certainement plus marqué qu'il ne le pense par l'histoire de cet oncle à la vie hors du commun, dont ma psy a su résumer l'état d'esprit par une affirmation si juste.

Je parle évidemment de Delphine à Eva.

C'est grâce aux échanges avec ma thérapeute que je réalise que cette jeune fille à la gentillesse manifeste est bien la première à me materner.

Delphine attend patiemment un geste de ma part.

Nous couchons ensemble pour la première fois.

Nos corps se reconnaissent moins aisément que nos cœurs au cours de cette première nuit ensemble. Les gestes sont maladroits, la chorégraphie pour le moins conventionnelle. On est loin d'une fusion harmonieuse et fluide. Delphine était dans l'espérance de ce rapprochement intime entre nous. J'étais dans le désir de lui donner ce qu'elle attendait.

Une satisfaction mentale pour moi, sentimentale pour elle.

Notre relation dans les mois qui suivent oscille au gré de mes humeurs. Elle prend ce que je peux lui donner. Elle est ma meilleure amie, ma maîtresse clandestine, ma confidente. J'ose même non sans humour le terme de « demoiselle de compagnie » quand elle m'accompagne avec enthousiasme pour des séances de shopping.

Je la fais rire à défaut de la faire jouir.

***

J'ai trente-six ans.

Il m'aura fallu six années pour ouvrir mes bras à Delphine.

Sam n'a pas mis plus de six minutes pour accepter de m'ouvrir les siens.

En route pour le rejoindre, tout mon corps tremble.

Mon cœur bat si fort que je le sens jusque dans mes mains sur le volant. Plus rien d'autre ne peut exister autour de moi. Cette sensation est dingue. Je connais bien le trac du théâtre, mais cette vague de palpitations qui s'empare de moi m'était jusque-là inconnue.

J'ai une joie quasi enfantine à trouver immédiatement une place de parking proche de son immeuble. Pour être avec lui le plus vite possible. Comme si je devais me reconnecter à un indispensable oxygène. Je le préviens systématiquement un quart d'heure avant mon arrivée. Cela lui laisse le temps de plonger l'appartement dans la pénombre et d'allumer des dizaines de bougies dans le salon et dans la chambre, théâtre de nos réjouissantes retrouvailles.

La fièvre de celles-ci nous surprend chaque fois.

Je gravis les marches de son escalier comme la montée vers un moment d'exception, une promesse suspendue entre ciel et terre. Je me souviens des portes et des plinthes d'un bleu soutenu.

La cage d'escalier de Sam.

Un bleu roi.

Ma main tremblante sort de ma poche la clé en métal vieilli qui est maintenant la mienne, le sésame vers la terre promise, plus précieuse qu'une clé de coffre-fort.

Les clés du paradis.

Pour y retrouver mon ange.

Mon ange adoré.

Les quatre étages et mon intense émotion ont vivement accéléré le rythme de mon cœur qui ne cesse de battre fort dans ma poitrine. Je me tiens quelques instants devant sa porte pour reprendre un peu de souffle et mes esprits. Je goûte ce moment unique de savoir le rejoindre dans une poignée de secondes. La lumière de la minuterie de l'escalier s'éteint. C'est devenu un rituel entre nous, mêlé de pudeur et d'excitation. Ce palier plongé dans l'obscurité nous laisse nous deviner dans la pénombre, nous sentir, nous toucher avant de nous voir.

J'ouvre la porte, fébrile, excité, ému.

Il se tient là, devant moi.

Je distingue en ombre chinoise sa silhouette aux larges épaules. Ses bras m'accueillent avec toujours plus de ferveur et de tendresse. Le couloir exigu de son appartement devient pendant de longues minutes l'antichambre de nos ébats passionnés.

C'est un voyage dont nous repoussons chaque fois les frontières sans bien nous soucier du retour.

***

J'ai vingt-deux ans.

Même si nos sentiments ne sont pas les mêmes l'un pour l'autre, notre charmante complicité avec Delphine m'inspire un moment que j'ai voulu imaginer à ma façon. Un moment rien qu'à nous.

J'effectue, à cette époque, mes classes militaires au centre d'instruction des gendarmes auxiliaires de Tulle.

La musique reste une de nos joies communes. J'ai acheté le tout dernier album de Michael Jackson, *Dangerous*, que j'écoute dès que je peux sur mon lecteur de CD portable. Je découvre le superbe morceau *Will you be there,* et m'enthousiasme très vite sur la bonne façon de le faire découvrir à Delphine.

C'est un soir après le dîner, depuis la cabine téléphonique de la caserne pour laquelle j'ai patiemment attendu mon tour, que je peux enfin la joindre à Paris. Certainement stimulé par l'environnement militaire qui est le mien depuis quelques semaines, je lui donne des ordres précis par téléphone. Elle devra aller dès le lendemain à la Fnac acheter cet album. Le soir même, à vingt-trois heures précises, s'étant préalablement calée comme moi sur l'horloge parlante, seule dans son appartement parisien, elle devra déclencher la lecture de la piste numéro onze, à écouter impérativement au casque, avec un volume suffisamment fort pour n'autoriser aucune distraction.

Le lendemain soir venu, à six cents kilomètres de là, c'est allongé dans l'obscurité de mon dortoir militaire et quarante-cinq minutes après l'extinction des feux que je déclenche à l'heure dite dans les écouteurs de mon *discman* la lecture du fameux morceau. Savoir que Delphine découvre cette musique à la seconde même où je la réécoute avec tant de joie confère à ce moment une petite magie dont je ne suis pas peu fier. Cette communion par la musique et l'émotion qu'elle ne manque pas de me provoquer ce soir-là, rend l'expérience assez jubilatoire.

C'est à distance que je sais au moins aimer et faire du bien à cette femme.

***

J'ai trente-sept ans.

Pendant quatre mois, j'organise mes allers-retours entre l'appartement de Sam à Asnières et la campagne, entre ma vie de famille, codifiée, installée, et ce nouveau cycle que je commence à inventer avec ce garçon. Une aventure hors des sentiers battus, loin de mes repères habituels. Ces derniers s'imposent peu à peu comme des automatismes, conditionnés par des croyances domestiquées et guidées par mon éducation.

Quand je ne viens pas en voiture, je prends le train vers Paris depuis Montfort-l'Amaury. On se donne rendez-vous sur le parvis de la gare Montparnasse. Sam a parfois une rose à la main. On sourit de se retrouver précisément devant le club où l'on s'est rencontrés quelques semaines auparavant. Je plane comme jamais. Nos retrouvailles sont chaleureuses. On se prend dans les bras pendant un long moment. J'enfourche ensuite son scooter et me blottis contre lui. On file sans détour vers notre nid d'amour.

Ces quatre mois de clandestinité sont excitants. Personne n'est au courant. Je vis cette aventure secrète avec une joie vibrante.

Il est déjà trop tard pour faire machine arrière.

C'est fait.

Je me crois majeur et vacciné.

Sauf peut-être contre le coup de foudre imprévisible de cette rencontre magique.

Un coup de foudre qui va m'emporter comme une lame de fond.

Moi et tout mon entourage.

Une sacrée tasse en perspective.

Celle d'un tsunami émotionnel.

***

J'ai vingt-deux ans.

Après deux mois à Tulle, j'effectue mon service militaire à Paris au sein du tout nouveau centre d'information et de recrutement de la gendarmerie.

Je m'interroge encore aujourd'hui sur les raisons qui m'ont poussé à accepter l'invraisemblable projet que nous caressons alors avec Delphine. On envisage d'emménager ensemble. Comme deux amis qui partagent un appartement où chacun a sa chambre. Je ne sais plus lequel de nous deux l'a proposé à l'autre. De toute évidence, pas pour les mêmes raisons. Mon excitation n'a d'égale que ma naïveté. Je ne vois ni le mal ni le piège. Delphine a-t-elle seulement conscience de l'un des deux ? Devant mon enthousiasme, elle la joue plus copine que jamais, ne me mettant aucune pression. Et quand je lui pose, inquiet, la question de savoir comment elle réagira si je ramène une fille un soir, elle me jure ses grands dieux que ça ne lui posera aucun problème. Mieux encore, qu'elle n'hésitera pas à faire de même de son côté.

Ben voyons.

Comédienne douée, elle aussi, quand il s'agit de tromper les apparences. Car cette fille m'a clairement dans la peau depuis deux ans. Mon aventure avec une autre ne l'a en rien découragée, aiguisant même son désir pour moi. En regagnant mon statut de célibataire, j'hérite sans le savoir de celui de proie. Une proie qui se met en tête, sans se la prendre à aucun moment, de partager un appartement avec son prédateur. Une proie plus innocente que consentante.

Nous jetons notre dévolu sur un joli trois-pièces à Neuilly. Il est au troisième étage d'un immeuble moderne. Lumineux, chaleureux et calme, nous sommes conquis par notre première visite. Je ne prête pas attention aux propos de l'agent immobilier qui nous parle d'avenir, pensant naturellement s'adresser à un couple. Delphine écoute pour deux. Ce que je ne vois pas, elle le voit en grand.

Je suis néanmoins très excité par l'idée d'avoir un lieu à moi. Il y a des travaux à faire. Je sollicite un architecte d'intérieur, ami de longue date de ma famille. Je lui demande notamment de prévoir une insonorisation de ma chambre pour écouter ma musique sans déranger les voisins. Son devis est celui d'un studio d'enregistrement. Je vais plutôt investir dans un bon casque audio. À aucun moment, je ne remets en question le bien-fondé d'avoir Delphine comme colocataire. La perspective est heureuse et insouciante et ne s'assombrit pas du danger de la situation.

Quelques jours avant la remise des clés, quelqu'un va néanmoins m'ouvrir les yeux en m'ouvrant son cœur. C'est Stanislas, le grand frère de Delphine. Je le retrouve à la faveur d'une soirée chez une amie commune.

Il souhaite me parler. Pour être plus au calme, nous décidons de nous installer dans les escaliers du palier. Nous sommes assis côte à côte. Il me parle calmement, de manière bienveillante et posée. Il me confie sa vive inquiétude de nous voir nous installer ensemble, sa sœur et moi. C'est, d'après lui, une très mauvaise idée qui ne peut engendrer que des difficultés. Je ne lui oppose aucun argument. En ai-je seulement envie ? Il me confirme que Delphine est amoureuse de moi depuis deux ans et que vivre sous le même toit ne provoquera que des frustrations et des désillusions. Quelque chose en moi entend les préoccupations de Stanislas sur notre manque de discernement comme parfaitement justes. Je comprends qu'il ne cherche pas uniquement à protéger sa sœur, mais bien à nous protéger, elle et moi.

Le grand frère de Delphine est aussi le mien en cet instant.

Delphine se soumettra sans résistance dès le lendemain matin à l'idée de renoncer à ce projet.

En quittant Stanislas, ce soir-là, j'ai la sensation d'être un petit enfant qui agit sans réfléchir aux conséquences de ses actes.

Et la conviction que Delphine n'est pas plus grande que moi sur ce sujet.

***

J'ai trente-sept ans.

C'est emporté par la fougue, dans une totale insouciance, que je décide de l'impensable.

Emmener Sam avec douze potes pour un week-end de fête à Ibiza.

Sans Delphine, mais chez elle.

Oui, chez elle.

Cette maison de famille au sud-ouest de l'île occupée à l'année par mon adorable belle-mère et son fils aîné, Stanislas.

Je comprendrai plus tard l'indécence absolue de cet acte aussi inconscient qu'insensé, motivé par un cœur emballé qui a, à cet instant précis, perdu la raison.

Le cœur a ses raisons que la raison ignore.

Je confirme.

Je pense néanmoins que je ne m'y serais pas pris autrement pour laisser éclater la vérité. Cette vérité si puissante qui se débat dans un mensonge de plus en plus étouffant. Comme si présenter Sam à cette famille de cœur, qui m'a accueilli comme un fils, devait combler le désir vital qu'il soit reconnu.

Autant que la part de moi que cette rencontre a réveillée en sursaut.

Sam et moi sommes aveuglés par notre amour. Un amour fou sans aucun doute. De toute façon, il ne peut pas refuser cette proposition de week-end.

Pour le meilleur et pour le pire, Sam est amoureux d'un sale gosse capricieux qui a toujours obtenu tout ce qu'il voulait.

***

J'ai vingt-trois ans.

Je reçois une lettre de Delphine pour mon anniversaire.

20 avril 1992,

Mon cher Laurent,

Pour tes 23 ans, que te souhaiter ?

Le bonheur ? C'est à toi de le chercher et de le trouver.

La richesse ? C'est celle du cœur qu'il faut cultiver.

La santé ? C'est à toi de ménager ton corps et de veiller à l'entretenir.

La seule chose dont je t'assure et dont j'assume la pleine responsabilité, c'est la fidélité de ma très profonde amitié et affection pour toi.

Sache que pour toujours, elle t'est acquise, quelles que soient les circonstances, la distance, les violences et les espérances. À toi de la mériter et de t'en montrer digne et fièRE (sic).

(Plus de trente ans après, je reste sidéré par l'avant-dernière phrase écrite par Delphine, aussi intuitive que prémonitoire. Et souris de la faute de genre de son dernier mot.)

Mon frère Éric, toujours lui, occupe à cette époque un bel appartement de location rue de l'Université. Ses nouvelles fonctions au sein d'une enseigne de mode lui imposent de déménager à Lille. Il ne veut pas se séparer de ce lieu et me propose de venir m'y installer. Je n'aurais à cohabiter avec lui que quand il reviendra certains week-ends. La proposition m'enchante plus que tout. Il y a de quoi. Me voilà, à vingt-trois ans, à emménager dans un dernier étage des beaux quartiers de Paris, d'une surface de cent-quarante mètres carrés et jouissant d'un large balcon. J'y ai ma propre chambre. Je deviens le gardien aux clés d'or de mon frère, et tout cela gratuitement.

Je jubile.

Je rencontre, à cette époque, la ravissante Stéphanie. Elle est brune, souriante, douée et passionnée par ses études d'architecte qu'elle est sur le point d'achever par l'ambitieux projet d'une construction de base scientifique en Antarctique. Elle a contacté pour cela l'explorateur Jean-Louis Étienne. Elle me confie sa rencontre avec cet homme hors du commun qui accepte de la parrainer. Je suis immédiatement séduit par cette jolie jeune fille, fraîche et dynamique. Je l'emmène dîner un soir et c'est sur le pont de l'Alma, que nous empruntons à pied, que je lui demande si je peux l'embrasser. Je suis aussi fier que soulagé de sa réaction immédiate et favorable. Je viens de retomber amoureux. Elle est suffisamment classique pour me rassurer et assez artiste et créative pour m'enthousiasmer. Nous rigolons beaucoup ensemble. Nous passons de très bons moments au lit où notre sensorielle complicité me comble de joie. J'aime sa petite folie qui stimule la mienne à ne pas vouloir faire comme tout le monde. Ainsi, nous prenons très rapidement la merveilleuse habitude de faire l'amour avant de sortir au restaurant plutôt que le conventionnel contraire. J'adore partager avec elle des moments de vie que j'ai la sensation d'inventer plutôt que de subir. Elle est très douée de ses mains et pose à la perfection le revêtement de couleur framboise que j'ai choisi pour recouvrir le meuble de la salle de bains, jusque-là un peu terne. La salle de bains de mon frère qui est devenue la mienne depuis quelques semaines. Cette jeune fille sait indéniablement mettre de la couleur dans ma vie. Je découvre le soir, en rentrant de ma journée sous les drapeaux, sa magnifique réalisation. Stéphanie m'a laissé un post-it me recommandant de respecter un temps de séchage, où elle évoque ma nouvelle « salle de biens ». J'adore ses élans de créativité, ses multiples attentions en toute chose.

L'été est là. Nous partons ensemble faire le tour de la Corse en voilier avec mon meilleur ami Manu qui est accompagné de Véronique avec laquelle il vient de se fiancer.

J'ai beaucoup moins de contact avec Delphine, qui ne m'en réclame pas.

Après six mois dont je ne retiens que les bons moments, je ne suis plus certain des raisons de notre rupture avec Stéphanie à l'automne venu. Même si je sais que ma nature d'écorché vif n'est pas une sinécure à vivre pour une petite amie. J'ai cru que l'amour de cette fille suffirait à combler celui que je manque cruellement d'éprouver pour moi-même. Un socle plus destructeur que fondateur pour une vie à deux. Et qui me renseigne encore un peu plus sur ma difficulté à cohabiter d'abord avec moi-même.

Delphine semble, une fois de plus, accepter d'incarner le port d'attache de mes tempêtes intérieures. Elle devient une sorte de refuge qui, sans me réconforter, peut sans doute me consoler un peu. Elle semble aimer ce que je déteste tant en moi.

L'amitié est bien le seul sentiment que Delphine se sent autorisée à me porter. Elle s'investit à fond dans cette position qui lui permet de rester dans mon cœur.

Même s'il reste encore loin de lui être acquis.

On dit de beaucoup de couples qu'ils apprennent à s'aimer sur ce qu'ils ont de meilleur en eux. Il m'apparaît qu'avec Delphine, nous avons fait l'insolite exercice contraire. À défaut de m'avoir pleinement pour elle, elle se satisfait du récit de mes tristesses ou de mes colères provoquées par mes relations avec d'autres, que je lui confie en détail. Si elle n'est pas ma petite amie, elle est ma plus grande confidente. Tout lui dire de mes élans amoureux et des turpitudes qui finissent par les faire avorter est encore un moyen de la mettre en garde, de la raisonner, de lui dire combien je n'en vaux pas la peine. Elle m'écoute patiemment, sans jugement, me trouvant mille excuses face aux comportements parfois discutables que j'ai eus pour d'autres. Cherche-t-elle à se convaincre autant qu'à me faire comprendre qu'elle souhaite non seulement avoir leur place, mais qu'elle se résout à m'aimer tel que je suis ? À m'aimer pour ce que j'ai de meilleur en moi au point d'accepter le pire aussi ?

Serait-ce finalement cela, le vrai amour ?

Sa conviction ébranle mes certitudes.

Et ce qui devait à nouveau arriver se concrétise un soir, après un dîner bien arrosé dans son petit studio de Saint-Germain-des-Prés. Notre ami Manu est là. Mon vieux copain de pension n'est pas le dernier quand il s'agit de lever le coude. Mais ce soir-là, le vin bu en abondance a raison de sa pourtant solide constitution. Il s'endort benoîtement sur le canapé. C'est dans ces circonstances pour le moins singulières, à deux mètres à peine de mon meilleur ami, que je couche pour la deuxième fois avec Delphine. Je ne saurais pas dire si la présence de Manu a stimulé le désir que j'ai eu pour elle ce soir-là, comme si je devais prouver quelque chose. Delphine me confirme qu'elle est prête à tout pour moi, se réjouissant visiblement des limites qu'elle ne semble pas avoir peur de franchir à mes côtés. Elle aussi a des choses à prouver.

Une incertitude demeure : est-ce que Manu dormait vraiment ?

Dans les semaines qui suivent, Delphine doit composer avec les élans de mon tempérament contrasté. Ma relation avec elle oscille entre des enthousiasmes sincères et des peurs paniques face à toute idée d'engagement dans une histoire que je sais pouvoir décevoir. Elle s'adapte tant bien que mal à mes coups de sang, semblables à des coups de frein sur la route de la belle promesse qu'elle veut incarner. Je lui reconnais un étonnant courage face à la drôle de danse que j'impose à notre relation.

Même si l'on a toujours aimé danser ensemble.

Il lui faudra à nouveau beaucoup de tempérance et de résignation au cours de l'été ou nous fûmes invités tous les deux chez ma grande amie Djamila. Je cultive avec cette dernière une complicité fusionnelle depuis nos jeunes années adolescentes, aidés en cela par le voisinage de nos familles dans le même immeuble de Crans-Montana. Mes parents résidaient au premier étage. Sa grand-mère, dont Djami a hérité du charme et de l'élégance, au troisième. Nous étions tous deux aussi enfants gâtés qu'écorchés vifs. Elle était folle amoureuse de moi. Moi, pas insensible à cette princesse de sang, que j'adorais faire rigoler, mais déjà happé par des tourments infernaux face à mes immenses inaptitudes aux choses de l'amour. J'étais en pension et Djami et moi avons échangé à l'époque une relation épistolaire d'une centaine de lettres, qui pourrait, à n'en pas douter, illustrer une thèse sur l'incroyable capacité de beaucoup d'adolescents à la vacuité autant qu'à la torture mentale. Avec Djami, nous étions sans aucune nuance sur les deux sujets.

Je fus néanmoins son premier petit copain officiel.

Et sa première expérience sexuelle.

Des souvenirs qui marquent et unissent à vie.

Surtout à seize ans pour moi et quatorze ans pour elle.

C'est donc quelques années plus tard que Djami nous reçoit, Delphine et moi, dans sa superbe finca familiale de Formentera. Un lieu rare faisant face au coucher du soleil sur le grand lac salé de l'île. Sa mère eut la belle idée d'acheter cette vieille bâtisse et son vaste terrain dans les années soixante-dix pour une bouchée de pain.

Djami nous ouvrit les portes de la maison, et sut nous rappeler rapidement que, si elle était une vraie princesse d'Empire, elle était aussi celle des caprices et des ordres doux. Nous étions sur ses terres et Delphine était une rivale. Quelques jours après notre arrivée, un brasero romantique et quelques verres de rosé eurent vite raison de mes scrupules pour retrouver Djami, qui n'attendait que ça, dans son lit. On sut vite réinventer de réjouissantes parties de jambes en l'air, l'âme aussi légère que le cœur en fête.

Delphine, une fois encore, fit comme si cela ne l'affectait pas. Mais sa rage intérieure vint certainement renforcer sa persévérance.

Qu'importe le nombre de maîtresses à supporter, comme autant de couleuvres à avaler, elle était en chemin vers son objectif avec une incroyable détermination et une foi à toute épreuve.

***

J'ai trente-sept ans.

On arrive en bande, tous excités à l'idée de ce moment festif que nous allons vivre ensemble à Ibiza.

Au milieu d'eux, mon beau Sam.

Je ne vois pas le mal.

Et certainement pas encore celui que je pourrais infliger aux autres.

Ce séjour récréatif était programmé de longue date, avant même ma rencontre avec lui. Le week-end dit d'*Opening* est un événement pour les aficionados de l'île. Quelques soirées où s'enchaînent les ouvertures officielles des boîtes de nuit pour la saison estivale. Il était impensable pour moi que Sam ne vienne pas partager cela avec nous. Je m'arrange avec ma conscience. Ce n'est pas mon amant que j'embarque avec moi, mais celui qui, depuis quatre mois, est aussi devenu mon meilleur ami. Certains copains semblent avoir déjà constaté ce lien si fort entre nous. J'avoue que leur discrète complicité rajoute à ma joie.

Je comprends aussi mon invraisemblable capacité à mettre parfois mes proches devant le fait accompli, sans toujours me soucier de savoir si cela est juste pour eux.

Pour le moment, Ibiza nous tend ses bras.

Cette île si insolite.

Au nord, des paysages sauvages encore protégés du tourisme de masse. De beaux coins de nature où s'organisent régulièrement des séjours de randonnées-détox, des stages de yoga ou de méditation. La célèbre plage de Benirrás voit régulièrement se rassembler des joueurs de tam-tam pour des soirées festives à l'image de celles des communautés hippies y ayant jeté leur dévolu dans les années soixante-dix.

Le sud de l'île ne l'a pas entendu de cette oreille.

C'est un bruit sonnant et trébuchant qui a pris le pouvoir.

Une sécession sudiste à l'ambition moins spirituelle et plus païenne, développant sans relâche depuis des décennies des hôtels par dizaines, des restaurants à tout-va, des boutiques à foison. La route principale rejoignant l'est et l'ouest est devenue une autoroute. Les *Ibicencos* de redoutables commerçants, flairant la manne financière que représentent les quatre millions de touristes déversés sur leur île chaque été.

Les fêtes hippies en pleine nature ont changé d'ambiance. Les immenses clubs industrialisés de la nuit ont pris le relais. Les marchands du temple ont gagné du terrain sur cette terre sacrée.

Ibiza est une île puissante, reconnue comme une terre tellurique, évoquée dans les écrits de Nostradamus comme l'un des lieux de la planète qui échapperait à la fin du monde.

Mais d'évidence pas à celui de l'argent.

Tout comme cette île coupée en deux, c'est mon « mur de Berlin intérieur » que je viens faire céder.

C'est la fin d'un monde que je viens provoquer sans le savoir encore.

Car cette double vie dissimulée, tout excitante qu'elle soit, finit par toucher ses limites. Elle suppose trop de dissimulations, de combines, de mensonges.

Le mensonge, c'est l'ennemi mortel du couple.

J'en fais l'amer constat.

Mentir à Delphine me consume de l'intérieur. Mon corps s'en mêle — « s'emmêle ? ». Je perds six kilos en quelques semaines.

C'est plus mince que jamais que je débarque à Ibiza dans les tout premiers jours de juin. Avec moi, une sacrée bande de fêtards, prêts à se jeter dans la fiesta sans retenue.

***

J'ai vingt-quatre ans.

Je ne sais pas si j'ai été amoureux de certains de mes amis. Je le suis en tous cas de l'amitié. Si mon caractère ombrageux ne me prédispose pas à des histoires d'amour simples, je peux néanmoins prétendre que mon tempérament enthousiaste m'a rapidement donné un statut plutôt flatteur auprès de ma bande de copains. J'aime imaginer, avec eux et pour eux, des soirées et des vacances, où mon sens de l'organisation autant que du détail attentionné fait souvent mouche. Je suis fidèle, j'aime surprendre, créer des ambiances ou des atmosphères où les gens se sentent bien. Je développe très vite un vif intérêt pour la déco, la musique et les éclairages. J'ai un goût certain pour la mise en scène au service du bien-être des gens que j'aime. Une satisfaction qui me rend fier, et m'apporte le sentiment réconfortant de me sentir utile.

Il n'est donc pas anodin que mon histoire avec Delphine à cette époque, bien que compliquée, suscite en moi un sursaut d'intérêt. Elle est en effet devenue la meilleure amie de Véronique, la fiancée de mon meilleur pote, le fameux Manu. Être avec elle relève donc d'une illusoire quadrature du cercle, mais ne manque pas de me séduire.

Nous partageons quelques jours à la montagne dans le chalet familial de Véronique. On nous attribue une chambre, comme au couple que nous sommes supposés former. Dans le regard des amis présents, je me vois avec Delphine. Mais dans mon cœur, je n'y suis pas. Quelque chose ne me paraît toujours pas juste dans ce rôle que l'on semble vouloir me faire tenir. Je ne vais quand même pas me forcer au prétexte que nos meilleurs amis respectifs sont fiancés !

Étant toujours plus enclin à exprimer mes ressentis sans retenue plutôt qu'à soigner la forme pour les rendre acceptables, c'est à quelques instants du réveillon du 31 décembre que tout le chalet s'apprête à célébrer, que je me décide à parler à Delphine. À quelques heures des résolutions de la nouvelle année, je lui annonce que notre nouvelle tentative de relation amoureuse ne me convient pas et que si je souhaite la garder dans mon cœur, c'est à la juste place d'amie qu'elle a toujours été pour moi.

Convaincu que l'amitié telle que je la conçois et telle que je la vis depuis plusieurs années reste le plus beau cadeau à lui faire.

Delphine ne me fait pas de crise, ne semble pas surprise de cette rupture annoncée. Elle exprime à peine sa tristesse et ne montre rien aux autres. Elle sait depuis longtemps cacher ses émotions.

Une impassibilité qui trahit, ce soir-là, sa capacité très volontaire à les refouler.

Quelques jours plus tard, Delphine, résolue à aller de l'avant, décide de s'installer à Ibiza dans la jolie maison que ses parents viennent d'y faire construire.

Elle m'annonce au bout de quelque temps être tombée amoureuse du paysagiste s'occupant de leur propriété. Étonnamment, ce qui devrait me combler de joie et me soulager me rend plutôt jaloux. Je ne suis pas bien sûr de savoir l'aimer comme elle le souhaite, mais il est certain que je supporte mal l'idée de perdre l'exclusivité de ses sentiments.

Ces quelques mois qu'elle passe loin de Paris, dans les bras d'un autre, me permettent de prendre conscience de mon attachement particulier à cette jeune femme qui ne ressemble à aucune autre.

Comme l'histoire que je devais écrire avec elle.

Elle finit par rompre avec l'importun, non sans avoir pris le soin, à plusieurs reprises, de me raconter certains détails de leur relation, y compris intimes. Est-ce une réponse de la bergère au berger ? Cherche-t-elle à me provoquer ? Il est vrai que c'est moi qui stimule ses confidences, et qui me surprends à ne pas bien les vivre.

Delphine me confie avoir l'opportunité d'un stage à Boston dans le cadre de sa formation d'attachée de presse. J'ai des arguments appuyés pour la motiver à partir. Elle écoute mes conseils, qui sont aussi une façon de lui demander du temps autant qu'un peu d'air.

Elle s'envole rapidement pour les États-Unis.

Notre seule communication se réduit pendant quelques mois à des échanges de courriers, qu'elle continue de signer « Ton Amie ».

Nous louons l’été suivant une maison à Ibiza avec ma bande de copains.

Premier séjour de ma vie sur cette île et ses incroyables fêtes.

Je sais que Delphine est rentrée des États-Unis, mais je ne m’attendais vraiment pas à la croiser dans une petite rue de la vieille ville, très animée en cette soirée du mois d’août. Je ne l’ai pas vue depuis plusieurs mois et tombe des nues à son apparition. Son séjour américain lui a fait prendre plusieurs kilos. Sa queue-de-cheval très haute et trop tirée me fait penser au personnage de *Mademoiselle Jeanne* dans *Gaston Lagaffe*. Tout comme ses lunettes de vue trop grandes qui lui mangent le visage. On connaît les USA pour ses dangers d’une nourriture trop riche. Je découvre que Delphine en a aussi rapporté un goût très discutable pour les vêtements. Rien ne va avec rien. Son legging à fleurs trop moulant ne la met vraiment pas en valeur, et son sweat-shirt bariolé est aussi inesthétique qu’informe.

Elle ne s’attendait pas non plus à me rencontrer. Elle semble aussi gênée que moi. Nous échangeons quelques banalités avant de nous quitter poliment.

La rentrée de septembre est l’occasion pour Delphine d’une reprise en main salutaire. J’en constate les heureux résultats quand nous nous revoyons pour la première fois à Paris. Delphine a perdu ses kilos superflus et a su revenir à des tenues plus sobres aux vêtements mieux assortis. Une séquence où elle me confirme ne jamais manquer de volonté et de ténacité pour arriver à ses objectifs.

Dont acte.

Je suis fier de la recevoir dans le bel appartement de mon frère. Hormis nos quelques minutes embarrassées dans cette rue d'Ibiza, nous ne nous sommes finalement pas revus depuis des mois. Nous nous réjouissons d'avoir tant de choses à nous raconter. Son séjour américain s'est bien terminé. Je lui raconte en détail le quotidien de mon premier travail obtenu à l'issue de la fin de mon service militaire. J'ai réussi à intégrer une société de production télévisuelle où mon poste d'assistant m'apprend beaucoup sur ce milieu qui me passionne.

Delphine cherche un deux-pièces en location pour se reloger à Paris. Nous avons le souhait commun que son appartement ne soit pas trop éloigné du mien. Voilà peut-être matière à réflexion sur le principe de la juste distance dans une relation. Même si, comme beaucoup d'autres, j'ai le tort de confondre la distance géographique avec la véritable distance, émotionnelle, celle-là.

Delphine ne se le fait pas dire deux fois pour chercher une location proche de moi. Elle trouve rapidement un grand studio en rez-de-chaussée à moins de deux cents mètres de mon appartement. Elle n'y dormira jamais. Une proximité symbolique autant qu'un bail pragmatique. Ou le contraire. Nous passons beaucoup de temps ensemble et refaisons l'amour ponctuellement. La rupture du Nouvel An précédent est déjà loin. Mais Delphine comprend que si j'accepte de coucher avec elle, elle doit ensuite aller dans un autre lit que le mien. Dans le glossaire amoureux, dormir ensemble est un cap que je suis loin d'être prêt à franchir. L'appartement de la rue de l'Université a trois chambres. Mon frère en garde une pour lui. J'ai la mienne. La dernière s'est transformée en salle de sport, résumée à un appareil de torture multifonction que personne n'utilise jamais. Son canapé-lit bleu marine y accueille donc Delphine après chacune de nos parties de jambes en l'air et permet à cette pièce de retrouver sa vraie vocation.

Celle d'une chambre d'amie.

Delphine vient de perdre son père. C'est un proche ami de la famille qui m'appelle un matin pour m'apprendre la triste nouvelle. L'éminent chirurgien d'origine lettone succombe à un cancer foudroyant après sept semaines d'un combat perdu d'avance.

J'appelle Delphine pour l'assurer de mon affection, mais aussi l'informer de ma venue à l'enterrement qui a lieu quelques jours plus tard en Suisse.

Elle vient me chercher à la gare de Lausanne. Je la sens très touchée de ma présence. Arrivés dans l'église remplie de monde et de fleurs, elle m'invite à m'asseoir au premier rang, juste à côté d'elle, près de sa mère et de son frère. Elle me prend la main pendant l'émouvante cérémonie. La situation ne souffre d'aucune gêne de ma part. Comment pourrais-je en éprouver en pareilles circonstances ? Je suis à ses côtés, plus proche que jamais pour l'aider à surmonter cette douloureuse épreuve.

Je suis ce jour-là à l'exacte place où me veut Delphine.

***

J'ai trente-sept ans.

Nous sommes accueillis à bras ouverts par ma belle-mère, Babette, dans leur maison *Casa Corazón*. Ce nom est un hommage à ses « cœurs », surnom affectueux qu'elle donne depuis toujours à ses deux enfants. Ce fut une grande fierté quand elle me confia un jour que j'étais devenu le troisième « cœur » de la fratrie. Mon beau-frère Stanislas est aux petits soins et organise, dès le soir de notre arrivée, un dîner des plus festifs à la maison. Il y a au moins une trentaine de convives, venus de toute l'île. Il feint de ne pas être surpris de retrouver Sam en ces lieux, et n'ose pas penser à l'impensable.

Tromper sa sœur avec un homme serait déjà grave.

Mais l'emmener dans la maison de famille, il y a des limites infranchissables tout de même.

C'est déjà trop tard.

Mon amant est dans les murs.

Je le présente à ma belle-mère qui le trouve charmant. Sam fait son lit, range sa chambre, aide en cuisine et pour les courses, repasse même du linge à l'occasion. Il n'est pas en séduction, mais dans sa nature profonde. Il est sans cesse prêt à rendre service, aime s'investir dans la logistique quand on a besoin de lui. Je suis fier d'entendre Babette en parler comme d'un garçon bien élevé et d'une aide précieuse à la bonne marche de la maison qui doit gérer beaucoup d'invités ce week-end-là.

C'est cela que je suis venu chercher ici.

Une forme de reconnaissance.

Je suis tellement heureux de le voir s'entendre si bien avec tous.

Il est hors de question d'avoir des comportements déplacés. Nous jouons à fond la carte des amis qui partagent un week-end en bande.

Certains d'entre eux me diront plus tard que nous transpirions l'amour malgré tous nos efforts pour le dissimuler.

Souvenir du premier soir où je tente de mettre en marche une sono sur la terrasse. Je suis agenouillé face aux choix complexes de fils à brancher ici ou là. Je perds vite patience et commence à m'énerver tout seul. Sam vient me prêter main-forte. Je peux maintenant m'agacer contre lui. Dans le débat qui nous oppose alors sur la meilleure façon de mettre en fonction cette hi-fi capricieuse, je lâche un « mon cœur » au milieu d'une phrase.

Blanc.

Silence.

Je n'ose me retourner pour découvrir si quelqu'un m'a entendu.

Je ne le sais toujours pas aujourd'hui.

Sam et moi résistons à toutes tentations dans la maison.

C'est moins le cas dans les boîtes de nuit qui deviennent, ce week-end-là, un terrain de jeu en ligne avec toutes nos espérances. Notre soirée du samedi en club nous rappelle celle de notre rencontre, quatre mois plus tôt à Paris. Mon beau-frère nous observe du coin de l'œil, moins malicieux et indulgent qu'à l'époque. Au sein du groupe de copains, la plupart ne soupçonnent rien. Ceux qui ont compris font mine de ne pas savoir et de ne rien voir.

Autour de nous, des milliers de fêtards se déhanchent au rythme des mix techno des DJ stars venus des quatre coins de la planète. Pas moins de six *dancefloor* noirs de monde pendant vingt-quatre heures ininterrompues. Un déluge de lumières, d'effets pyrotechniques et la plus grosse boule disco qu'il m'ait été donnée de voir dans ma vie viennent ambiancer ce temple de la fête. Personne ne se fait prier pour s'éclater dans cette grande messe païenne. La foule en prend plein les oreilles.

Sam et moi en avons aussi plein le cœur, submergés de plaisir à vivre ce moment ensemble.

Nous repérons un bar aux néons rouges à l'entresol, coincé entre les deux immenses pistes du rez-de-chaussée et celle du *rooftop*. Nous nous cachons du reste de la bande quelques heures durant dans cet endroit plus intimiste. À l'abri des regards, les nôtres peuvent enfin échanger plus intensément que jamais. Nous devenons deux anonymes au milieu d'inconnus qui ne nous jugent pas, et nous dansons ensemble avec des gestes des plus amoureux et tendres.

Le club s'appelle « Le Space » et porte bien son nom.

Nous sommes littéralement perchés dans les étoiles.

***

J'ai vingt-quatre ans.

Le hasard, qui n'existe pas, a voulu que je découvre Ibiza l'année où les parents de Delphine venaient d'y construire leur maison.

J'y reviens l'année suivante avec ma bande de potes. Nous louons une jolie villa, toujours au sud-ouest de l'île d'où nous admirons de magnifiques couchers de soleil. C'est mon exigence auprès de l'agence immobilière. Delphine, qui vit dans sa maison de famille à dix minutes de là, nous rend visite quotidiennement. Le temps est à l'insouciance. Le Space est le club le plus iconique d'Ibiza, connu par tous les fêtards de la planète comme une référence absolue. Et pour cause, ce temple de la fête ouvre à huit heures du matin et ferme à minuit. Je fais rire mes amis à l'évocation de l'insolite chassé-croisé existant dans ce lieu entre ceux qui sortent de boîte et veulent continuer la fête et ceux qui viennent démarrer la leur sans avoir à attendre l'ouverture très tardive des clubs conventionnels. En clair, le seul endroit au monde où des gens en « after » croisent des gens en « before ».

À l'époque, le droit d'entrée coûte l'équivalent de dix euros. Dix fois moins qu'aujourd'hui. Le club est sans fioriture, simple et authentique. Sur sa fameuse terrasse extérieure aux grands carrelages espagnols, protégée du soleil par un modeste et très artisanal toit de bambous, trônent de rares fauteuils en osier. La foule danse devant deux immenses murs d'enceintes qui envoient un son fantastique, rythmé, enveloppant et mélodieux. C'est l'ère de la *happy house*, du son « garage » avec beaucoup de vocal. Ibiza est devenue une référence incontestable dans le monde de la musique électronique. Elle a même développé une de ces nombreuses ramifications devenues le son d'Ibiza par excellence, à la façon d'une signature sonore reconnaissable entre toutes, le fameux son *balearic*. Le Space a une autre particularité : il se situe au bout des pistes d'atterrissage de l'aéroport d'Ibiza, si bien que chaque avion passant à quelques dizaines de mètres au-dessus de la tête des danseurs fait chaque fois l'objet d'une ola enthousiaste et d'applaudissements de toute la foule. Une foule heureuse, chaleureuse et très souriante, dont la grande majorité a consommé de l'ecstasy. Des *happy faces* par centaines qui se reconnaissent entre eux et communiquent comme autant de smileys si heureux d'être là.

C'est une de ces ambiances euphorique que Delphine veut venir partager un jour avec nous. Elle souhaite vivre l'expérience à fond, me confie-t-elle, et découvrir pour la première fois l'ecstasy. Je ne me le fais pas répéter deux fois, trop content de pouvoir partager avec elle un moment pour le moins inédit entre nous. Les fameuses « ecstas », libérant dans le cerveau une quantité importante de sérotonine — la molécule du bonheur —, ont un pouvoir très exaltant et désinhibant. Parfait pour inviter Delphine, toujours en retenue et en contrôle, à un vrai lâcher-prise.

En matière de drogues, je fais ce jour-là une erreur de débutant : donner à Delphine un produit qui n'a pas été préalablement testé, ce que nous faisons pourtant depuis toujours avec mon groupe de copains. Nous avons même recours à un testeur chimique, acheté à Londres, permettant de connaître avec précision la composition exacte d'un produit. Je ne prends, ce jour-là, aucune de ces précautions d'usage en donnant à Delphine un comprimé entier, là où un quart aurait largement suffi. Mon impatience excitée à vouloir partager cette expérience avec elle me rend égoïste et stupide. Je pense à mon plaisir avant sa sécurité. Les trois premières heures sont fantastiques. Delphine est sur un petit nuage. Elle danse et plane avec bonheur. Ses pupilles dilatées cachent presque tout le vert de ses yeux. Elle est immensément bien, ne cesse de me remercier, me dit qu'il faudra en reprendre tellement elle est heureuse. Un Anglais qui observe son état de béatitude depuis plusieurs minutes vient vers moi et me rejoue cette scène culte du film *Quand Harry rencontre Sally* en me disant :

— *I want what she has !*

Éclats de rire.

Au bout de trois heures, le produit, très fort, continue de produire ses effets alors même que Delphine voudrait maintenant redescendre un peu et recouvrer ses esprits. S'enchaîne alors une spirale infernale. Une lutte terrible entre le mental qui voudrait que cela s'arrête et le corps qui, soumis à cette redoutable chimie, vous donne l'impression qu'il n'en fait qu'à sa tête et ne vous appartient plus tout à fait. Son état m'inquiète. Elle fait un *bad trip* qui n'a pas l'air de vouloir s'arrêter. Je ramène Delphine dans notre maison de location. Je l'aide à prendre une douche chaude. Elle s'accroupit contre la paroi de la cabine et laisse couler l'eau pendant plus d'une heure. Face au désolant spectacle et à la situation qui me laisse si impuissant, je ne cesse de lui demander ce que je peux faire pour elle. Je suis aussi angoissé que penaud. Je l'entends gémir plusieurs fois avec ce qui lui reste de force et supplier que cela s'arrête. Une suppliciée sous la tyrannie d'une torture chinoise. Voilà ce qu'est Delphine, ce jour-là, par ma faute. Je n'ai jamais vu quelqu'un réagir de cette façon à cette drogue. Il fallait que cela tombe sur elle.

Il faudra presque vingt-quatre heures pour que le produit finisse par arrêter ses effets dévastateurs. Delphine mettra plusieurs jours à récupérer.

Trente années ont passé depuis cet épisode effrayant. Je suis saisi d'angoisse en relatant tous les détails qui m'en reviennent.

Avec le recul, je prends aussi conscience de ce que cette séquence révéla de Delphine. Une confiance aveugle pour souhaiter vivre cette expérience et s'en remettre totalement à moi. Dans ce sentiment obsessionnel qu'elle avait à vouloir me plaire, le plus insensé fut qu'elle ne me reprochât rien. Elle multiplia même les paroles de réconfort pour tenter d'apaiser mon immense culpabilité dans les jours qui suivirent.

Mais quel est donc cet « amour » qu'elle avait pour moi sinon celui qui ne sait pas dire non, qui ne sait pas s'incarner dans l'exigence que l'on doit avoir de l'autre, dans la dignité que l'on doit avoir pour soi, prêt à renoncer au respect de son corps et à bafouer ses propres valeurs.

Un amour aussi aveugle qu'inconscient qui, dans cette expérience épouvantable, me confirme, bien des années plus tard, qu'il peut être parfois aussi violent et dangereux que la drogue.

Un véritable poison émotionnel.

***

J'ai trente-sept ans.

Nous rentrons du Space, Sam et moi, au petit matin à *Casa Corazón* avec le reste de l'équipe. Chacun regagne sa chambre. La fatigue et le besoin de reprendre des forces nous offrent quelques heures d'un sommeil réparateur.

Ce week-end de trois jours est, en effet, loin d'être terminé.

Levés tard, nous sommes heureux de rejoindre la bande de joyeux drilles autour de la piscine. Chacun y va de son anecdote sur les péripéties de la nuit précédente.

Sam et moi sommes les moins bavards.

Même si nos regards complices en disent pourtant long.

Je me souviens de cet échange avec mon beau-frère, allongé à côté de nous, où je lui confie avec aplomb n'avoir jamais goûté à certains plaisirs entre garçons, plutôt inavouables. Ce que j'ai l'audace d'affirmer devant lui est une infantile provocation à l'univers homo qu'il symbolise. J'agis comme si j'attendais de Stanislas une approbation, un encouragement, un soutien de ce « grand frère » qui a trouvé le courage de faire son *coming out* à trente-sept ans. Précisément mon âge au moment de cet échange surréaliste.

Il ne croit pas un « traître » mot de ce que j'affirme.

Stanislas sent bien l'ambiguïté que je porte en moi depuis longtemps.

Avoir clairement revendiqué son goût pour les hommes lui permet sans nul doute de reconnaître ceux qui en caressent le désir sans oser l'avouer.

Le soir venu, nous partons dîner dans un célèbre restaurant marocain de l'île qui fête lui aussi l'ouverture officielle de la saison. Repas savoureux sous une tente berbère plantée au milieu d'un jardin luxuriant avant de rejoindre l'intérieur de l'établissement, transformé pour l'occasion en boîte de nuit. Un formidable DJ israélien stimule brillamment cette longue nuit de danse et de fête.

Quand nous sortons, ce sont déjà les premières lueurs de l'aube.

Chacun se regroupe dans les quelques voitures de la bande pour rentrer prudemment vers la maison. On se retrouve tous les deux avec Sam. Seuls dans notre voiture de location garée non loin de là. Nous savourons un moment que nous ne voulons pas arrêter. Les rayons du soleil commencent à illuminer ce petit matin magnifique. L'idée de prolonger la fête s'impose rapidement. Mais ce n'est plus de danse dont nous avons envie, ou seulement celle de nos corps ensemble. Nous sommes enivrés par cette nouvelle nuit magique, mais frustrés de ne pouvoir être tous les deux dans l'intimité depuis notre arrivée sur l'île deux jours auparavant. Nous sommes fous de désir l'un pour l'autre. Nos sentiments d'amour intenses et les quelques *love pills* de la nuit nous procurent une énergie insatiable. On se décide spontanément, et de manière si synchronisée, à nous inventer un moment rien qu'à nous, que l'on part dans un inextinguible fou rire dans la voiture. Un fou rire libre et sans retenue, comme deux polissons heureux du moment coquin qu'ils ont une folle envie de s'offrir ensemble.

Nous sommes les derniers à rentrer. À l'emplacement de la pancarte en bois marquée *Casa Corazón*, nous empruntons le chemin de terre qui quitte la route. À la dernière bifurcation avant la propriété, nous décidons de sortir des écrans radars. Nous laissons la maison qui doit déjà s'endormir sur notre droite et continuons de rouler sans nous arrêter. À chaque bifurcation, Sam au volant prend une direction aléatoire, ici à droite, là à gauche. On ne sait pas où on va, mais on y va. On est rapidement à bonne distance de toute habitation. Par les fenêtres grandes ouvertes, je respire à pleins poumons l'air déjà chaud de cette matinée ensoleillée. Autour de nous, un maquis sauvage ombragé par des pins. Des ajoncs et des bosquets de romarin serpentent entre les rocailles. Le soleil ne cesse de monter, comme notre état d'excitation à l'idée d'être enfin seuls en pleine nature. Nous nous arrêtons le long d'un petit chemin et sortons du coffre quelques serviettes de bain embarquées la veille pour la plage. Nous faisons quelques pas en contrebas du chemin, puis nous mettons à courir quelques dizaines de mètres encore, zigzaguant entre les arbres et les buissons. Nous rigolons comme des enfants dans une partie de cache-cache. Nous disparaissons enfin derrière la végétation.

Ici, personne ne pourra venir nous surprendre.

Partout autour de nous, le calme et la beauté.

On installe rapidement les serviettes au sol.

La belle nature nous tend ses bras avant que nous nous réfugiions dans les nôtres.

Nous sommes allongés tous les deux. Le chant des cigales pour seule bande-son, abrités sous un si beau ciel. Le septième sans aucun doute. On se déshabille en quelques secondes. On se serre fort l'un contre l'autre. Notre énergie est décuplée par celle de la Terre et du soleil. Le sexe est d'abord un échange d'énergie. Et le sentiment d'amour le meilleur des aphrodisiaques. Nos corps communiquent avec gourmandise. Ce moment est d'une sensualité inouïe.

Un ressenti si fort que je me mets à pleurer.

Des larmes que je ne peux plus retenir pendant trois quarts d'heure.

Assis face à face, lovés dans les bras l'un de l'autre, Sam me serre tout contre lui. Il est impressionné par cette soudaine et puissante émotion et comprend mon besoin d'être réconforté dans ses bras protecteurs. Je suis comme inconsolable. Il ne me lâche pas une seconde pendant ce profond affect.

Mais voulais-je seulement l'interrompre ?

Ibiza s'est depuis longtemps forgé la réputation d'une île de la libération par l'amour et le sexe.

Je ne peux, ce matin-là, que confirmer.

Une expérience que je n'ai jamais vécue auparavant.

Comme un trop-plein d'émotions que mon corps a manifesté de manière incroyable, telle une vidange de l'âme.

Mon cœur emballé ne peut plus se satisfaire de ma dissimulation au monde.

Avec le recul sur cette étape importante de notre histoire avec Sam, je prends soudainement conscience que c'est la première fois que nous avons fait l'amour en pleine nature.

Et la dernière fois sans que personne ne soit au courant.

***

J'ai vingt-cinq ans.

Mon frère Éric m'annonce son changement de job pour lequel il revient vivre de manière permanente à Paris. Nous comprenons rapidement la nécessité vitale d'être chacun chez soi pour éviter à notre cohabitation, jusque-là sporadique, mais parfois compliquée dans l'harmonisation de nos caractères si différents, de devenir invivable.

Je trouve rapidement une location qui devient ainsi mon premier appartement de « jeune homme ». C'est un loft au dernier étage d'un immeuble moderne du quinzième arrondissement. Une jolie terrasse dominée par deux magnolias de six mètres procure à ce *penthouse* un charme rare. Un lieu unique et privilégié pour le jeune homme gâté que je suis déjà.

Delphine m'aide dans mon déménagement avec le secret désir de se cacher dans un carton pour être déballée et installée dans mon nouveau lieu de vie de manière permanente et pérenne. Je lui fais vite comprendre que cela n'est pas mon souhait. Notre relation, à laquelle elle s'accroche plus que jamais, continue de virevolter au gré de mes humeurs et de mes envies. Elle virevolte, mais elle existe. Le mieux étant l'ennemi du bien, je la convaincs rapidement que chacun chez soi reste la bonne solution. Delphine conserve sans m'opposer de résistance son studio du septième.

Lucide quant à mon fort tempérament, parfois terrible pour les jeunes filles se risquant à devenir amoureuses de moi, je lui confie un jour :

— Je pense que moi, il vaut mieux m'avoir comme ami que comme petit ami.

Je lui fais ainsi une crise mémorable le jour où elle prend l'audacieuse initiative d'installer quelques-uns de ses vêtements dans mon dressing. Je veux sanctuariser ma penderie de célibataire et tenir bon face à l'angoissante intrusion des quelques affaires qu'elle croit pouvoir installer impunément dans le coin d'une étagère. Delphine accepte ainsi un invraisemblable ballet entre le coffre de sa voiture, transformé en dressing de fortune, et cet appartement que je ne suis pas encore prêt à partager avec elle.

Il y a aussi cet impensable jeu de rôle qu'elle accepte au cours de plusieurs dîners d'amis que je reçois « chez moi », et qui ne doivent en aucune manière laisser soupçonner ma relation avec elle. Delphine prépare le dîner, que je suis supposé avoir cuisiné seul, prend son manteau et sort se balader dans le quartier, pour finalement arriver en même temps que les autres invités. Un étonnant sens de l'amour qui le dispute à celui de l'humour quand je me retrouve un peu perdu face aux plats cuisinés dont je suis censé avoir eu l'initiative. Son aide tout « amicale » en cuisine, où elle me rejoint alors, prend une dimension d'une insolite complicité. Elle joue le jeu avec un naturel confondant et nous savons déjà rire à l'époque de ce qui en aurait fait pleurer plus d'une. Delphine est d'une patience et d'une indulgence invraisemblables pour accepter ces situations abracadabrantes, révélant la solidité de son amour pour moi autant que celle de son ambition.

Les deux semblant obstinément ne faire que se renforcer au fil de ces cinq dernières années où elles furent pourtant mises si souvent à l'épreuve.

***

J'ai vingt-six ans.

Je suis en deuxième année du Cours Florent. Je m'y suis inscrit dans l'espoir de devenir animateur de télévision. Mais un fantastique professeur va achever de fourvoyer mes rêves d'enfance en me faisant passionnément aimer le théâtre.

Il est évident que la vocation d'artiste que je décide d'assumer à cette époque joue un rôle prépondérant dans ma relation avec Delphine.

Je passe sur scène autant que possible, me plonge dans une multitude de lectures sur le jeu de l'acteur, apprends par cœur des scènes du répertoire, partage avec joie des répétitions avec mes camarades de cours, vais assister plusieurs fois par semaine à des représentations dans des salles parisiennes. Me voilà embarqué dans une année palpitante. Je ne pense et ne vis que pour le théâtre. Une expérience quasi immersive.

Dans ce contexte particulier, la présence de Delphine dans ma vie est plus précieuse que je n'aurais pu l'imaginer. Elle symbolise mon lien vers l'extérieur, me soutient avec enthousiasme à m'investir dans cet univers théâtral. Je commence une stimulante navigation sur un océan de tous les possibles où Delphine prend la place de port d'attache. Elle comprend rapidement ce que suppose et exige ma nouvelle vie et se montre volontaire et décidée à m'y accompagner au mieux. Elle m'écoute lui raconter mes journées à l'école, s'intéresse aux pièces que je lis, me fait répéter mes textes, se réjouit de me voir si heureux dans cette aventure. Elle devient la compagne de l'apprenti comédien qu'elle regarde avec les yeux de Chimène. J'ai l'ambition de vouloir jouer sur scène autant de rôles que possible alors que Delphine n'en désire qu'un seul. Celui d'être à mes côtés.

Une formidable nouvelle va inspirer et consolider encore davantage sa place dans ma vie. Mon professeur devient mon premier employeur en m'engageant dans une pièce qu'il met en scène à l'extérieur de l'école.

Delphine assiste à mes premières émotions théâtrales, passant du trac terrible précédant mon entrée en scène, à l'incroyable intensité de la représentation jusqu'à l'après-spectacle, ivre de joie et d'adrénaline, tout à la fierté d'avoir accompli une forme d'exploit.

Je fais la fierté de mes parents et amis qui viennent me voir. Plus nombreux encore que je n'aie pu l'espérer, car dans l'ombre, Delphine assure la promotion et la communication de mon spectacle auprès de notre réseau familial et amical en envoyant par la poste plusieurs centaines de *flyers*. La compagne devient ma directrice des relations publiques.

Elle a compris avant tout le monde que cette vocation de comédien était vitale pour moi, comme un élan de vie qui lui donnait enfin un sens et une ambition.

J'ai tant besoin d'exister aux yeux des autres, que l'on me regarde, que l'on me porte de l'attention.

De surcroît, une scène de théâtre est l'un des rares endroits au monde où vous pouvez parler et être écouté sans être interrompu.

Sans être interrompu.

Un vrai miracle.

Delphine devient mon plus fidèle soutien, assistant chaque soir à ma représentation. Elle se met au service et accompagne au plus près cette activité exaltante qui devient l'essentiel de mon existence.

Il n'est pas anodin que ce soit dans cette période frénétique que je finisse par lâcher prise sur son plus cher désir. Comme si celui que j'avais pour le théâtre me comblait suffisamment pour que je n'aie plus à trop réfléchir sur les exigences de mon engagement à ses côtés. Le théâtre est devenu une maîtresse dévorante. Delphine le comprend, l'admet et mieux encore, en stimule la place prépondérante dans ma vie. Elle sait devoir cohabiter avec ma vocation, à laquelle elle laisse très intelligemment toute la place dont elle a besoin. Je me sens vivant comme jamais sur les planches et Delphine commence à me convaincre qu'elle est certainement la bonne personne pour m'accompagner et me soutenir sur ce chemin exigeant. Elle semble déterminée comme jamais à s'incarner comme le « repos de l'artiste ».

C'est dans l'euphorie de ces premières semaines sur les planches que j'ai une forme de révélation. Delphine m'a attendu avec une patience qui n'a d'égale que sa détermination. Elle s'est mise aujourd'hui sans compter au service de ma passion. J'ai soudainement pour elle une forme de reconnaissance sincère.

La force de ses sentiments finit peu à peu par stimuler les miens.

Après six années d'une inimaginable ténacité de sa part, ma peur finit par s'apaiser et laisser place à une réelle admiration pour cette jeune femme à laquelle je ne peux plus être insensible. Le théâtre m'ayant enfin permis de trouver ma place, un but et une raison d'être heureux, je peux enfin vraiment regarder Delphine et lui porter attention.

Je suis fier d'elle quand elle vient me voir jouer, et l'admiration que je vois dans ses yeux enamourés devient un baume des plus réparateurs par rapport à mon enfance si souvent privée de toutes ces vertus et douceurs maternelles. J'ai fini par accepter l'amour de Delphine comme celui qui comblerait le manque d'amour de ma mère. Tout cela a immanquablement flatté tout ce qui n'a pas pu l'être quand j'étais enfant. Dans ses yeux et sur scène, je suis enfin entendu et regardé.

Le regard de Delphine associé à mon début de carrière sur les planches, qu'elle a su si bien accompagner, me permet de restaurer un peu de l'estime de moi-même.

Delphine m'apparaît soudainement comme une promesse digne et acceptable.

Comment alors ne pas succomber à ce cœur d'or qui m'est servi sur un plateau d'argent ?

Mes sentiments pour elle se sont développés tel un amour de raison, mais je sens à cet instant combien j'ai raison de croire en notre amour.

Cette période est celle de tous les possibles et de tous les enthousiasmes. Les miens ne souffrent d'aucune nuance. Je suis tellement heureux sur les planches que je suis prêt à dévorer la vie que je sens enfin vibrer en moi.

Je suis avec Delphine en voiture dans Paris.

Je m'arrête soudainement sur une rampe de sortie d'un parking souterrain.

Je me retourne vers elle.

Je la regarde dans les yeux.

Puis lui lance avec enthousiasme :

— Mais qu'est-ce que je me sens bien avec toi !

Mon ressenti est un constat d'évidence.

Et quand je crois en quelque chose, plus rien ne m'arrête.

C'est ainsi qu'à la faveur d'une réunion de famille quelques semaines après, j'annonce officiellement nos fiançailles.

Leur réjouissance est à la mesure de leur surprise.

Je n'ai évidemment prévenu personne.

Ni même Delphine !

J'ai toujours aimé les surprises.

Ma future épouse et notre entourage ne sont certes pas ce soir-là encore au bout des leurs.

À l'occasion d'un séjour à Ibiza, je vais demander sa main à sa mère. Une main qui m'est déjà acquise. Mais l'idée de revisiter une tradition, aussi surannée soit-elle, me plaît. Qu'importe que les choses ne soient pas faites dans l'ordre. Là aussi, Delphine, comme sa mère, me laisse composer la partition à ma façon, conscientes que cet espace de liberté et de créativité est bien le plus important à respecter chez moi. La mère et la fille jouent le jeu que j'ai décidé pour elles et savent s'en amuser. J'emporte avec moi pour cette demande symbolique la paire de gants précieusement conservée de mon service militaire chez les gendarmes. Ils sont blancs, mais feront office de « beurre frais » comme le veut la tradition. J'aurais pu louer une calèche à cheval et un haut-de-forme pour l'occasion tant ce rituel m'amuse.

Une façon de m'en moquer tout en démontrant que je ne suis pas insensible aux « us et coutumes » de mon milieu.

Delphine s'installe de manière permanente dans mon appartement parisien. Le caractère officiel de notre engagement interrompt immédiatement le ballet incessant de ses allées et venues clandestines que je voulais tant dissimuler à notre entourage.

Notre vie à deux se construit maintenant à la lumière de la vérité, dans les plaisirs et les exigences que ma promise sait très bien ne pas m'imposer trop brutalement.

Delphine me connaît si bien depuis plus de six ans. Elle sait parfaitement agir pour ne pas semer le doute sur ma décision de l'épouser. Elle voit sa patience récompensée, elle qui attendait et espérait, depuis notre première rencontre, devenir un jour ma femme.

Mieux encore, la tournure des événements m'a donné l'illusion de croire que cette décision venait de moi et que je gardais la main sur mon destin.

Je comprends aujourd'hui l'implacable loi de l'attraction qui veut que notre vie soit le résultat de nos pensées. Delphine a toujours su, au plus profond d'elle, quel était le rôle où elle me désirait dans sa vie. Si j'ai longtemps douté de sa capacité de persuasion, je ne peux que constater aujourd'hui qu'elle a remporté cette victoire personnelle par une incroyable force de conviction.

C'est au cours de cette longue période de fiançailles que je vais faire deux rencontres importantes, et bien moins anecdotiques que je ne le pensais sur le moment. Deux hommes qui ont provoqué en moi des sensations et des sentiments contrastés, mais que je ne pouvais me résoudre à considérer comme des signes. Encore moins comme des mises en garde.

Des événements m'amenant à faire face à une partie de moi que je n'ai pas su voir.

Je rencontre le premier d'entre eux sur le tournage d'un pilote d'émission pour la télévision. Il en est l'un des chroniqueurs. Il a une cinquantaine d'années, un accent méridional, le regard vif et un visage jovial. Je sais l'avoir déjà vu dans différentes émissions. Je suis assis dans le public, comme plusieurs autres apprentis comédiens du Cours Florent sollicités ce jour-là pour jouer le rôle de spectateurs. Le garçon tire rapidement son épingle du jeu au milieu des autres intervenants, a le verbe aussi haut qu'aiguisé et ses interventions au cours de l'émission, cet après-midi-là, sont ponctuées de rires et d'applaudissements. Il n'est pas vraiment beau, mais dégage un certain charme et un évident charisme. Le tournage terminé, tout le monde se retrouve autour d'un buffet organisé en coulisses. Je viens très naturellement le féliciter pour sa prestation. Nous échangeons très cordialement pendant quelques minutes. Je me rappelle l'avoir fait bien rigoler. L'homme est connu pour être chroniqueur mondain, s'intéresse aux personnalités du gotha, aux *people* autant qu'aux gens bien nés. Il semble intrigué de rencontrer un jeune homme aux allures bourgeoises en pareilles circonstances.

Je suis très flatté qu'il veuille venir assister à la pièce de Victor Hugo que je joue depuis quelques semaines déjà dans le quartier de Beaubourg. J'ai la naïveté de penser qu'il s'intéresse à ce que je fais et l'optimisme de croire qu'il pourra peut-être donner un coup de pouce à notre spectacle en termes de communication, lui qui a ses entrées dans plusieurs organes de presse et de médias.

Il tient parole et vient quelques jours après assister à mon spectacle. Ses compliments à la sortie me touchent beaucoup et c'est tout naturellement que j'accepte son invitation à dîner.

Nous échangeons sur bon nombre de sujets avec enthousiasme. Il me raconte son parcours et me fait beaucoup rire en me confiant les multiples anecdotes qui l'ont émaillé. Je sais qu'il est homosexuel et qu'il n'est pas insensible au jeune homme qu'il a face à lui. Je me garde bien de lui confier être fiancé depuis quelques mois. Je n'ai pas conscience du jeu de dupes dans lequel je m'engage ce soir-là sans scrupule. Je suis tellement heureux qu'il s'intéresse à moi. Et stimulé par l'espérance qu'il recommande ce spectacle si important à mes yeux à quelques confrères journalistes. Ce qu'il ne manque pas de faire dans les jours qui suivent.

Le jeu de séduction se confirme entre nous quand j'accepte sa proposition de l'accompagner à une grande soirée de charité. Je loue un smoking pour l'occasion. J'arrive à ses côtés dans un superbe hôtel particulier proche du Pont-Neuf. Il me présente à quelques personnalités au cours du cocktail. Nous sommes placés ensemble à l'une des nombreuses tables qui nous accueillent pour ce dîner des plus chics. Les robes longues et les bijoux des femmes présentes, dont de célèbres actrices, font honneur à la magnifique atmosphère du lieu, décoré de dizaines de bouquets de fleurs, aussi somptueux que monumentaux.

Ma jeunesse de préfecture passée sous les ors de la République me permet de ne pas être trop intimidé par le décor.

Je prends vite mes aises pour échanger avec nos voisins de table, dont un célèbre producteur de cinéma que j'interroge sur ses projets autant que sur ceux dont il a pu être fier par le passé. Je prends un malin plaisir à conforter mon soupirant qui m'a cru digne de pouvoir l'accompagner dans une telle réception. Je le sens heureux de m'avoir à ses côtés. J'ai le désir de lui plaire comme si ma vie en dépendait. Voir de la fierté dans les yeux de cet homme est un baume cicatriciel. J'en ai parfois tant manqué dans le regard de mon père. Même si je n'en ai aucunement conscience à l'époque, ce n'est pas une simple stratégie à des fins professionnelles que je compose ce soir-là, mais bien un acte de réparation, avec un homme qui me prête attention. Me sentir une « proie » m'a indiscutablement troublé, mais c'est surtout être l'objet d'un désir qui a rendu ces ressentis attractifs.

Un jeu de rôle pas plus répréhensible que celui dans lequel je me suis embarqué avec Delphine, sans avoir pour le moment le moindre doute quant à sa justesse.

Ce ne sera pas le cas avec cet homme, à qui je finis par révéler, au cours d'un dîner en tête-à-tête quelques jours après, être fiancé à une jeune femme. Il tombe des nues à cette annonce. Je me souviens encore de son regard stupéfait. Bien plus que de la déception, c'est bien de l'incrédulité que je peux y lire.

Autant qu'une évidente inquiétude quant à mon sort, dont les dés sont maintenant jetés.

Le deuxième épisode plus que troublant avec un homme a lieu quelques semaines plus tard. Le garçon est lui aussi journaliste. Il a rédigé quelques jours auparavant une critique très élogieuse de notre pièce dans les pages spectacles dont il a la charge dans un magazine réputé. Ses compliments sur mon rôle de baron font ma fierté et celle de mes proches que Delphine s'est empressée de prévenir. Son article de presse fait partie des tout premiers de ma carrière et vaut de l'or en termes d'encouragements.

C'est un soir à la sortie du théâtre que je suis accosté par ce jeune homme qui est venu spontanément se présenter à moi. Il a mon âge, est plutôt joli garçon. Il me redit avoir adoré ma prestation sur scène et qu'il avait envie de me rencontrer. Il m'offre un verre en terrasse dans le café juste en face. Nous échangeons de manière chaleureuse et conviviale. Il me questionne sur ma vie. Il a beaucoup aimé mon personnage sur scène, mais est aussi tombé, de toute évidence, sous le charme du comédien qui l'incarne. Ayant là encore peur de perdre l'intérêt qu'il me porte, je me garde bien de lui parler de mes fiançailles avec Delphine quelques mois plus tôt. Ce garçon insiste pour me raccompagner jusqu'au parking où j'ai laissé ma voiture à quelques minutes de là. Arrivés devant la lourde porte en métal qui y donne accès, je me retrouve face à lui. Les secondes qui passent où nous échangeons des banalités me paraissent durer une éternité. Il me regarde dans les yeux et n'attend qu'un seul signe de ma part pour m'embrasser. C'est la première fois que je vis un moment d'une telle intensité avec un homme. Son désir est aussi clair que le mien troublé.

Contrairement à ma précédente expérience, la situation échappe à mon contrôle. Et assurément à celui de mes émotions. Je suis saisi par un trac terrible, plus intense encore que celui du théâtre. Un sentiment confus de jouer cette fois-ci dans la vraie vie. Mon cœur bat si fort que je le sens cogner dans ma poitrine. Une bouffée de chaleur envahit tout mon corps. Je suis submergé par un troublant mélange de peur terrifiante qui me noue le ventre, de questionnements profonds où se télescopent brutalement mon envie de plaire autant que de ne pas décevoir, de donner à ce garçon ce qu'il est venu chercher et le troublant désir qu'il ne manque pas de provoquer en moi en cet instant si puissant. Mon mental n'est pas en reste, où la tentation de l'interdit s'oppose aux valeurs de fidélité que m'impose mon engagement avec Delphine.

Je m'interroge d'ailleurs sur ma volonté de le dissimuler encore une fois.

Dans une fulgurance, je lui dis non et repousse ses avances.

Je lui demande pardon de l'avoir laissé espérer le temps de cette soirée ensemble.

Il me laisse croire qu'il ne m'en tient pas rigueur et repart très vite avec un sourire convenu. Je le sens gêné.

Il ne peut en rien soupçonner combien je le suis plus que lui encore.

J'ouvre la porte du parking et descends d'un étage pour retrouver ma voiture toute proche. Je m'installe au volant. Je suis incapable d'actionner la clé dans le contact. Je reste figé pendant quelques minutes, essayant de recouvrer un peu mes esprits, de comprendre ce qui vient de se passer, de se jouer à l’intérieur de moi. Je n’ai pas de mots, et encore moins de réponses. Je me sens perdu. Je suis hagard, sonné.

Comme les deux boxeurs qui se sont livrés à ce combat rageur en moi.

Est-ce vraiment le bon qui a gagné par KO sur l’autre ?

Il est incroyable de concevoir que l’on puisse prendre une décision en une nanoseconde dans sa vie.

Et impressionnant de penser que certaines peuvent en changer le cours.

Je suis incapable de dire ce qui a réellement motivé mon refus d’embrasser cet homme ce soir-là.

La raison ou la peur d’aimer ça ?

Ou la vertigineuse et indicible appréhension que cette décision aurait pu modifier le cours de mon destin.

Pour le meilleur et pour le pire.

***

J’ai vingt-huit ans.

Pour organiser mon mariage avec Delphine comme bon me semble, j’ai trouvé un alibi imparable. Nos parents seront nos invités d’honneur. Comme je ne suis sous la tutelle et le contrôle de personne, je me lâche sans retenue et ne les mets au courant de rien. Je vais tripler avec mes deniers personnels le budget que mes parents m’ont déjà confié. Rien ne sera trop beau pour ce jour que je veux mémorable et parfait.

Je refuse la moindre erreur dans l'organisation de ce mariage, comme pour me convaincre que lui-même n'en est pas une.

Je ne lésine sur rien et veux du haut de gamme en tout.

Pour me stimuler à penser vrai, je vais penser grand.

Très grand.

Pour le décor, ce sera le château du Champ de Bataille en Normandie, propriété depuis quelques années du célèbre décorateur Jacques G. qui a fait de ce lieu son chef-d'œuvre. Ses travaux de rénovation durent déjà depuis plus de six ans. Le plus gros chantier privé d'Europe dit la rumeur. De magnifiques jardins à la française à perte de vue, des bassins immenses, des fontaines monumentales, des centaines de buis taillés au laser, plus de quarante mille arbres plantés.

L'intérieur du château est rénové avec la même rigueur. Aucun centimètre carré n'a été ignoré dans cette restauration aussi exigeante qu'étourdissante de minutie, trahissant une forme aiguë de perfectionnisme. Cela résonne en moi. Je suis atteint depuis longtemps des mêmes obsessions. Supportant mal mon désordre intérieur, je tente de me rassurer par la maîtrise de mon environnement. Satisfaire mon désir du beau pour tenter d'apaiser mon mental.

Seront mis à notre disposition les cinq salons d'apparat du premier étage, abritant la somptueuse collection privée du maître des lieux, protégée pendant les visites journalières par des cordons de velours. Nous profiterons de onze chambres avec lits à baldaquin, meubles d'époque, tapisseries et tableaux certifiés, chacune donnant sur une salle de bains avec lavabos en faïence et robinetteries de cuivre. Nous aurons également accès à l'immense esplanade pour notre cocktail donnant sur les jardins et leur sublime perspective.

À ce jour encore et à ma connaissance, nous sommes les seuls particuliers à avoir profité d'une telle jouissance des lieux sans être amis du propriétaire.

C'est au-delà de toutes mes espérances. Je suis fou de joie et d'excitation. Cet endroit est à la démesure du moment magique que je veux offrir au monde.

Notre prêtre sera vêtu de l'aube créée par Castelbajac pour les JMJ que nous lui offrons pour l'occasion, nous aurons un groupe de gospel dans l'église, une Rolls Silver Shadow 1956 ayant servi à la cour d'Angleterre pour la sortie, une armada de fleuristes, plusieurs ateliers de dégustations thématiques pour le cocktail, un traiteur haut de gamme pour le dîner, du champagne réputé, un grand cru classé de Bordeaux, plusieurs DJ accompagnés de musiciens. Je supervise les jaquettes de mon père, de mes frères, de mes témoins et de mon beau-frère qui en assure la confection. Je choisis avec ce dernier les tissus des gilets de chacun. La photographe et les deux vidéastes seront habillés de tee-shirts noirs, avec les prénoms des mariés imprimés en lettres rouges dans le dos. Je conseille ma mère sur le choix des deux tailleurs qu'elle portera au cours de la journée. Pour le lendemain, on envoie à nos amis une invitation brodée sur une serviette en tissu vichy, le thème que nous souhaitons pour ce déjeuner champêtre. On s'offre le luxe de chemises confectionnées sur mesure par une célèbre maison de la rue de la Paix. Delphine en rose, moi en bleu. Je pousse le détail jusqu'à la création de bracelets pour nos montres respectives dans les mêmes motifs.

Je m'occupe de tout avec une joie d'enfant à qui on aurait donné la liberté de remplir un immense caddie dans un magasin de jouets. Delphine observe mon effervescence dans cette spirale d'initiatives et d'organisation que je veux sans faille. Elle comprend que j'ai à cœur de lui offrir le plus beau jour de sa vie. Comme si je voulais et devais compenser les nombreuses années où je l'ai malmenée sans pouvoir imaginer qu'elle deviendrait finalement ma femme. Je sais qu'elle attend ce grand jour depuis toute jeune fille.

Delphine en aura pour son rêve.

Moi pour ma joie d'organisateur et de créateur d'atmosphères.

Les salons qui accueillent le dîner seront dignes des mille et une nuits. La décoration fera plus qu'honneur au lieu. Mieux encore, elle le magnifiera.

J'aime l'idée du contraste saisissant entre ce château XVIIe et la fantaisie contemporaine du show laser prévu dans la soirée — la projection va littéralement embraser sa façade.

Mais bien au-delà d'une organisation au cordeau, faite d'infinis détails et de multiples attentions, quelque chose de plus profond encore a stimulé mon besoin immense que tout soit parfait, comme si la légitimité et le bien-fondé même de ce mariage en dépendaient.

Mais qui ai-je eu donc tant besoin d’éblouir et de convaincre par la féérie que j’ai voulu donner à cette journée, sinon moi-même ?

Pour profiter pleinement de ce bel événement, que les nombreuses contingences logistiques imposées par mon organisation exigeante pourraient contrarier, j’ai l’idée de solliciter un organisateur expérimenté qui nous a été recommandé. Une compétence que l’on qualifie aujourd’hui de *wedding planner*.

Je le nomme malicieusement à l’époque « mon grand chambellan ».

C’est le premier rire que je provoque chez Alain G.

Nous le rencontrons avec Delphine plusieurs mois avant le jour J. Sa courtoisie et son expérience nous séduisent immédiatement. Il a lui aussi le sens du détail. Nous pressentons que son regard aiguisé sur le protocole et tout ce qui doit être organisé au mieux pour un mariage réussi nous sera d’un précieux concours. Mon exigence en chaque chose est très motivante pour lui et notre collaboration se révèle aussi cordiale que productive au cours de ces longs mois de préparation. La journée est réglée comme du papier à musique. La présence d’Alain à nos côtés me donne rapidement l’assurance d’avoir l’esprit libre pour profiter de chaque instant de l’événement. C’est son engagement et sa promesse. Il est l’élément clé qui permet mon lâcher-prise ce jour-là, et qui me surprend autant que cela le rend fier.

Alain a depuis longtemps porté ses choix amoureux vers les hommes. Il est d'une parfaite discrétion sur son orientation. Toujours tiré à quatre épingles, dans des costumes cintrés et des chemises à col Mao qui me font sourire par leur contraste avec ses bonnes manières plutôt « Grand Siècle ». Mais rien dans son attitude, fût-elle très policée, ne trahit ce penchant de sa vie privée.

Il me confiera plus tard son immense admiration pour Delphine, qui reste la plus belle des mariées qui lui ait été donnée de voir au cours de la centaine de mariages qu'il organisa par le passé. Il nous révéla ainsi, au cours d'une de nos nombreuses réunions préparatoires, que Delphine incarnait à ses yeux la seule femme qu'il ait rencontrée qui ait pu le faire douter de sa préférence pour les hommes.

Tiens donc.

***

J'ai vingt-neuf ans.

Le mariage se passe merveilleusement bien, même si les images sont assez éloignées de celles que j'ai imaginées pendant ces mois d'organisation.

Il pleut des trombes d'eau.

Je suis le premier surpris par ma capacité d'adaptation.

Face à une situation pourtant contraire à tous mes souhaits, l'enfant capricieux que je suis encore semble ce jour-là tenter un pas vers l'âge de raison.

J'accepte la situation avec philosophie.

Pour les nuages comme pour le reste, il ne sert à rien de s'opposer à ce que l'on ne peut pas changer.

Le plus important en ce jour fut ma météo intérieure.

Et Delphine de devenir le soleil de la journée.

Un véritable astre lumineux quand je la vois apparaître à l'entrée de l'église. Sa robe est précédée d'une rumeur, comme dans les mariages princiers.

Une sublime tenue dessinée et confectionnée par son frère Stanislas.

Trois cents heures de travail, un bustier brodé à la main et serti de perles, des dizaines de mètres de tulle enroulés sur eux-mêmes pour créer une véritable robe de princesse.

Stanislas est un couturier de talent, n'a qu'une sœur qu'il aime plus que tout, et a donné le meilleur de lui-même dans ce « dessein » ô combien stimulant.

Elle entre à son bras dans la petite église noire de monde. Je l'attends devant l'autel, mon cœur bat plus fort que jamais. Delphine est irréelle de beauté. Sa robe est féérique et la mariée la porte avec une grâce infinie. Les sourires complices de la famille et des amis, les enfants d'honneur, les si belles fleurs, plus rien n'existe.

Je ne vois plus qu'elle.

Nous avons une jolie trouvaille pour la musique accompagnant son entrée et sa montée vers l'autel. Dans le livret de messe, en lieu et place du titre musical et de son compositeur, à la mention « Entrée de la mariée », un énigmatique point d'interrogation.

Il s'agit de l'introduction du morceau de Michael Jackson que je fis découvrir à Delphine, malgré nos six cents kilomètres de distance, pendant mes classes militaires à Tulle, inspirée de la neuvième symphonie en *ré* mineur de Beethoven.

Une chanson chargée de symboles.

C'était il y a sept ans déjà.

Et que dire du titre *Will you be there* ?

Nous avons pris une autre initiative, dont le symbole nous enchante. Au mariage de plusieurs de nos amis, nous avons été souvent perplexes de constater que les jeunes mariés à peine sortis de l'office célébrant leur union sont physiquement très vite séparés l'un de l'autre, littéralement happés par chacun des invités souhaitant les embrasser et les féliciter. Avec Delphine, nous ne voulons que rien ni personne ne nous sépare au cours du cocktail suivant la messe. Nous ne nous sommes ainsi jamais lâché la main pendant plus de deux heures, retrouvant ou rencontrant nos nombreux convives constamment ensemble. Les seules pressions que nous ayons eu à supporter furent celles de nos bras qui ont dû parfois résister à une périlleuse tension.

Le lien entre nous s'est tendu parfois, mais ne s'est jamais rompu.

Une volonté commune, bien qu'anecdotique dans la présente circonstance, qui bien des années plus tard, a soutenu sans aucun doute notre relation dans ses épreuves.

Malgré tout ce qui aurait pu nous séparer, Delphine et moi ne nous sommes jamais lâché la main depuis plus de trente ans.

***

J'ai trente-sept ans.

Après ce week-end de fête à Ibiza, chacun est rentré chez soi depuis quelques jours.

J'ai retrouvé Delphine et nos enfants à la campagne.

J'ouvre les yeux après une nuit agitée.

Je suis envahi par une sensation d'étouffement. Je n'en peux plus de mentir à cette femme que j'aime tant. Je n'en peux plus de me cacher. Mon amour pour Sam est trop fort, trop beau, trop vrai pour être ainsi emprisonné dans le mensonge.

C'est insupportable.

Car ce séjour à Ibiza est à coup sûr, et sans que je n'en aie eu aucunement conscience sur le moment, le début de ma « guerre de Sécession ». Le célèbre Lincoln déclara au sujet de la sienne : « Je ne prétends pas avoir contrôlé les événements, mais confesse sans détour que les événements m'ont contrôlé. »

Delphine, levée plus tôt que moi pour s'occuper de nos trois petits, rentre dans la chambre. Elle ouvre les rideaux. Le temps est magnifique et le soleil déjà chaud.

J'explose en larmes devant elle.

Tout se passe très vite.

Je n'ai rien prémédité, rien préparé.

— Qu'est-ce qui t'arrive ?

— Ce qui m'arrive, c'est que je n'en peux plus de te mentir. Je suis tellement désolé du mal que je vais te faire. Je suis amoureux d'un homme depuis quatre mois.

D'un coup de foudre à un coup de tonnerre.

Dans ses yeux, je vois l'indicible. Comme si son existence tout entière volait en éclats en une fraction de seconde.

Elle hurle :

— QUI EST-CE ?!?

Je lui réponds spontanément :

— Sam…

Elle comprend immédiatement que ce garçon était de la bande de copains d'Ibiza et qu'il est donc venu dans SA PROPRE MAISON DE FAMILLE.

Deuxième coup de massue.

Un second choc d'une brutalité sans nom.

Un double attentat à l'explosif d'une violence inouïe.

Elle est terrassée.

La douleur est trop vive.

Le monde s'écroule sous ses pieds.

Ses jambes vacillent, ne la tiennent plus.

Delphine perd son équilibre.

Elle tombe à terre.

Je m'agenouille à ses côtés, je ne sais pas quoi faire, quoi dire.

Il me semble qu'aucun mot ne pourra jamais la relever.

Le moment est irréel, si soudain, si violent.

Dans ma tête, j'ai l'impression de sauter d'un avion en vol.

Un plongeon dans le vide.

Sans parachute.

Une chute vertigineuse.

Si vertigineuse qu'il me semble que le sol n'existe plus.

Ce saut dans le vide s'est imposé à moi et je viens d'y entraîner Delphine sans aucun ménagement.

Je suis tétanisé par la douleur inhumaine que je viens de déclencher en elle. Mais quelque chose en moi sait que ma vérité ne peut plus survivre dans un tel mensonge.

Un instinct de survie, quel qu'en soit le prix.

Un sacré « transfert de charges » dirait un psy.

Effroyablement injuste en cette seconde précise, car mon besoin vital d'oxygène vient littéralement de couper le souffle de ma femme.

Nous vivons, elle et moi, un moment d'une rare intensité auquel aucun être humain n'est préparé.

Delphine n'a pas le mode d'emploi face à un tel choc.

Et je n'ai pas celui qui soulagerait son immense détresse.

Elle se relève comme elle peut, refuse toute aide. Tout va très vite, dans une totale confusion. On est en larmes tous les deux, les explications que je balbutie comme je peux ne peuvent plus rien changer.

Une crise grave et sans précédent vient de se déclencher.

On dit que beaucoup de notre vie est écrite d'avance.

Ce chaos du 10 juin 2006 m'a pourtant contraint à une improvisation difficile à l'issue bien incertaine.

L'acte deux de cette histoire vient de démarrer dans un fracas épouvantable, sans que ni les acteurs ni les spectateurs n'aient eu le temps de s'y préparer.

Mon frère Éric me dira quelque temps après que « je n'ai pas soigné le plan de com' ».

Bel euphémisme.

***

J'ai vingt-huit ans.

Nous rentrons d'un séjour de deux semaines au Mexique. Je me souviens de ma lecture pendant le vol d'un article évoquant un homme marié trompant sa femme avec un autre homme.

J'en parle à Delphine, avec moins d'innocence que je ne veux le croire, saisissant l'occasion de lui redire combien elle est unique, et que si je devais aller voir ailleurs un jour, ce ne serait pas avec une autre femme.

Delphine fond en larmes.

Je me confonds en excuses.

Fin de l'incident que l'on n'évoquera plus jamais.

***

J'ai trente-sept ans.

Je me réfugie à l'autre bout de la maison.

J'appelle Sam.

En quelques secondes et sans ménagement, je lui décris la situation d'enfer que je viens de déclencher. Je n'arrive plus à contenir mon émotion. Je ne sais pas ce qui va se passer. Je crains le pire. Je lui dis que je le recontacte dès que possible.

Delphine me demande de partir immédiatement.

Je m'exécute sans hésiter.

Je suis prêt à obtempérer à toutes ses injonctions. Sa colère est à la hauteur de sa souffrance, immense, insondable. Je veux lui obéir autant que possible et tenter de calmer un tant soit peu la douleur dantesque qui vient de la submerger.

Je retrouve nos trois petits dans leur salle de jeu du rez-de-chaussée. Je vois leurs regards inquiets. Qu'ont-ils entendu des cris et des larmes provenant de la chambre de leurs parents à l'étage ? Tout s'est passé si vite. Comme dans un accident. Je suis essoufflé, noyé d'adrénaline, comme si je venais d'asséner un coup mortel à leur mère. Il faut me ressaisir et agir. Je dois assumer le chaos invraisemblable dans lequel je viens de plonger ma famille.

Je décide de les emmener déjeuner à Montfort-l'Amaury, à trois kilomètres de là. La pizza promise évite toute hésitation de leur part. Leur gourmandise est un précieux allié. Je prends les deux petits sous le bras, demande à leur sœur aînée de me suivre.

Dehors, toujours ce soleil de plomb.

Comme l'atmosphère de notre si jolie propriété qui vient de se recouvrir d'une bien lourde chape.

Je les installe dans la voiture.

Sur la route, je parle à mes enfants. Ils ne comprennent pas la situation, mais ressentent bien que quelque chose vient d'arriver. Quelque chose de grave. Je leur confie qu'il y a une crise avec maman. Une dispute sérieuse. Elle est en colère et triste. Ça n'est pas du tout de leur faute. Et on reste leurs parents.

Quoi qu'il advienne.

Dans ma tête, c'est « Verdun ». Un *open-bar* d'anxiété pour mon mental qui m'impose de m'attendre au pire. Ce monstre me scie le cerveau.

La pizzeria borde la jolie place pavée face à l'église Saint-Pierre.

Installés au fond du restaurant, je commande rapidement les pizzas de mes enfants. Rien pour moi.

La peur me remplit l'estomac.

— Sans olives, me disent-ils.

C'est devenu depuis quelque temps un gimmick entre nous à chaque pizza *party*. Une forme de slogan revendiqué comme dans une manif.

— PAS D'OLIVES ! PAS D'OLIVES ! PAS D'OLIVES ! reprennent-ils en chœur avec un entrain qui les rend hilares.

Des manifestants heureux.

Assez unique pour être charmant.

On en sourit avec le serveur, d'une bienveillante complicité. Une seconde d'apaisement pour moi. Loin de ma scène de crime. Je pense à Delphine, seule à la maison, qui vient de se prendre un choc d'une terrible violence. Un bulldozer dans un parterre de roses. J'espère qu'elle survit, malgré tout ce désespoir qui vient de se déverser en elle.

Les bulldozers font rarement dans la dentelle.

Mon portable vibre sur la table. C'est le numéro de mes parents qui s'affiche. Delphine les a déjà appelés. Mon Dieu. Mon cœur se serre encore un peu plus. Je l'entends cogner contre ma poitrine. Je demande à mes enfants de profiter calmement de leurs pizzas qui viennent d'être servies à table. Je sors à vive allure du restaurant et prends l'appel. Au téléphone, ma mère. Elle ne comprend pas ce qui se passe.

Il est midi et demi.

Pas moyen de me mettre à l'ombre.

J'affronte le soleil caniculaire et les questions pleines d'inquiétude de ma mère, ambassadrice autoproclamée de mon père, que je sais tout près d'elle, sans voix.

— Laurent, ta femme vient de nous appeler en larmes. Elle nous chante une histoire de rencontre que tu as faite avec un garçon, à laquelle nous ne comprenons rien. Que se passe-t-il ?

— Maman, je vais vous expliquer…

— Tu ne peux pas tout détruire comme ça, voyons ! Tu vas te ressaisir !!

— Maman, ne t'inquiète pas…

— Tu as une femme aimante, trois enfants charmants, voyons ! Que se passe-t-il ?!

— Maman…

— Et cette si jolie maison. Ton père en parle comme de la « maison du bonheur ». Tu ne peux pas tout saccager comme ça, allons !!

— Maman…

— Ton père ne peut pas croire ce qu'elle nous dit. Il pense que tu es fatigué, dépressif, il faut te soigner, tu dois prendre du repos !

— Maman, s'il te plaît…

— Que se passe-t-il voyons, explique-toi !

— J'ESSAIE !!! MAIS TU NE ME LAISSES PAS PARLER !

Silence au bout du fil.

Enfin.

Le temps d'une respiration.

Je ne sais pas ce que je vais leur dire, ce que je dois leur dire.

Je me lance :

— Maman, j'ai conscience du choc terrible de celle nouvelle. Pour Delphine, pour vous et pour tous ceux qui nous entourent. Mais je n'en pouvais plus de mentir. Ça me rongeait de l'intérieur. Je ne sais pas ce qui va arriver maintenant, mais je vous promets que j'ai à cœur de ne pas tout détruire. Je vais prendre mes responsabilités, aider Delphine autant que je le pourrai, là où elle me le permettra. J'ai conscience que je suis père de famille…

Je fonds en larmes.

Entre deux sanglots, je tente de continuer de parler, sans m'arrêter, pour ne plus risquer d'être interrompu.

Il est fou de penser qu'un être humain puisse bouleverser aussi brutalement le cours de sa vie avec quelques mots.

C'est bien la marche de plusieurs vies que je suis en train de bousculer, de violenter et de remettre en question.

Cet échange difficile avec mes parents me remet dans ma position d'enfant, plus décevant que jamais pour ceux qui m'ont donné la vie, et qui fondaient l'espoir que cette vie corresponde aux codes et à l'éducation qu'ils tentèrent de me transmettre tout au long de ma jeunesse. Ma désobéissance légendaire prend à cet instant précis des proportions que je ne contrôle plus. Je suis submergé de peur et de culpabilité. Mon émotion, loin d'être feinte, touche ma mère. Forcément. Je suis son cinquième enfant. Son petit dernier. Ce statut privilégié m'aide plus que je ne pouvais l'espérer à la seconde présente.

Cela force son écoute autant que sa bienveillance.

Tellement rare, ma mère qui écoute.

— C'est compliqué, ça va l'être encore plus maintenant que j'ai dit les choses, je sais que c'est douloureux, évidemment très injuste pour Delphine, mais m'enfermer dans le mensonge est pire que tout. J'ai fait une rencontre bouleversante, voilà, je ne sais pas quoi vous dire de plus…

— Mais c'est ton métier de comédien qui te monte à la tête, nous savons qu'il y a beaucoup d'homosexuels, beaucoup de drogue, c'est une passade, c'est un caprice. Tu as toujours été capricieux, à vouloir des choses impossibles, comme pour tes chaussures quand tu étais enfant !

Ma mère…

Ma mère et ses arguments auxquels personne ne peut être préparé.

Me reviennent à la seconde même mes cris d'enfant turbulent dans les magasins où elle me traînait jadis.

Ces scènes d'usure psychologique où je la suppliais de manière incantatoire. Elle devait céder à ma demande, coûte que coûte. Il me fallait absolument ce modèle de chaussures, que je lui réclamais comme si ma vie en dépendait. Évidemment, les mocassins à la mode dans ma pension, objet de toutes les admirations et de toutes les convoitises, faisaient rêver. Il fallait que je rejoigne le cercle privilégié de ceux qui les portaient fièrement aux pieds. Ces boutiques furent à coup sûr le théâtre de mes premières « scènes ». Je me lançais avec conviction dans un argumentaire plein de fougue, expliquant que ces chaussures étaient certes plus chères, mais plus solides, et qu'elles éviteraient d'avoir à en racheter de sitôt. Je poussais ma mère dans ses retranchements, jetant à peine un regard — méprisant — sur les modèles de sous-marques que tentaient maladroitement de nous présenter les vendeuses du magasin qui devenaient les témoins impuissantes de ces séquences rocambolesques. Des spectatrices médusées devant l'aplomb d'un gamin d'à peine onze ou douze ans, qui sortait de la boutique sans applaudissement et sans rappel, mais avec la nouvelle paire de chaussures qu'il avait choisie, son fier trophée, l'inestimable récompense de son incroyable aptitude au caprice.

Sur la place de l'église, le temps caniculaire rend l'air irrespirable. Ma mère au téléphone, quelque peu attendrie par mes larmes, me demande de me calmer, de reprendre mon souffle. Je lui confie que mes enfants sont à l'intérieur du restaurant face à moi. Je dois aller m'occuper d'eux. Joindre le geste à la parole quant à la responsabilité de père de famille que je veux les convaincre d'avoir plus que jamais à l'esprit. Ce dernier argument est le seul qui puisse trouver grâce à leurs yeux et à leur cœur de grands-parents. Il est la conclusion de cet échange intense avec eux. Ils sont aussi peu préparés que Delphine à cette révélation aux airs de révolution qui vient de s'imposer à tous.

En raccrochant, je suis très loin de la satisfaction jubilatoire de l'enfant terrible qui savourait crânement sa victoire sur le choix de chaussures qu'il souhaitait plus que tout au monde. À l'époque, devant le caprice de l'insupportable gamin, les seuls dommages collatéraux que j'ai imposés au monde étaient une mère dont la fatigue n'avait d'égale que la résignation, et trois vendeuses outrées. Aujourd'hui, c'est une épouse, des enfants, des parents, une famille, une belle-famille et de nombreux amis que j'embarque sans ménagement. Tel un équipage forcé à une hasardeuse traversée sur un navire impréparé. Je ne peux connaître à l'avance la résistance des uns et des autres face aux éléments. Personne n'est jamais totalement prêt à affronter une tempête, surtout quand on n'en soupçonne ni la force des vents ni la hauteur des vagues.

Ma seule certitude en cet instant est que la vérité, *ma vérité*, quelles que soient les souffrances, doit s'imposer comme un gouvernail autant qu'un cap.

Quoi que j'aie à assumer et à subir à partir de maintenant, je ne regrette pas mon aveu.

Je reçois un SMS de Delphine.

Elle me demande de lui ramener les enfants.

Je rentre dans le restaurant, demande l'addition. Mes enfants me réclament une glace. Je leur dis que l'on doit rentrer à la maison. Le serveur, sympa, leur offre des bonbons. Ce sera leur seul dessert. Ils ne mouftent pas. J'ai pris soin de garder mes lunettes de soleil qui cachent mes yeux rougis par les larmes. Je recule la voiture pour quitter ma place de parking. Mon regard croise la plaque indiquant le nom de la place. Pour moi et pour beaucoup de gens du coin, c'est depuis toujours la « place de l'Église ».

Je découvre pour la toute première fois son nom officiel, « place de la Libération ».

Un clin d'œil qui achève de sécher les miens.

Je regarde à nouveau cette place qui vient de changer de nom en une seconde.

J'ai constamment associé ce lieu à mon meilleur ami, Manu, mon vieux pote de pension. Celui qui déserta rapidement la discothèque où je rencontrai Sam quatre mois auparavant.

Je pense à lui sur la route qui nous ramène vers la maison.

C'est à l'occasion de son mariage en 1996 que je rentre dans cette belle église de Montfort-l'Amaury pour la première fois. À mon bras, Delphine dans un sublime tailleur rose confectionné par son frère. Et un chapeau gigantesque qui fait sensation quand elle prend la parole pour une lecture à la messe de cette belle cérémonie. On la voit aussi bien qu'on l'entend. À coup sûr, la plus jolie fille de ce beau jour de septembre, après la mariée dont elle est le témoin. Moi celui du marié. Je me souviens de ma joie de partager avec elle l'union de nos meilleurs amis respectifs et de ma fierté d'être fiancé à une si élégante jeune femme.

Cette journée magnifique nous permet également de découvrir ce charmant village aux accents médiévaux. Le choix de nous installer dans cette région quelques années après n'y est pas étranger.

Je me souviens de ce mariage à chaque fois que je passe devant cette église.

Avec toujours une pensée pour mon meilleur ami.

Malgré son divorce quelques années après.

Ce qui a été est et restera.

Quoi qu'il arrive.

***

J'ai vingt-neuf ans.

Nous rentrons de notre mariage en voiture par l'autoroute de Normandie. Toujours excité à l'idée de mettre en scène mes surprises, c'est sur l'air d'*Out of Africa* que je viens de lancer sur la platine CD que j'invite Delphine à regarder sous le tapis de son siège passager. Je suis fier de sa vive émotion quand elle découvre alors le carnet de notre voyage de noces rédigé avec soin par l'agence que j'ai sollicitée et avec laquelle nous avons imaginé un beau périple, là aussi réglé dans les moindres détails. Je sais l'amour de Delphine pour les animaux et sa passion pour le continent africain. Notre séjour multipliera les safaris entre le delta de l'Okavango, les chutes Victoria et le lac Kariba.

Un périple de quinze jours, aussi enchanteur que dépaysant, que l'on se réjouit de partager ensemble.

Une joie qui ne sera contrariée qu'une fois au cours de ces deux semaines.

Nous sommes un soir dans un hôtel du Zimbabwe.

Tout se passe très bien.

Devenu un mari quelques jours auparavant, je n'en suis pas moins homme.

Delphine me surprend ainsi dans notre salle de bains, malheureusement dépourvue de verrou, au milieu d'une séance de plaisir solitaire. Une habitude aussi mécanique qu'hygiénique qui, de mon inlassable expérience, n'entame en rien ma libido, mais, mieux encore, participe à la stimuler davantage.

J'ai alors droit à une scène aussi violente que surréaliste où ma jeune épouse me manifeste avec colère sa totale incompréhension à me savoir prendre du plaisir sans elle.

Un épisode qui pourrait finir par me faire sourire s'il ne venait pas confirmer le troublant manque de curiosité que Delphine m'a déjà confié avoir pour son propre corps depuis toujours.

Une séquence inédite, fort heureusement isolée, lourde de sens et très éclairante quant au contraste de nos personnalités au sujet de notre relation respective au corps et au plaisir. Si j'étais un explorateur chevronné depuis longtemps sur le sujet, Delphine me confirma ce soir-là ses propres limites, aussi discutables qu'infranchissables.

Son choc fut à la hauteur de sa colère.

Je fus pour elle coupable d'un véritable attentat.

Un attentat à *sa* pudeur.

***

J'ai trente-sept ans.

La télécommande que j'actionne depuis la voiture ouvre lentement le grand portail en bois. Sur le pilier de droite, le nom de la maison en fer forgé fabriqué quelques années auparavant : *La Gordinière.*

Ce nom est une trouvaille de Delphine, inspiré du nom du premier chien que nous avons acheté ensemble.

Une idée aussi charmante que son symbole.

Je regarde pour la première fois cette plaque avec inquiétude, comme si elle ne devait devenir à compter de ce jour funeste que commémorative.

Les enfants descendent de la voiture que je viens de garer sur le parking.

Ils partent en courant vers la maison. Je reste quelques instants seul, assis au volant du 4x4 auquel j'ai coupé le contact.

Je tremble de peur.

Je regarde autour de moi cette belle propriété entourée de verdure. Une ambiance de *cottage* anglais. Une voûte de charmille laisse entrevoir la cour d'entrée de la maison, sa pelouse ceinturée par un sol de briques rouges, des fleurs partout, la jolie mare sur laquelle une famille de colverts sauvages vient élire domicile pendant l'été. Je les regarde se déplacer entre les iris et les nénuphars avec leur allure si amusante.

Aujourd'hui néanmoins, et pour la première fois, rien de ce lieu privilégié n'arrive à m'apaiser.

Est-ce une invitation à plonger à l'intérieur de soi que de comprendre soudainement que plus aucun aspect extérieur de notre vie ne peut nous sécuriser ?

Je descends de la voiture.

Claquement de la portière.

Puis plus rien, hormis le chant des oiseaux.

Une bande-son champêtre et délicate qui n'empêche pas mon cœur de battre si fort. Je prends plusieurs grandes respirations.

Je ne sais pas du tout ce qui va se passer dans les minutes et les heures qui viennent. Ne parlons pas des jours et des semaines futurs. Je suis résolu à tout affronter, quels qu’en soient les difficultés ou le prix à payer. Tout va si vite dans ma tête. Je marche quelques mètres dans le jardin, en prenant soin de ne pas me rapprocher de la maison.

Pas encore.

Je contourne la mare pour m’asseoir sur l’un des nombreux bancs que j’ai installés dans le parc. De là, s’offre à moi une belle perspective de la maison que l’on distingue au travers de quelques arbres. Sur la droite, le jardin à la française redessiné selon les principes d’usage. En son centre, le bassin rénové avec de jolis pavés, son jet d’eau. Je suis fier des illuminations qui magnifient l’ensemble le soir venu.

Je regarde ce si bel endroit, mais mon âme de bâtisseur laisse tristement place à celle d’un destructeur. Comme si j’avais en quelques secondes fait basculer à jamais le destin de cette propriété parfaite, abritant depuis trois ans ma famille que je voulais heureuse dans cet environnement remarquable où je n’avais rien laissé au hasard.

Cette si belle « vitrine » m’apparaît brisée en mille morceaux.

Pour la première fois de mon existence, je ne maîtrise plus rien.

Seul sur mon banc, je suis en proie à une cohabitation de sentiments compliquée, entre soulagement et culpabilité.

Tous les deux immenses.

Je sors mon téléphone de ma poche. J'ai l'intuition d'appeler mon ami Christophe L., le metteur en scène du spectacle de Jean Tardieu que j'ai joué au sein d'une troupe formidable au dernier Festival d'Avignon.

Christophe est un bonheur fait homme, concevant au fil du temps des spectacles magnifiques, porteurs de sens et d'une grande humanité. Son chemin de spiritualité n'y est pas étranger. Nos échanges réguliers sur la vie, la foi, la psychologie, l'importance de la méditation sont toujours nourrissants. J'admire les retraites en silence qu'il s'accorde régulièrement. Nous savons nous écouter, mais aussi beaucoup rigoler ensemble. Il est une personne chère à mon cœur qui me donne cette douce sensation d'appartenance à une même famille d'êtres humains. Christophe incarne cette si belle phrase qui évoque les gens que l'on « rencontre » et ceux que l'on « reconnaît ». Il éclaire depuis plusieurs années mon chemin avec une sagesse dont il sait me faire profiter, tel un grand frère. Ses conseils et avis sont toujours bienveillants. Il n'est pas anodin qu'il soit la toute première personne que je veuille appeler en cet instant précis.

Christophe décroche au bout de deux sonneries.

— Salut mon Lolo, comment vas-tu ?

— Hello mon ami, oh que je suis heureux de t'entendre…

— Mais moi aussi ! Quel bon vent t'amène ?

— Je crois plutôt que je viens de déclencher une tempête d'une violence inouïe… C'est juste fou…

— Mais je t'écoute, qu'est-ce qui se passe ? Je sens bien à ta voix qu'il se passe quelque chose de sérieux là…

— Bon, je te dis tout… De toute façon, à partir de maintenant, il ne peut plus y avoir de secrets pour personne…

— Qu'y a-t-il mon frère ? Dis-moi…

— Bah voilà, j'ai vécu une rencontre incroyable il y a quatre mois. Avec un garçon… Je vis avec lui un truc très, très fort, que je ne pensais pas possible de partager avec un autre être humain, encore moins un mec, tu imagines… C'est un truc de fou…

— Mais c'est fantastique ce que tu me racontes là ! Tu vis un coup de foudre et c'est merveilleux non ?! …

— Je te rappelle que je suis marié et père de trois enfants, mon cher ! Et n'en pouvant plus de mentir, j'ai tout balancé à Delphine ce matin…

L'émotion me submerge à nouveau, je pleure à chaudes larmes.

— Oh mon Lolo… Tu as fait ce qui te paraissait juste, c'est le plus important. Ce qui compte, c'est la vérité, *ta* vérité, aussi difficile soit-elle à dire et à entendre. On n'est pas sur cette planète pour se mentir et mentir à ceux que l'on aime. Évidemment, j'imagine que le coup est rude pour Delphine…

— Tu aurais dû voir comment ma révélation l'a pulvérisée sur place. Elle en est tombée au sol sous la violence du choc. C'est effrayant de voir cette femme que j'aime dans une telle douleur. C'est inhumain, mais je ne pouvais pas faire autrement… Je n'en pouvais plus de m'enfermer chaque jour un peu plus dans le mensonge… Je ne sais pas ce qui va se passer maintenant… J'ai emmené les enfants déjeuner à Montfort, j'ai eu mes parents au téléphone, je te raconte pas… Là, je suis assis dans mon jardin et je n'ose même plus rentrer dans la maison. Je ne sais pas à quelle sauce je vais être mangé… Je suis mort de trouille…

— Bravo pour ton courage, mon Lolo ! Tu es en train de naître, tu es vivant !…

Je savais que Christophe était la bonne personne à appeler.

Je raccroche en lui disant ma gratitude pour ses mots si réconfortants.

Je me lève pour me diriger vers la maison. Je vois au loin mes enfants jouer devant leur jolie cabane, repeinte en trois couleurs. Avec sa frise en bois installée autour du toit, on dirait un bungalow de plage des Caraïbes. Juste à côté, un grand bunker de sable blanc, des balançoires et un toboggan. Nos enfants peuvent jouer là pendant des heures.

Je comprends que leur mère leur en a donné la consigne.

Pour se retrouver seule avec moi.

Mon cœur se serre quand je monte les escaliers vers notre chambre.

Delphine est allongée sur notre lit.

Je la vois si faible, si triste, les yeux dans le vague et rougis des larmes qu'elle a versées depuis deux heures. Elle m'indique avoir demandé à sa mère de venir la rejoindre. Le billet d’avion depuis Ibiza est déjà réservé. Ma belle-mère en service commandé sera là le soir même.

Delphine me demande de quitter la maison.

Je m’exécute sur-le-champ sans dire au revoir aux enfants. Pas besoin de les inquiéter plus qu’ils ne le sont peut-être déjà. La présence annoncée de leur grand-mère qui pourra veiller sur eux me rassure un peu.

En sortant de la propriété, j’ai l’impression de quitter une vie tout entière. Je n’ai aucune certitude sur le fait de repasser ce portail bientôt. Pour le moment, je ne suis plus le bienvenu chez moi. La brutalité de ma révélation et le mal qu’elle a provoqué m’amènent à penser qu’il ne peut pas en être autrement. Je dois laisser Delphine tranquille et ma présence dans les murs n’est plus acceptable à cet instant précis.

Ni pour elle ni pour moi.

Je pars vers Paris.

« Mais qu’est-ce que je viens de faire, putain ?! Qu’est-ce que je viens de faire, putain ?! » Je tremble de tout mon corps au volant, envahi par un terrible sentiment de destruction et de gâchis face au drame que je viens de provoquer. Et ces pauvres petits qui vont devoir grandir avec des parents séparés et un père pédé ! Mon Dieu, mais qu’est-ce que je viens de faire, bordel ?! J’ai détruit ce que j’avais de mieux dans ma vie ! »

Dans ma tête, c’est l’enfer. Je transpire à grosses gouttes, mes mains sont moites comme jamais, mon cœur bat à un rythme endiablé. Je suis terrassé de peur. Je n’arriverai pas à conduire jusqu’à Paris. Ce serait même dangereux que j’ose essayer. Je décide d'aller jusqu'au parking de la gare de Montfort-l'Amaury. Cette décision me semble raisonnable. Si ce voyage vers Paris est un aller simple et sans retour, le mieux est d'éviter l'accident.

La journée a déjà eu son lot d'épreuves.

Je me mets alors à imaginer une série noire où un mari, après avoir avoué être tombé amoureux d'un homme, infligerait à son entourage la double peine d'un violent accident de voiture. Un accident de culpabilité, comme un acte manqué suicidaire. Un drame dû au rejet violent de sa femme et de toute la planète qui ne veut plus jamais revoir cet affreux monstre. A-t-il jeté consciemment sa voiture contre ce platane ? L'a-t-on poussé à ce suicide déguisé ? J'échafaude en un instant un scénario délirant. J'esquisse un léger sourire face à cette pointe d'humour noir dont je ne me censure pas.

« Face au pire, jusqu'au rire », disait Samuel Beckett.

Malgré le tourbillon qui épuise ma tête, j'essaie de rester concentré sur la route. Même si je me félicite de la décision de n'aller que jusqu'à la gare et de poursuivre mon trajet en train. Je ne mets ni musique ni radio. C'est bien la première fois. Je suis plus seul que jamais. J'entends mon téléphone sonner à plusieurs reprises. Mais bien convaincu qu'aucune des personnes qui cherchent à me joindre à cet instant ne pourrait rompre ce sentiment de solitude.

Bien au contraire.

Que ces appels soient à charge ou peut-être bienveillants, je n'ai envie de parler à personne.

Je ne réponds pas.

J’en suis incapable.

La précipitation de l’événement et les réactions en chaîne qu’il est en train de provoquer me donnent le tournis. Delphine a appelé sa mère, son frère, mes parents, nos amis, ses copines et j’imagine sans mal le « téléphone arabe » se propageant dans tout notre réseau familial et amical. L’expression « se répandre comme une traînée de poudre » a dû être inventée pour ce genre de « bombe ». Et je n’ai pas du tout encore le courage d’assumer les inévitables déflagrations qu’elle va provoquer.

Je ne pensais pas que tout cela irait si vite.

Delphine s’est finalement chargée de révéler le *coming out* que je n’osais pas avouer au monde depuis quatre mois.

En ce jour fatidique du 10 juin 2006, aucun de nous deux n’était en mesure ni en état d’en soigner la présentation.

J’arrive à la gare, après les trois kilomètres en voiture les plus éprouvants de ma vie. Un train part vers Paris dans moins de quinze minutes.

Je n’ai plus qu’une espérance, retrouver Sam.

Je l’appelle.

Il décroche immédiatement.

Je fonds en larmes au son de sa voix.

Il a eu le temps de se préparer suite à mon précédent coup de fil passé à la hâte pour lui annoncer les choses.

Il me donne rendez-vous chez lui à Asnières. Je ne veux pas. J’ai peur d’étouffer dans son trois-pièces que je ne veux pas sentir se refermer sur moi comme si je n’avais plus le choix d’habiter ailleurs qu’avec lui. C’est trop tôt, trop brutal. Ce ne sont pas les mètres carrés, mais bien le symbole qu’ils représentent qui me prend à la gorge. À cette seconde, la perspective d'habiter à plein temps avec lui m'oppresse totalement. Ce n'est pas la vie que je veux. Tout était si équilibré et confortable entre ces deux mondes.

Ne pouvoir en vivre plus qu'un seul provoque en moi un effroyable vertige d'angoisse.

Sam écoute attentivement cette prise de conscience soudaine au téléphone sans prononcer un mot. Il en est à la fois le témoin et la victime, car je suis loin de rendre hommage en cet instant à son « chez-lui » où il m'a pourtant si bien accueilli depuis quatre mois. Cet espace de liberté absolue vient de devenir en quelques secondes une véritable prison. Le choix imposé et non plus désiré vient de transformer ce nid en cage. Je suis encore un peu plus submergé par le stress. Les sanglots se transforment en un torrent de larmes. Sam est d'une patience exceptionnelle. Malgré la situation si brutale, il reste plus calme que jamais. Telle une sage-femme face à un accouchement douloureux, il m'encourage à me calmer et m'aide à respirer.

Son précieux soutien est à l'image de sa grande force intérieure.

Ce jour-là, pour illustrer le fameux triangle de Karpman, Delphine est la « victime », moi le « bourreau » et Sam l'incontestable « sauveur ».

Il me donne rendez-vous à la gare Montparnasse, comme à notre habitude pour nos retrouvailles clandestines. Sauf que pour la première fois, ce moment revêt une atmosphère bien lourde. Notre relation n'a plus rien de discret et j'ai l'impression que le monde entier va maintenant pouvoir scruter nos moindres faits et gestes, pour mieux nous juger et, sans nul doute, nous rejeter.

Mes idées sombres contrastent avec les paysages ensoleillés que je regarde comme un zombie par la fenêtre du train.

J’arrive enfin à Paris.

Sam m’attend sur son scooter devant la gare.

Pas d’effusions. Pas de rose à la main. Nous n’avons rien à célébrer. Pas même notre rencontre à quelques mètres de là, dans cette boîte dont l’enseigne éteinte me paraît bien insignifiante aujourd’hui. Il s’agit maintenant d’affronter et surmonter la situation comme on le pourra.

J’ai besoin de respirer, de donner de l’air à mon ventre que cette journée dantesque n’a pas épargné. Mon plexus est bloqué comme jamais. J’aimerais arriver à prendre de la hauteur sur les événements.

Je ne sais plus lequel de nous deux a proposé d’aller sur la butte Montmartre, devant le Sacré-Cœur.

Avec un nom pareil, c’est certainement Sam.

Ce ne sont pas les ambiances ni les paysages, aussi beaux soient-ils, qui sont romantiques, mais bien l’état d’esprit dans lequel on les vit. Il y a encore vingt-quatre heures, partager en amoureux un joli soleil couchant depuis la butte Montmartre aurait été une scène des plus douce et chaleureuse. Il n’en est rien ce soir. Au milieu des touristes insouciants, photographiant à tout-va le joli panorama de notre belle capitale, Sam et moi sommes assis côte à côte sur un parapet au pied de la basilique. Paris à nos pieds, ses toits à perte de vue, dans la belle lumière du soleil déclinant. L'atmosphère si lourde de la journée s'est transformée en une tiédeur enfin respirable.

Sam est plus calme que jamais.

Cela me réconforte un peu.

Enfin un qui ne cède pas à la panique devant des événements que l'on pense bien plus grands que soi.

Mon Dieu, mais je l'ai mis lui aussi devant le fait accompli !

J'en prends conscience brutalement.

Mon cœur se remet à battre la chamade.

Il va devenir la « bête noire », devoir assumer le rôle du méchant, du briseur de couple, du destructeur de famille. Je lui dis comprendre que je l'ai pris littéralement en otage. Il ne m'en veut pas, ne me juge pas.

Il est d'une écoute et d'une patience d'ange.

Du calme des grands capitaines qui ont déjà traversé de rudes tempêtes.

***

Dernier d'une famille de trois enfants, Sam est livré à lui-même très jeune tant ses parents doivent se consacrer pleinement à leur métier. Ils tiennent depuis le début de leur mariage un commerce de bar-tabac-presse. Sam naît à Laval, où ses parents ont développé avec succès leur première affaire. Cette dernière, bien revendue grâce à leurs premières années de labeur, ils décident de reprendre un commerce en région parisienne. Ils quittent leur Mayenne natale et vont transformer l'essai, consacrant leurs inlassables efforts à métamorphoser cette petite boutique en un commerce florissant. Ils ne comptent ni leurs heures ni leurs week-ends, développant cette maison de presse, librairie et papeterie, qui connaît un franc succès dans un joli village des Yvelines situé à quinze minutes de Montfort-l'Amaury où Sam vient régulièrement à vélo. Sa famille quittera la région l'année où nous nous y installons avec Delphine. Ses parents connaissent une réussite professionnelle remarquable. Succès mérité au prix de nombreux efforts auxquels leurs enfants prennent part. Ils apprennent à se débrouiller seuls pendant que papa et maman travaillent d'arrache-pied. À huit ans, Sam s'autonomise pour assumer différentes tâches, comme celle de préparer ses repas sans réclamer l'aide de personne. Les vacances en camping sont de courte durée et les sorties en famille se comptent sur les doigts d'une main sur une année pleine. Sam ne se plaint pas. Quand il ne va pas à l'école, il rejoint régulièrement ses parents pour leur prêter main-forte. Cela lui permet de passer un peu de temps à leurs côtés. Il travaille en famille et se passionne très vite pour la presse et les *news magazines*.

Tout le stimule, tout le nourrit.

Il a à peine douze ans quand le commerce de ses parents, par la qualité de son offre et de son accueil, est très vite connu et fréquenté par de nombreuses personnalités du monde des affaires et du show-business qui ont leurs résidences, parfois secondaires, dans le secteur.

Sam assure du baby-sitting pour les enfants d'une star de l'époque qui remplit les salles de spectacle et rencontre un vif succès dans une émission récurrente à la télévision. La vedette et son épouse se prennent d'affection pour ce tout jeune homme, calme, consciencieux et organisé. Y compris pour sa capacité à rassembler avec soin les articles de presse concernant le fameux artiste au gré des nombreuses lectures qu'il a l'occasion de parcourir dans le commerce de ses parents. Le baby-sitter devient un chargé de presse précoce et doué et achève de séduire la star et son épouse qui le prennent sous leurs ailes.

Ses années d'adolescence ne sont pas celles d'une crise, mais d'une ascension sociale auprès de cette seconde famille avec qui il partage de nombreux moments. Dans leur belle maison, mais aussi au cours de vacances d'exception dans des stations de ski à la mode, des îles lointaines ou sur le bassin d'Arcachon. Il côtoie à leur contact beaucoup de personnalités et d'artistes. Il observe, écoute et comprend vite le fonctionnement et les arcanes de ces métiers du spectacle qui l'enthousiasme. Il découvre les plateaux de télévision et comprend les envies et les besoins de ces hommes et femmes qui ont choisi la lumière pour exister. Il devient assistant de vie, rendant service à l'un, recueillant les confidences d'un autre. Les artistes qu'il accompagne apprécient le professionnalisme de ce jeune homme discret et attentif. Il participe à la création et au développement de la société de production du couple qui le considère comme son quatrième enfant.

Les années passent.

Sam grandit et prend une place importante dans cette famille d’adoption. Dans le cœur des enfants dont il s’occupe à la manière d’un bienveillant grand frère, mais aussi dans cette structure de production où son énergie, sa compétence et sa motivation lui font gagner une vraie place.

Visiblement trop importante.

Le petit garçon serviable est devenu un jeune homme qui a pris du galon. Mais le général en chef finit par le considérer comme un rival. La relation se dégrade au cours d’une énième tournée théâtrale où Sam accompagne le comédien dont le cœur ne se confirme pas aussi grand que le talent reconnu.

La tournée de trop.

Sam ne voulait pas l’assurer. L’artiste avait insisté.

Vient le temps de la séparation, brutale et douloureuse.

À la façon d’une trahison.

Sam avait espéré, par son travail et sa loyauté, conquérir une place qu’il méritait. Il sera remercié sans ménagement. Il encaisse dignement.

Mais un abandon n’est jamais indolore.

On ne souffre que de ce à quoi on est attaché.

Cet épisode vient renforcer son côté solitaire qui ne veut plus dépendre de personne. Cette épreuve achève de transformer sa précocité en maturité.

Sam est en école de commerce à Paris. Tous les étudiants autour de lui sont en pleine effervescence amoureuse. On parle petite amie, grand amour et coup d’un soir. Lui n’est pas dans l’obsession de la rencontre. Il se concentre sur ses études, et se consacre déjà à gagner sa vie en dehors de l'école. Il ne veut pas d'attaches et ne surtout rien attendre des autres. Son caractère indépendant résiste à toutes sollicitudes.

Mais la vie étudiante a ses codes et ses tentations.

Il a tout juste dix-huit ans quand il rencontre Estelle. Elle a deux ans de plus que lui, une belle personnalité. Elle est charmante. Elle le bouscule dans ses certitudes, le pousse dans ses retranchements. On ne peut pas vivre comme un reclus.

La tentation est une belle promesse.

Sam tombe amoureux.

Ils sont l'un et l'autre très matures pour leur âge. Leur relation gagne du temps et du terrain. Estelle est ambitieuse, curieuse du monde. Ils échangent beaucoup, de grandes conversations et de belles soirées romantiques. Estelle présente Sam à ses parents. Le courant passe bien. Ils partagent de jolies vacances.

Le jeune couple fête ses trois ans d'amour.

Ils apprécient Sam pour ses qualités de cœur et la sincérité des sentiments qu'il a pour leur fille, plus heureuse que jamais.

Leur fille chérie.

Leur fille unique.

Elle part rejoindre Sam à New York où il travaille depuis quelques mois.

Il n'est pas au courant de sa venue.

Estelle veut faire une surprise à son amoureux pour son anniversaire.

Elle n'arrivera jamais à destination.

Au matin du 12 février 1997, sur la route de l'aéroport de Genève, la voiture d'Estelle est percutée de plein fouet par un camion.

Elle meurt sur le coup.

Elle avait vingt-trois ans.

Quelques jours après, Sam reçoit un coup de téléphone. La meilleure amie d'Estelle au bout du fil. Elle est en larmes. Elle demande à Sam pourquoi il n'était pas à l'enterrement.

Sam demande :

— À l'enterrement de qui ?

Dans leur immense détresse, les parents d'Estelle tiennent Sam pour responsable de ce tragique accident, car c'était pour le rejoindre qu'elle avait pris sa voiture ce matin-là.

Sam apprend par téléphone la mort de sa petite amie, et à la seconde suivante, que les parents de cette dernière n'ont pas souhaité sa présence à ses funérailles.

Je ne sais pas comment un être humain peut survivre à cette double déflagration.

On dit que les drames les plus effrayants sont parfois réservés à de belles âmes, de celles qui sauront les traverser, au prix d'un courage et d'une abnégation qui supposent une force que l'on peut difficilement imaginer.

Surtout chez un jeune homme de vingt et un ans, seul à New York, livré à lui-même.

Face à son immense douleur, doublée de cette effroyable injustice, Sam se jette à corps perdu dans le travail. Il ne se laisse pas le choix. Il y va de sa survie.

Il rentre en France.

Le survivant devient un combattant.

Il occupe tous les postes qu'on lui propose dans les productions de concerts, d'émissions de télévision, de spectacles, de pièces de théâtre. Il dort peu, multiplie les contrats sans relâche. Il ne compte plus ses heures de travail au point de s'en anesthésier.

Une année passe.

Il reçoit un appel des parents d'Estelle.

Ils veulent le voir.

Les retrouvailles ont lieu dans la chambre d'un grand hôtel parisien. Ils lui demandent pardon. Ils passent tous les trois la nuit à pleurer dans les bras les uns des autres. Un baume cicatriciel qui n'enlève pas la douleur, mais permet enfin à Sam de la partager avec les parents de sa bien-aimée.

Il poursuit son ascension professionnelle, évoluant à grands pas. Ses expériences multiples, ses qualités relationnelles avec les artistes et son talent à manager des équipes autour d'une production sont reconnus et appréciés. Il collabore avec de grands producteurs. Il devient un élément clé dans l'organisation de tournées de stars de renommée internationale, participe à l'organisation d'événements prestigieux. Il coordonne entre autres la tournée mondiale d'une comédie musicale devenue un succès phénomène. La télévision le repère.

Il devient le producteur artistique d'une célèbre émission de télé-crochet.

Il a des aventures avec quelques jeunes filles, rencontrées ici ou là, qui ne sont pas insensibles au charme du grand et beau garçon qu'il est devenu.

Mais dans son cœur, aucune ne pourra jamais remplacer son amour perdu.

C'est à la faveur d'une fin de soirée un peu alcoolisée avec quelques amis, qu'il se retrouve seul avec un garçon.

Il se laisse embrasser sans grande résistance.

Cette situation insolite pour lui a au moins le mérite de ne souffrir d'aucune comparaison.

Il a vingt-huit ans.

***

J'ai trente-sept ans.

Le sang-froid de Sam force mon admiration en ce jour terrible où je viens de précipiter ma vie et mon entourage dans une invraisemblable situation. Tout s'agite dans ma tête, et lui reste d'un calme exemplaire. Il m'écoute patiemment, me réconforte autant qu'il le peut. Il ne se met pas en avant, à aucun moment, me parle de ma femme et de mes enfants comme s'il était le premier à vouloir les protéger face au raz-de-marée qui s'annonce, et que nos proches veulent déjà amplifier.

Les gens ne peuvent se contenter de la douleur. Ils doivent y rajouter leurs peurs, leurs colères, sans oublier le parfum de scandale et le qu'en-dira-t-on.

Ainsi est la nature humaine face à un événement qui devrait se circonscrire à garder pour seule émotion la peine, déjà immense, qu'il vient de provoquer.

Sam, avec son vécu et ses mots à lui, m'invite à ne me consacrer qu'à cet essentiel : la tristesse incommensurable de Delphine.

Le reste n'est que du bruit.

Et c'est dans le silence de son appartement d'Asnières que l'on se retrouve tous les deux pour cette première nuit bien étrange. Le cœur n'est plus aux retrouvailles chaleureuses qui ont ponctué nos quatre mois de clandestinité amoureuse. Le nid, que je sentais pouvoir devenir une cage, se transforme ce soir-là en un refuge salvateur. Je n'ai rien avalé depuis vingt-quatre heures. Sam m'encourage à manger quelques pâtes. Je suis épuisé de fatigue après cette journée si éprouvante, gravée à jamais dans l'histoire de ma vie.

Gravée à jamais dans celle de Delphine.

Le jour où tout a basculé.

J'ai du mal à trouver le sommeil.

Évidemment.

Tout continue de virevolter sans ménagement dans ma tête.

Je pense à elle.

Si seule, si triste.

Elle ne doit pas dormir non plus.

Forcément.

Comment puis-je faire autant de mal à cette femme qui ne m'en a jamais fait ?

J'ouvre les yeux aux premières lueurs de l'aube.

Les mouchoirs en papier usés de larmes qui jonchent le sol de la chambre viennent brutalement me rappeler que le cauchemar de la veille n'en était pas un.

Sam dort profondément à côté de moi. Il récupère et prend des forces.

Sans doute sait-il qu'il va en avoir besoin.

Je regarde son beau visage. Je repense à tous les moments intenses que nous avons partagés depuis notre rencontre de février. Quatre mois de bonheur d'une complicité exceptionnelle.

Aurais-je dû continuer de mentir au monde et garder cette liaison secrète ? C'était au-dessus de mes forces.

Je regrette la forme qu'a prise mon aveu brutal la veille auprès de Delphine et prends tout à coup conscience de l'indécence absolue d'avoir emmené Sam dans sa maison de famille.

Mais qu'importe maintenant, le mal est fait.

Il va me falloir assumer envers et contre tout, et peut-être envers et contre tous. J'anticipe qu'il me faudra gérer les réactions forcément contrastées de mon entourage au fur et à mesure qu'elles se présenteront à moi. Des sentiments hostiles nourris de déception, peut-être même des réactions violentes.

La peur des autres face à une situation qu'ils ne comprennent pas et ne maîtrisent pas est le berceau de bien des rejets.

On verra bien.

Quand je comprends soudainement que c'est la première fois que je découvre la nature profonde de Sam face à une crise.

Depuis notre rencontre magique, nous n'avons en effet vécu que du positif, du facile, des moments de joie où tout était juste, fluide et évident. Pas bien compliqué de s'entendre à merveille avec quelqu'un avec qui vous n'êtes confronté à aucune difficulté.

Je prends à l'instant conscience que cette heure de vérité est aussi la nôtre.

Un autre garçon aurait pu si mal réagir, prendre peur, me culpabiliser encore davantage d'avoir bouleversé une situation qui était bien confortable entre nous, sans aspérités, avec pour seule ambition de profiter avec bonheur de chaque minute partagée ensemble.

Sam était un amant clandestin caché au fond de la cale, embarqué pour une croisière — devenue grâce à lui si romantique —, et vient de se transformer en skipper dans la tempête que j'ai moi-même déclenchée. Son sang-froid m'impressionne. Depuis vingt-quatre heures, il n'a jamais fait mention de ce qu'il ressent, de ce qu'il désire et la façon dont il voit ou souhaite les choses. Il ne m'a parlé que de moi, de ma femme, de mes enfants, de mes parents. Il s'est mis au service de la situation sans jamais céder à la tentation d'en récupérer un quelconque avantage pour lui-même.

Je me remets à pleurer.

Cette fois-ci sur le miracle de ma rencontre avec ce garçon.

Lui avec lequel nous avons tant de raisons de nous aimer. Et avec lequel nous pourrions en avoir tant de nous haïr depuis hier.

Il n’en est rien.

Je sens ce matin au plus profond de moi qu’il est à mes côtés.

Plus que jamais.

Sans le savoir, l’attitude de Sam vient d’écrire les premières pages du nouveau chapitre de notre histoire.

Je comprends à cet instant que je n’ai pas fait ce *coming out* pour lui.

Mais grâce à lui.

Il dort toujours à mes côtés.

Je ne veux pas le réveiller.

Je me lève discrètement et referme derrière moi la porte de la chambre. Je rallume mon portable, un petit Motorola bleu resté en charge pendant la nuit dans le salon. Il clignote de toutes parts. J’ai plusieurs messages, dont quelques textos. Je lis spontanément celui envoyé par Delphine. Elle me demande de revenir à la campagne. « Pour les enfants », me précise-t-elle.

Ma peur n’a d’égale que le soulagement de comprendre qu’elle choisit de ne pas couper immédiatement tous les ponts. Je dois rentrer chez moi au plus vite. Sam ouvre la porte de la chambre. Je lui lis spontanément le SMS. Il va m’accompagner sans tarder à la gare.

Derrière lui sur le scooter, je découvre les messages reçus. Des copains souhaitent que je les rappelle, certains veulent me voir, d’autres me convoquent carrément. Je glisse ensuite le téléphone sous mon casque pour consulter ma messagerie.

J'entends la voix de mon frère Éric, l'un des rares messages bienveillants ce jour-là. Il m'invite à ne pas paniquer, à le rappeler dès que je veux. Tous veulent savoir ce qui m'arrive. Certains y vont déjà de leur conseil, me confient leur réticence face à ce que l'un d'eux qualifie déjà de « sortie de route ».

Je comprends qu'en réalité, tous ne me parlent que d'eux.

Delphine a appelé sa garde rapprochée. Et l'information s'est communiquée à tout notre entourage en moins de vingt-quatre heures.

Les mauvaises nouvelles ont cette bien étrange vertu de se répandre plus vite que les bonnes.

Je suis accueilli à *La Gordinière* par ma belle-mère. Elle a choisi d'être pragmatique. On parle des enfants dont elle s'occupe déjà depuis la veille au soir. On peut compter sur elle pour qu'ils soient en sécurité. Elle est plus réservée sur l'état de sa fille, qui n'a pas fermé l'œil de la nuit et ne veut rien manger. Elle ne l'a jamais vue comme ça. Elle est inquiète. J'embrasse rapidement les enfants dans leur salle de jeu et monte dans notre chambre. Delphine est allongée sur notre lit. Elle est très affaiblie. Son regard semble perdu. Elle réagit à peine à ma présence. Je me dis intérieurement : « Regarde ce que tu as provoqué. » Je ravale ma salive autant que ma honte face à ce désolant spectacle. Je pourrais la croire gravement malade, sur un lit de souffrance, dans une agonie qui n'en finirait pas. Delphine m'indique que je vais dormir ce soir-là dans la chambre « d'amis ».

Si seulement je pouvais en cet instant devenir pleinement son « ami ».

Me vient cette réflexion sémantique : si je n'ai plus l'« air » (R) du « maRi », il reste encore néanmoins les trois lettres du mot « AMI ». Je souhaiterais tellement être celui qui l'apaise et la console. Comme le personnage du Suisse dans *Astérix chez les Helvètes* qui bande la tête du romain à qui il vient d'asséner un violent coup de massue.

Surprenant paradoxe.

Delphine me parle un peu. Je lui suis reconnaissant de pouvoir échanger quelques mots avec elle. Une autre femme m'aurait déjà sorti de sa vie et de toute forme de communication directe. Je l'écoute attentivement, assis à ses côtés au bord du lit. Elle accepte que je la prenne dans mes bras. Je sens la tristesse qui émane de tout son corps. Une tristesse immense, mais aussi une peur terrifiante face à l'abandon.

La grave méningite qu'a contractée Delphine quand elle n'avait qu'un an et demi, infligeant à ce bébé un mois entier dans la chambre stérile d'un hôpital sans aucun contact possible avec sa famille, n'y est évidemment pas étrangère.

Je connais ses rêves de jeune fille qui n'a jamais souhaité autre chose qu'une vie de famille harmonieuse et équilibrée. Comme si elle s'était préparée depuis toujours à ce but si louable. Elle m'a choisi pour être son mari et le père de ses enfants. Elle m'a offert ce rôle que je considère être un cadeau magnifique. Un cadeau qui suppose le sens des responsabilités dans la confiance et la fidélité. Nous nous sommes amoureusement attachés l'un à l'autre avec le souhait de construire ce projet de vie devenu notre existence depuis dix ans. On se sentait un couple à part, plus fort que les autres, avec la conviction absolue que rien ne pourrait jamais nous séparer. On s'imaginait vieillir ensemble, avoir un jour nos petits-enfants sur les genoux dans cette si belle maison que nous pensions être la maison de notre vie.

De toute notre vie.

Hier, j'ai tout fait voler en éclats en quelques minutes.

Je suis inquiet pour Delphine.

Je ne l'ai jamais vue dans cet état.

Peut-on mourir de chagrin ?

J'ai une boule au ventre terrible quand je regagne le rez-de-chaussée.

Je suis saturé de culpabilité.

Ma belle-mère prépare le dîner dans la cuisine. Je joue comme je peux avec les enfants. Le cœur n'y est pas. Leur innocence m'apparaît comme un juge sévère face à mon grave délit. Une trahison de cette vie de famille dont ils sont le si beau symbole. Ces trois petits de six, quatre et trois ans ne méritent pas ce que leur papa est en train de leur infliger à eux et à leur mère. Ils n'en savent encore rien, mais ils sentent ce soir-là que papa et maman traversent une sacrée tourmente. Leur mère ne dort plus, et ne vient toujours pas à table. J'essaie de ne pas les inquiéter davantage.

Surtout après m'avoir vu m'installer dans la chambre d'amis.

Babette m'aide à les coucher.

On se retrouve tous les deux dans la salle de jeu des enfants, chacun sur son canapé. Elle me raconte des souvenirs personnels. Vingt-cinq ans plus tôt, son propre mari l'a quittée pendant deux ans pour une autre femme, avant de finir par regagner le foyer familial. Je connaissais l'histoire. Elle m'en livre plusieurs détails au cours de la soirée. Elle a beaucoup souffert de cet abandon, avec silence et dignité. Delphine, treize ans à l'époque, l'a beaucoup soutenue, et a souffert avec elle. Avec, inconsciemment, le souhait de porter une partie de cette indicible peine pour mieux en soulager sa maman. L'abandon est une douleur déjà connue dans la famille, et une plaie brutalement rouverte depuis la veille. Échange surréaliste entre la victime qu'elle fut et le bourreau que je suis aujourd'hui pour sa fille. Il n'y a dans ses propos aucun jugement, aucune sentence. Elle me livre son expérience de manière détachée et factuelle.

Je n'ai décidément pas une belle-mère comme les autres.

Je bénis le ciel de pouvoir encore être admis chez moi ce soir-là. Je ne pensais pas revenir si rapidement dans les murs de la maison familiale. Étrange sensation partagée entre le malaise de retrouver le lieu de mon forfait et le réconfort de pouvoir revoir Delphine et mes enfants.

Je cherche un sommeil difficile dans cette chambre sous pente donnant sur le jardin. Elle avait jusque-là fonction d'y loger famille et amis le temps d'un week-end. Le lit qui m'accueille est celui de nos premières années de vie commune avec Delphine. Dans la situation présente, une autre femme ne m'aurait même pas autorisé un canapé.

Je n'ai décidément pas une épouse comme les autres.

***

J'ai vingt-neuf ans.

Si mon fastueux mariage avait pour objectif d'offrir à Delphine un conte de fées, autant que de m'étourdir à épater la galerie, je suis animé par un tout autre désir pour organiser l'anniversaire de mes trente ans. Je veux, cette fois-ci, concevoir une vraie fête. Le rêve va laisser place au lâcher-prise. Il est vrai que l'enjeu et le symbole ne sont pas les mêmes. Je vais pouvoir imaginer un moment qui me ressemble bien plus.

Je visite un lieu qui me séduit immédiatement. Un ancien cabaret russe dans le neuvième arrondissement de Paris, décoré de milliers de facettes de miroirs, de petites tables rondes et de canapés en velours rouge. Le charme est intemporel et rococo à souhait. Cet ancien bar à filles où l'on venait joyeusement s'encanailler à la vodka est fermé depuis plusieurs années et ne se loue que ponctuellement pour des événements privés. Je suis conquis. J'ai trouvé mon « Champ de Bataille » à moi. Delphine est respectueuse de mes volontés. Après s'être laissée faire pour notre mariage, elle n'intervient pas davantage dans l'organisation de mon anniversaire. J'engage un DJ, un joueur de djembé, des barmen, des préposés au vestiaire et à la sécurité. Je tiens absolument à la présence de *gogo dancers*, deux sculpturales jeunes filles qui vont ambiancer le *dancefloor* tout au long de la nuit. Un très bon ami du Cours Florent, qui profita sans retenue de l'*open-bar*, restera un long moment hypnotisé par leur minijupe en latex rose et leur Moon Boots en fourrure blanche. Il m'en parle encore, plus de vingt-cinq ans après. Mais ma vraie fantaisie fut d'adjoindre à ces deux *playmates* deux sublimes garçons aux corps de rêve. Cet œcuménisme assumé est loin de me déplaire. De jolies filles et de beaux garçons en tenues très sexy offerts aux regards de tous et se déhanchant de manière suggestive sur les podiums de cet ancien bar à putes, voilà bien l'idée la plus excitante de cette soirée. J'assume ce choix iconoclaste pour le moins troublant pour un jeune homme marié depuis moins d'un an.

Mon droit à l'irrévérence côtoyant évidemment, sans que j'en aie bien conscience, celui à la différence.

Si j'ai souvent raison sur le fond, je sais perdre tout crédit quant à la forme. C'est l'histoire de ma vie, héritée du système nerveux fragile de ma mère. Une incapacité chronique à conserver mon calme face à une contrariété.

J'y perds autant de popularité que d'énergie.

Je fais ainsi une crise mémorable à Delphine à quelques heures à peine du début de la fête. Je n'aime pas du tout la coiffure de mouton que lui a faite un idiot de coiffeur. Mes premiers arguments sont de lui dire qu'elle ne peut pas me reprocher de la regarder, de lui porter attention et qu'une si jolie jeune femme ne peut en aucun cas se laisser gâcher par un coiffeur mal inspiré. Des arguments somme toute recevables que j'aurais dû évidemment lui susurrer plutôt que de lui hurler.

Car s'il y a bien une chose à laquelle j'attache beaucoup d'importance, c'est l'allure de Delphine. Elle n'a pas toujours le goût ou l'envie de mettre en valeur sa grâce naturelle. Qu'à cela ne tienne, je vais m'en occuper avec une joie d'enfant dès le début de notre mariage. Elle se laisse faire, plus pour mon bonheur que pour le sien. Même si Diane n'est pas insensible aux vêtements de marque que je choisis et achète avec elle. Je prends plaisir à ce relooking intégral. Je ne joue pas à la poupée, mais plutôt au mannequin vedette. Ma femme comprend mon envie de la magnifier, mon besoin d'être fier d'elle en toutes circonstances. Elle se prête au jeu. Elle est séduite par mon exigence et constate que toutes les tenues que je trouve pour elle lui siéent à merveille. Des chemisiers blancs très féminins d'une célèbre créatrice, de jolis pulls en cachemire, de superbes pantalons qui galbent ses jambes longilignes, des bottines en daim qui la grandissent encore de quelques centimètres. Je suis prêt à traverser tout Paris pour lui trouver une jolie pièce. Je ne lésine sur rien, y compris la lingerie fine de marques reconnues.

Le résultat est à la mesure de mes attentes. Delphine est plus ravissante et élégante que jamais. Elle m'est reconnaissante de toutes ces attentions. Même si nous savons qu'elles ont davantage d'importance pour moi que pour elle. Avoir ainsi le contrôle quasi absolu de son apparence est aussi flatteur que valorisant pour chacun de nous deux.

Il y a aussi, de manière sous-jacente, l'expression forte de ma part féminine dans cette démarche. Comme si je voulais voir en Delphine la femme idéale, rendue la plus belle possible grâce à mes choix. À la façon d'un couturier.

Le métier qu'exerce à l'époque mon beau-frère gay.

C'est d'ailleurs au cours d'un échange sur ce que devrait être la virilité, que Delphine me lâcha :

— De toute façon, moi, je n'aurais jamais épousé un rugbyman.

Delphine a toujours connu ma part féminine, a su l'aimer et composer avec elle, mais je veux croire également aujourd'hui que la part homosexuelle qui sommeillait en moi a dû immanquablement l'attirer, de manière inconsciente, comme une résonance au lien qu'elle avait avec son grand frère.

Un frère qui ne fut pas loin d'être un père pour elle.

***

J'ai trente ans.

Un chou-fleur et une rose.

C'est par ce charmant clin d'œil mis en scène sur notre lit que j'apprends que Delphine est enceinte. Elle est aussi heureuse de cette immense nouvelle que de son stratagème malicieux pour me l'annoncer. Je vais devenir papa. On se serre fort dans les bras. Je suis ivre de joie, et bien loin en cet instant de mesurer la portée révolutionnaire de ce nouveau cycle de vie qui s'annonce.

Les premiers mois de grossesse se passent très bien. Delphine est épanouie comme jamais. Elle confirme que devenir mère est bien le plus enthousiasmant et vibrant de ses projets de vie. Elle y pense depuis toujours.

Même si nous vivons ensemble la joie de cet événement à venir, mon expérience est d'abord mentale face à une femme que je sens jour après jour vivre pleinement l'aventure dans son ventre. Une forme d'intimité et de complicité avec le bébé de laquelle je suis bien naturellement exclu.

Delphine porte la vie et j'essaie de garder comme je le peux une place dans la sienne.

Un petit élan créatif m'en donne l'occasion le jour de l'échographie ou nous devons connaître le sexe du bébé. Je dis au médecin de ne surtout rien nous annoncer, mais de le noter sur le papier que je lui tends. Il joue le jeu avec complicité. Nous repartons avec la précieuse info dans une enveloppe fermée et nous installons dans notre voiture. N'ayant absolument pas la patience d'attendre le dîner aux chandelles prévu à cette occasion ce soir-là, c'est excitée et émue que Delphine décachette l'enveloppe, avec un suspens digne de la cérémonie des Oscars. Elle s'apprête à lire la réponse. Je vois dans ses yeux une joie non dissimulée et l'entends encore me dire d'une petite voix très émue :

— Une fille…

C'est à trois heures du matin que j'entends le premier cri de Joséphine à travers l'épaisse porte du bloc opératoire où Delphine a subi une césarienne. Prendre ce petit bébé dans mes bras pour la toute première fois est un ressenti incroyable, presque irréel.

Je la vois aussi petite que je sens ma responsabilité immense.

Quand je sors de l'hôpital où Delphine et le bébé restent quelques jours, la vie extérieure prend un reflet particulier. Dans la rue, mon statut de père me fait vivre la ville différemment. Comme si mon rapport au monde avait radicalement et à jamais changé. La sensation d'avoir été projeté dans un univers d'adulte qui est maintenant en responsabilité pour un autre que lui-même. Le statut est impressionnant, plus grand que moi. Un véritable saut dans l'inconnu, mêlé de joie et d'appréhension. Serai-je digne de ce moment incroyable qui m'a fait devenir père en quelques instants ? En ai-je seulement les capacités ? Le désir ne fait pas la compétence. Il y a des formations pour tous les métiers du monde, mais pas pour le plus exigeant d'entre eux.

Je me souviens de notre sortie de l'hôpital pour rentrer dans notre appartement. Un court trajet par les kilomètres, mais si hautement symbolique qu'il me parait d'une distance vertigineuse.

Je pensais me révéler en « papa poule », faire partie des pères modernes et m'occuper beaucoup du bébé. J'en avais l'envie et mon activité de comédien me donnait plus de temps que la moyenne. Je comprends dès les premières semaines que j'ai surestimé mes ambitions. Delphine me fait rapidement sentir que garder l'initiative n'est pas un problème pour elle. Mieux encore, elle est heureuse de « m'en soulager ». Je ne me fais pas prier longtemps pour accepter ce fonctionnement, même s'il crée en moi un sentiment mêlé de culpabilité et de mésestime quant à l'idée que je me faisais du père que je pensais être et celui que je suis concrètement dans les faits.

Je suis fou d'amour pour cette petite princesse dont les premiers gazouillis me font totalement fondre. Même si je comprends brutalement que ma vie avec Delphine ne pourra plus jamais être la même. Nos quatre années de couple sans enfants, et la liberté exceptionnelle dont nous avons profité, entre moments complices, sorties, week-end et autres voyages, sont des temps révolus.

Je suis précipité dans une autre existence.

J'en accepte l'évidence tout en m'interrogeant sur la juste place qui peut maintenant être la mienne aux côtés d'une épouse pour laquelle le rôle de mère a pris une place prépondérante.

Cette dernière prend naturellement ses distances avec ma carrière qui passe au second plan.

Je m'y investis à fond, toujours sur les planches et goûtant aussi à mes premières joies de tournage pour le cinéma et la télévision.

Les fêtes de fin d'année revêtent cette année-là une atmosphère unique. Notre premier Noël de parents, tout à la joie de la naissance de notre petite fille.

***

J'ai trente-deux ans.

Delphine semble si heureuse avec ce premier bébé que son désir d'un deuxième enfant se manifeste rapidement. Je sais que c'est l'histoire que nous devons écrire ensemble et le rôle qui est devenu le mien. La grossesse se fait attendre. Une première s'interrompt brutalement. Delphine est inquiète. Le doute et l'anxiété s'installent. Quand elle évoque la possibilité d'une fécondation assistée, je l'emmène illico chez mon acupuncteur. Delphine tombe enceinte le mois suivant. Nous retournons le voir. Quand je lui demande pour quoi il l'a piquée à la dernière séance, il me répond avec malice :

— Pour la détente…

Camille arrive au monde en fin d'après-midi avec quinze jours d'avance. C'est un samedi. J'apprends l'incroyable nouvelle sur le tournage du premier court métrage que je produis et coréalise avec mon grand ami Charles M. rencontré au Cours Florent quelques années plus tôt. L'équipe me voit fondre en larmes et s'imagine une catastrophe. Quand je leur annonce qu'il s'agit de l'arrivée au monde de ma deuxième fille, le plateau tout entier exulte de joie. L'heureuse nouvelle insuffle un regain d'énergie extraordinaire à cette dernière journée très dense accueillant plus d'une dizaine de comédiennes. J'apparais dans la dernière scène dans un personnage de travesti. Sitôt le dernier plan en boîte, je file sans tarder à la clinique. Souvenir insolite du regard pour le moins surpris des sages-femmes qui accueillent ce jeune papa au visage mal démaquillé, les paupières encore pleines de paillettes. Je peux enfin rencontrer ce nouveau-né qui est devenu sans le savoir la mascotte autant que la fée de ce tournage.

Merci Mademoiselle.

Notre film ne pouvait porter meilleur titre.

***

J'ai trente-quatre ans.

C'est quatre mois après l'arrivée au monde de Camille que Delphine m'annonce être à nouveau enceinte. Nous accueillons notre premier garçon Aurélien à l'automne.

Il est un doux euphémisme de dire que des enfants changent à jamais votre vie.

Si je remercie le ciel de m'avoir fait devenir père, il n'en demeure pas moins que rien — ni l'obsession de Delphine à vouloir que je sois celui de ses enfants ni ma difficulté chronique à grandir — ne m'y préparait profondément.

L'arrivée de mes trois enfants en à peine plus de trois ans et demi m'a précipité dans une vie d'adulte supposée responsable, sans jamais avoir l'assurance de l'être pour moi-même.

Je réfléchis à cette sensation d'emprisonnement qui a pu parfois m'oppresser au sein de ma vie avec elle depuis la naissance de nos petits. Trois jeunes enfants en bas âge sont une responsabilité immense et implacable. Devenir parent est un choix magnifique, mais c'est un choix sans retour. J'ai parfois le sentiment d'avoir basculé dans un nouveau cycle de vie sans avoir bien mesuré combien il me mettait face à l'incomplétude des cycles précédents.

Il ne s'agit pas de savoir si j'étais destiné à ce schéma-là, si l'ambiguïté de mon identité devait remettre en question mon statut de père, mais bien de comprendre et d'accepter que beaucoup d'hommes ne soient pas prédisposés à ces lourdes exigences. Ils échappent par nature à la notion d'horloge biologique que connaissent les femmes, ne portent pas la vie de leur futur enfant dans leur chair, et sont parfois ébranlés par le décalage entre l'idée qu'ils se font de leur futur rôle de père et la réalité du quotidien une fois qu'ils le sont devenus.

La naissance d'un enfant devrait être vécue comme une évolution de soi-même. Il est plus souvent une révolution, qui peut être tout aussi magique que tyrannique.

Je savais qu'en me mariant avec Delphine, j'épousais aussi son ardent désir de fonder une famille. Je n'ai jamais eu l'ombre d'une hésitation à ce sujet. Je voulais des enfants avec elle et leurs naissances respectives restent parmi les émotions les plus heureuses de ma vie.

Mais suis-je le seul père au monde qui se soit interrogé ou angoissé sur sa réelle compétence à l'être ?

À défaut d'être un père parfait, je n'ai eu de cesse de vouloir pour ma famille une maison qui le deviendrait. Cela a été un projet ambitieux pendant quatre années où j'ai eu à cœur de créer un lieu accueillant et confortable, comme la vraie maison de famille dont je fus privé tout au long de ma jeunesse de préfecture.

Bâtir cette maison d'exception au moment même de fonder cette famille avec Delphine n'est évidemment pas un hasard. La première a vocation à abriter la seconde. La première m'apportant une maîtrise et un contrôle des événements qui me manquent parfois cruellement dans l'autre.

Souvenirs aussi épiques que douloureux de certains voyages en voiture, où les heures de trajet ont raison du calme des trois petits autant que de mon sang-froid à les entendre s'agiter ou hurler les uns contre les autres. Ces tout jeunes enfants réclament une attention et une patience que je n'arrive pas toujours à avoir pour eux. Delphine n'hésite pas à me mettre face à mes manquements. J'ai alors des colères contre elle, où se conjugue le sentiment confus de ne pas être à ma place et de lui en vouloir de m'avoir imposé son schéma de vie. À plusieurs reprises, je lui crie :

— DE TOUTE FAÇON, JE NE SUIS PAS FAIT POUR LA VIE DE FAMILLE !

***

J'ai trente-six ans.

La Gordinière.

En apparence, tout semble y être. L'environnement exceptionnel de cette campagne bucolique, le village charmant, la demeure si bien décorée, le splendide jardin, les arbres fruitiers, la jolie mare, le poulailler et son potager.

Nous nous lions d'amitié avec de nombreux couples rencontrés à l'école du village. On se reçoit les uns et les autres au milieu de kyrielle d'enfants dans une ambiance insouciante.

Je n'ai aucunement conscience à l'époque que quelque chose en moi n'est pas dans son axe, à sa juste place. Je suis là où l'on m'a voulu. Delphine, ma famille, mon milieu, la société. J'ai suivi un chemin que d'autres ont tracé avant moi.

Je suis heureux sans bien me poser la question de savoir si je le suis.

Comment pourrais-je ne pas l'être ?

Mon père parle de ma maison comme de celle du bonheur.

C'est en tout cas à ça que je veux profondément qu'elle ressemble.

***

J'ai trente-sept ans.

Il y a des regards qui ne trompent pas.

Ceux que je croise à l'école en ce lundi matin en disent long sur la diffusion de l'information au cours de ce funeste week-end. Delphine est une femme trompée, et avec un homme qui plus est. Le dossier est indéfendable et mon sort certainement déjà scellé dans la communauté de parents d'élèves de l'école du village où sont scolarisés nos deux aînés. Une atmosphère d'ordinaire charmante et conviviale, berceau de nombreuses amitiés depuis notre emménagement trois ans plus tôt.

Ce matin, l'ambiance n'y est pas.

Et pour cause.

La route à traverser pour mener mes enfants devant le portail me permet de sentir leurs petites mains dans les miennes. Ce sont eux qui me tiennent la main ce matin-là. J'ai droit à quelques « bonjour » qui n'en sont pas, et la réaction tout aussi spontanée qu'inattendue d'une copine qui dans un grand sourire m'assène un :

— C'est pas possible ce que j'ai entendu sur toi, c'est juste une blague non ? !

Je lui explique en quelques mots qu'il n'en est rien. Je regagne rapidement ma voiture sans oser me retourner, de peur de constater qu'elle a sans nul doute perdu son sourire.

Après ce sourire déçu, je vis le précieux cadeau d'un sourire offert.

Je n'oublierai jamais celui de mon fils ce jour-là.

Delphine prend l'air dans le jardin. Cela me rassure un peu de la voir se remettre dans la vie, aussi douloureuse soit-elle. Notre petit garçon est dans ses bras. C'est à coup sûr son endroit préféré depuis son arrivée au monde. Je ne peux pas lui reprocher même si j'ai déjà évoqué quelques réserves sur ce lien trop fusionnel entre eux. Mes douze ans d'analyse m'ont convaincu que l'autonomie est le cadeau le plus vital à transmettre à ses enfants.

On a souvent envie de transmettre ce que l'on n'a pas reçu soi-même.

Je suis dans l'embrasure de la porte d'entrée, à quelques mètres d'eux. Delphine est de dos et semble regarder au loin. Notre fils me regarde intensément par-dessus l'épaule de sa mère. Soudain, je vois son joli visage s'illuminer d'un grand sourire. Un sourire généreux, qui dure plusieurs secondes. Une éternité pour moi qui n'ai jamais fait l'objet d'une telle attention de la part de ce petit prince. Cet enfant décide de quitter les bras de Delphine pour courir vers les miens dans lesquels je l'accueille avec une émotion qui n'a d'égal que ma surprise. Il me saute dans les bras comme jamais auparavant.

En plein drame, ce petit garçon de deux ans et demi a senti et compris.

Il me fait l'inestimable cadeau de son amour inconditionnel. Un amour qui ne juge pas, plus fort que toutes les peurs. Cet ange m'offre un instant divin en me rappelant avec la spontanéité et le lâcher-prise de son innocence que rien n'est plus important et essentiel que l'expression du cœur, malgré toutes les épreuves, les déceptions et les souffrances qu'il nous faut apprendre à affronter. Et mieux encore, à traverser.

Ce moment aussi incroyable qu'inattendu entre un père et son fils serrés dans les bras l'un de l'autre est d'une vibration et d'une portée que je n'oublierai jamais.

Sur l'invitation de Delphine, nous partons marcher tous les deux dans le parc. Nous sommes l'un et l'autre comme assommés par les événements qui viennent de s'enchaîner. Et c'est un peu groggy que l'on décide de s'asseoir sur les imposants sièges en bois installés sur le promontoire au-dessus du jardin à la française. L'heureuse trouvaille de notre paysagiste quelque temps auparavant. Les « fauteuils des amoureux » comme on se plaît à les appeler.

De là, un très joli point de vue sur notre maison.

La Gordinière.

Une si belle perspective.

Jusque-là.

Delphine veut m'entendre, a besoin de détails.

Je ne me fais pas prier.

Je lui raconte tout.

Tout sur mon attirance depuis longtemps pour les garçons.

À vingt ans, j'ai déjà connu quelques expériences aussi marginales qu'insouciantes. J'en compte plutôt moins que mes relations avec les filles. Je vis ces moments exclusivement charnels comme ayant vocation à s'essouffler avec le temps.

Des expériences de jeunesse, rien de plus.

Ni hétéro, ni homo, ni même bi.

Juste sexuel.

Quand je finis par tomber amoureux de Delphine, mon désir pour les garçons s'apaise réellement. Je ne suis certes pas insensible au charme d'un beau gosse, croisé ici où là, mais rien qui puisse me frustrer douloureusement. Comme l'admiration que l'on peut avoir pour une statue grecque dans un musée. Mon amour du beau en toute chose et mon goût pour l'esthétique l'emportent sur toute envie de conquête ou de consommation.

Je me confie à Delphine pendant plusieurs heures. Nous pleurons beaucoup. Moi de lui révéler ce que je n'ai jamais dit à personne. Elle d'entendre ces confessions intimes lui confiant ce que je cache au monde depuis mon adolescence.

Je lui avoue mes errances sur des sites dédiés sur internet.

Pas pour des rencontres, mais pour des images.

Comme celles que je collectionnais plus jeune dans mon grand cahier bleu.

Ce recueil de photos explicites devait finir son destin à Clermont-Ferrand. Un an après mon mariage et quinze ans après mon premier découpage, à la faveur du Festival de court métrage où je me rends début 1999, j'abandonne dans une vulgaire poubelle municipale ce compagnon de route qui me donna tant de joies. Avec néanmoins plus de contentement que de regrets. J'ai pleinement profité de ces pages et je suis bien décidé aujourd'hui à tourner celle de mon destin, celui d'un homme marié avec cette si jolie et gentille Delphine, qui m'ouvre avec enthousiasme son cœur et ses bras. Une belle relation amoureuse, et la promesse espérée, désirée, et librement consentie d'un mariage heureux.

Delphine est au courant de l'existence de ce cahier. Pas de son contenu. J'honore ce jour-là l'engagement pris devant elle de m'en débarrasser.

Est-ce que les choses auraient été différentes si j'avais dès le début confié à Delphine que ce cahier à caractère pornographique était composé à soixante-dix pour cent de modèles masculins ? J'étais encore loin d'avoir le courage de cette impudeur.

Ces garçons étaient pour moi des modèles et non des proies.

Me justifier m'était sans doute plus difficile encore que de me révéler.

***

J'ai trente-quatre ans.

Pour une raison que j'ignore, mon attirance pour les hommes se réveille soudainement.

À la naissance de mon fils.

Ma psychanalyste de l'époque m'éclaire sur ce phénomène.

Devenir le père d'un garçon invite, plus ou moins consciemment, à s'interroger sur sa propre masculinité. Quel modèle puis-je être pour cet homme en devenir ?

Après douze ans d'analyse avec cette femme remarquable, allant jusqu'à trois rendez-vous par semaine, ma psy interrompt soudainement nos séances.

Elle décède quelques mois après des suites d'un cancer foudroyant. Je suis le seul de ses patients à qui elle ait confié avoir perdu son fils unique quelques mois auparavant. J'avais le même âge que lui.

Elle était une mère avant d'être une thérapeute.

Une année qui commence par la mort de ma psy et finit par la naissance de mon fils. Deux événements aussi puissants que symboliques.

Côté carrière, j’ai la chance au cours de la saison 2003-2004 d’intégrer la distribution de la pièce *Devinez qui ?*, adaptée des célèbres *Dix petits nègres* d’Agatha Christie. Un succès mis en scène par Bernard M. joué sept fois par semaine dans le sublime théâtre du Palais-Royal à Paris.

À l’issue d’une représentation, un jeudi soir, je décide d’aller découvrir un sauna gay. Ces établissements sont au nombre d’une dizaine dans Paris et ont l’avantage d’être ouverts tard le soir. Quelques recherches me permettent d’en identifier un non loin du théâtre. Il est probablement le plus populaire à l’époque. J’ai depuis quelque temps très envie d’aller voir ce qui s’y passe. Un petit pétard d’herbe me donne ce soir-là le courage de surmonter mon appréhension. Une peur nourrie par la conscience d’un acte répréhensible pour un homme marié et parfaitement fidèle à sa femme jusque-là, autant que celle, plus confuse, de ne pas être à l’abri d’une possible rencontre.

Il ne s’agit plus cette fois de photos dans un cahier à spirales.

Il est plus de minuit quand je traverse les jardins du Palais-Royal. J’ai le cœur battant plus que vaillant. Le joint que je termine de fumer est loin d’apaiser mon rythme cardiaque, mais la tête me tourne suffisamment pour que je n’aie plus trop à réfléchir.

L’établissement est au milieu d’une petite rue, totalement opaque, sans vitrine, discrètement éclairé par un néon de couleur. J'appuie sur la sonnette. La porte, actionnée électriquement à distance, s'ouvre rapidement. Je pénètre dans un petit hall tamisé face à un guichet. Cela ressemble aux entrées de cafés-théâtres. La chaleur de la pièce contraste avec le froid humide de la rue. L'homme derrière le guichet m'accueille sobrement et me remet, contre quelques euros, une serviette et une clé. Je passe un rideau. L'endroit ressemble au vestiaire d'une salle de sport. Quelques rangées séparées par des centaines de casiers. Le mien est juste à côté de l'entrée, moins isolé et discret que je ne l'espérais. Mon hôte m'offre un baptême du feu aux allures de bizutage. Je ne croise que quelques individus qui sont plutôt sur le départ. Échanges de regards aussi indifférents que furtifs. C'est plutôt moi qui les observe du coin de l'œil. Que sont-ils venus espérer dans ce lieu à une heure tardive d'un jour de semaine ? C'est aussi la question que je me pose à moi-même. Une vague musique pop en fond sonore brise un silence presque pesant. Les quelques garçons présents se rhabillent rapidement avec une étonnante pudeur. On est loin des vestiaires de club de sport hétéro, qu'ils soient populaires ou chics, aux atmosphères décomplexées et parfois carrément exhibitionnistes.

Amusant paradoxe.

Je comprends que l'établissement est scindé en deux espaces. *Univers Gym* porte bien son nom. Le rez-de-chaussée propose une vraie salle de sport attenante au vestiaire, dans laquelle je découvre de multiples appareils de musculation. Et puis il y a un sous-sol. De toute évidence un autre « univers ». Je descends quelques marches. Je croise un homme d'un certain âge avec une grosse moustache. Il me sourit. C'est bien le seul jusque-là. Il a comme moi sa serviette nouée autour de la taille. C'est la tenue apparemment réglementaire de tous ceux qui circulent dans ce sous-sol.

Je rejoins un grand patio. Des lumières orangées tamisent l'espace. La musique est un peu plus présente. Deux garçons dans le jacuzzi central. Un troisième assis sur le rebord. Le bruit du bouillonnement couvre leur conversation. Ils ont l'air de se connaître. Je repère sur le côté un sauna. Un peu plus loin la porte vitrée d'un hammam. En face, plusieurs couloirs qui s'enfoncent dans la pénombre. Je m'aventure dans le premier d'entre eux. Je croise un type à l'embonpoint prononcé. Il tient d'une main la petite serviette qui peine à entourer sa taille généreuse. Lui n'est visiblement pas venu pour le sport du rez-de-chaussée. Son visage ne trahit aucune expression particulière. Il ne me prête pas vraiment attention. Le couloir exigu semble sans fin. Il distribue une multitude de portes qui sont presque toutes ouvertes sur de petites cabines. J'en imagine un certain nombre occupées les soirs d'affluence. Dans chacune d'entre elles — qui m'évoquent les compartiments couchettes de mes trains de jeunesse —, une banquette de skaï, un grand miroir, un distributeur de gel et un autre de préservatifs.

Pour des voyages qui proposent assurément d'autres dépaysements.

Le lieu presque désert me donne toute latitude d'en scruter chaque recoin.

Plus loin, des douches ouvertes. Les murs sont noirs du sol au plafond. Je découvre dans une pièce un harnais de cuir suspendu par des chaînes. C'est la première fois que je vois un *sling* en vrai. On s'y installe sur le dos, les jambes écartées et suspendues en l'air plutôt confortablement. Et même si la position qu'autorise cette suspension l'évoque de manière troublante, ce n'est évidemment pas pour accoucher. Un peu plus loin, des *glory holes*. De petits trous percés dans une cloison, à une hauteur toute stratégique, permettant d'offrir son sexe à un autre tout en conservant son anonymat. La matérialisation poussée à son paroxysme du rapport sexuel avec un inconnu. Du *fast sex* à consommer sur place. Cette insolite aire de « jeux » n'est pas loin de ressembler par son architecture à un confessionnal.

Il est vrai que l'on ressort parfois soulagé d'une bonne confession.

Je continue à déambuler. Je reviens sur mes pas, ai du mal à retrouver mon chemin dans ce véritable labyrinthe. Je comprends mieux pourquoi on parle d'endroits de « perdition ». Il y a des croisements de couloirs tous les trois mètres. Je découvre enfin le « bout du tunnel », une pièce exiguë plongée dans le noir. La seule chose visible est que les hommes qui s'y rejoignent ne s'inquiètent pas de l'aspect physique de leurs partenaires. Ici, on se rencontre dans le noir. Sans un regard et sans un mot. Et le feeling oublié au vestiaire.

Excitant peut-être.

Nourrissant, j'en doute fort.

Je rebrousse chemin.

Je ne suis pas très à l'aise avec la visite de ce lieu.

Et pas convaincu d'y être à ma place.

Au-delà des « attractions » que l'on y trouve, je suis surpris par la superficie insoupçonnable de ce sous-sol. Il me semble être au moins cinq fois plus vaste que le rez-de-chaussée. Le principe de l'iceberg. Il n'a d'égal en cet instant que la froideur manifeste des quelques garçons que je croise. Ce n'est pas tant leur physique, assez quelconque dans leur dissemblance, mais leur attitude commune que je ressens douloureusement ce soir-là. Tous paraissent si distants. Certains carrément antipathiques. Comme novice dans ce lieu aux rencontres supposées faciles, je pourrais penser que je ne plais à aucun d'entre eux. Je constate qu'ils sont tout aussi froids les uns avec les autres. Cela ne me rassure qu'à moitié tant se dégage de l'atmosphère générale une forme de désœuvrement, voire de tristesse.

C'est ma propre solitude que je vois en eux en cet instant.

L'atmosphère du hammam me réconforte un peu. Une douce sensation de chaleur dans ce lieu qui en manquait résolument jusque-là. Je n'y croise que quelques ombres qui semblent aussi égarées que moi. Je décide de mettre fin à cette première expérience, remonte m'habiller et quitte rapidement les lieux.

Sur le trajet du retour qui me ramène vers la campagne, j'éprouve des ressentis contrastés. Intrigué par ce que j'ai vu, et plein d'imagination quant à ce qui doit se passer les soirs de foule, frustré mais soulagé de n'avoir été ce jour-là qu'un observateur bredouille.

J'ai évidemment envie d'y retourner.

Et ne m'en priverai pas au cours des semaines qui suivent.

J'y perds cette fois-ci l'innocence de ma première visite.

Mais aussi mes illusions.

La curiosité assouvie de quelques échanges de fluides entre hommes est bien loin des fantasmes que je nourrissais.

C'est peut-être l'illusion d'un septième ciel que je suis venu chercher dans cet endroit. Mais ces quelques expériences répétées restent tout aussi anonymes que mécaniques. Cela sombre parfois carrément dans la caricature, qui serait drôle si elle n'était pas d'abord d'une tristesse sans nom.

Ces garçons viennent pour un coup de queue.

Je reste convaincu que beaucoup de ceux qui fréquentent ces lieux n'osent pas s'avouer qu'ils rêvent surtout d'un coup de cœur.

Difficile d'en inspirer l'autre quand on a du mal à s'en convaincre soi-même.

Je pensais trouver du sens à cette attirance pour les garçons qui me travaille à nouveau depuis quelque temps. Je sens confusément devoir réparer quelque chose en moi, et de ne pouvoir le faire qu'auprès d'un homme. Delphine n'est pour rien dans cette quête très personnelle. Je ne cherche pas à la fuir, mais plutôt aller à la rencontre d'une partie de moi qu'elle ne peut en aucune façon contacter et apaiser.

Mais ces quelques plaisirs furtifs et déshumanisés sont loin de pouvoir me réconforter. Je suis face à un plus grand désarroi encore.

Jusqu'à une rencontre.

Une rencontre improbable qui allait changer le paradigme de ma démarche.

Je le croise un soir dans les couloirs du sous-sol.

Il est comme tous en recherche de compagnie. Sauf que personne ne le regarde, personne ne l'envisage. C'est vrai qu'il ne ressemble en rien au fantasme de rencontre d'une *cruising zone*. J'ai fini par comprendre l'anglicisme donné à cette zone de drague. Ce dédale de couloirs est donc affublé du mot anglais de « croisière ». Elle n'a vraiment pas l'air de s'amuser tant les passagers font la gueule. Apparemment peu encombrés de sentiments et d'humanité. Certains auraient surtout besoin d'une bouée de sauvetage. Sauf lui, qui ne semble pas avoir oublié au vestiaire sa bienveillance et l'usage de ses zygomatiques. Décidément à l'opposé des attitudes stéréotypées du lieu. Il a peut-être soixante ans, les cheveux grisonnants, rondouillard, un peu dégarni, une grosse moustache. Au bout de quelques tours de ce drôle de manège, et comme je suis le seul à lui rendre son sourire, ce gaulois jovial finit par m'aborder très aimablement. Je n'ai aucunement envie de le repousser. Mieux encore, quelque chose semble acceptable et approprié dans ce rapprochement qu'aucun autre que moi ne semble appeler de ses vœux. Je le suis au hammam. Il y a un peu de monde. On s'assoit côte à côte dans un coin. Nous commençons à échanger en chuchotant comme des collégiens dans un dortoir. On sourit de la situation. Il me confie m'avoir déjà croisé un soir, il y a plusieurs semaines. L'homme qui me souriait dans les escaliers le soir de ma toute première visite, c'était lui.

Il s'appelle Jacques.

Il me raconte sa vie, je lui parle un peu de la mienne. Il est d'un respect absolu, que je ne pensais plus pouvoir rencontrer ici. Je le sens sincère. Il souhaite partager ce qui doit être absolument juste pour nous deux.

Dans l'intimité d'une cabine où nous décidons de nous isoler, je me souviens de ses caresses très agréables, de sa délicatesse à me demander s'il me fait du bien, si je suis confortable. Il s'occupe très bien de moi. Ses compliments sur mon corps svelte et ma peau douce m'enivrent de plaisir. Il me dit que je suis « un rêve éveillé ». Je suis le borgne devenu roi et jubile de rendre à cet aveugle un peu de sa vue. Sa satisfaction affichée vaut l'estime qu'il me donne de moi-même. Pour lui et grâce à lui, je deviens ce soir-là l'apollon, le beau gosse, le mec sexy, l'objet de désir, le corps vibrant et magnifique que je désespérais de ne jamais pouvoir incarner adolescent. Dans ses yeux pleins d'admiration, je me sens comme les garçons de mon cahier bleu à qui je voulais tant ressembler. Je passe en un instant de l'autre côté du miroir. Ce miroir de mes salles de bains d'adolescent qui me refusaient le reflet d'un garçon désirable et digne d'être un homme. Je vis une expérience hautement mentale et psychique qui vaut en cet instant toutes les jouissances sexuelles. Un psy comprendrait que je vis une puissante réparation narcissique.

D'une intensité jamais ressentie jusqu'à ce jour.

C'est donc cela que je suis venu chercher.

Le regard d'un homme qui puisse me convaincre que j'en suis un aussi. Un homme qui puisse admirer le garçon vivant et séduisant que l'on m'a empêché de devenir à quinze ans.

Pour nous dire au revoir, heureux de ce bon moment partagé, nous nous sommes serrés dans les bras l'un de l'autre dans les vestiaires.

Cet homme ne pourra jamais imaginer ce qu'il a symbolisé pour moi ce soir-là. De ce qu'il m'a permis de commencer à comprendre de moi. Si j'ai été son « rêve éveillé », lui a été pour moi un cadeau d'une inestimable valeur.

J'ai salué Jacques une dernière fois sur le trottoir.

Jacques, le prénom de mon père.

Mon père qui porta une moustache toute sa vie.

Univers Gym fut ravagé par un incendie accidentel en octobre 2005, quatre mois avant ma rencontre avec Sam.

Je suis repassé devant il y a quelque temps. L'établissement est définitivement fermé. J'étais absolument convaincu depuis plus de dix ans que ce sauna gay était situé rue des Mauvais Garçons. Quelle ne fut pas ma surprise de constater qu'il s'est toujours agi de celle des Bons Enfants.

Un clin d'œil qui m'a fait sourire sur mon vélo pendant un long moment.

***

J'ai trente-sept ans.

Le jour commence à tomber sur *La Gordinière.* Nous parlons avec Delphine depuis plusieurs heures. Je la crois sensible à mon souhait de transparence dans les propos sincères que je lui confie. Elle me relance parfois sur un détail, un mot, semble prête à tout entendre. Les « fauteuils des amoureux » sont devenus ceux des confidences, aussi tristes et choquantes soient-elles à écouter, aussi émouvantes et gênantes soient-elles à confier. Delphine voulait la vérité. Je lui ai servie sans détour et sans faux-semblants. Elle sait tout. Tout ce qu'elle avait besoin de savoir.

Non pas pour pardonner, mais pour comprendre.

J'ai conscience du moment exceptionnel que ma femme vient de permettre entre nous, là où tant d'autres épouses bafouées auraient déjà empêché toute forme de communication.

Car jusqu'ici, mon histoire n'est en rien une situation extraordinaire.

Un homme marié tombant amoureux d'un autre homme est une chose déjà vue et entendue. Avec son lot d'incompréhensions stupéfaites et de jugements scandalisés. Et aussi bien souvent, d'une soif de vengeance terrifiante. Ces épouses se retrouvant face à l'inconcevable sont mues par une panique intérieure et l'irrépressible besoin de punir l'autre pour son impardonnable trahison.

Bref, des tempêtes de souffrances en perspective.

Delphine fait le choix de créer à l'inverse les conditions d'un dialogue entre nous. Elle a jeté les bases d'un nouveau cycle de vie en trouvant au plus profond d'elle la force de décider que la peur et la colère ne seraient pas ses premières conseillères. Plutôt que de tout détruire, malgré sa douleur immense et la conviction d'avoir été la victime d'un odieux mensonge, ma femme a décidé en son âme et conscience de construire un pont plutôt qu'un mur entre nous.

Le début d'une aventure incroyable portée par un élan du cœur et une force de l'esprit que peu de gens peuvent croire possible ou acceptable en pareilles circonstances.

Un nouveau chapitre dont les premières lignes vont, dès le soir même, se heurter à de violentes résistances.

Nous décidons d'un commun accord de mon retour à Paris pour la nuit. Je repars exsangue de ce flot de paroles ininterrompues, soulagé d'avoir eu toute l'attention de Delphine, mais heureux de retrouver Sam dans l'appartement d'Asnières. Au téléphone, où je l'informe de mon arrivée, je l'entends parler d'une voix fébrile. C'est la première fois depuis trois jours. Je comprends mieux pourquoi à l'écoute du message qu'il me fait entendre dès mon arrivée. Je reconnais la voix de mon beau-frère Stanislas qui vocifère pendant plus d'une minute des injures d'une violence inouïe. Il termine son message en souhaitant la mort de Sam. Plus encore que d'être mon amant, sa présence dans la maison de famille d'Ibiza la semaine précédente ne passe pas.

Si Delphine est en train d'intégrer les événements, il apparaît clairement en cet instant que son grand frère, lui, n'est en rien disposé à accepter la situation.

La colère de Stanislas est à la hauteur de son sentiment de trahison.

Tous les deux immenses.

***

J'ai trente-cinq ans.

« Je pensais perdre une sœur, j'ai en réalité gagné un frère. »

Je me souviens avec émotion de cette phrase prononcée dans son discours par Stanislas le soir de notre mariage.

Ce frère de cœur et sa si gentille maman m'ont considéré rapidement comme l'un des leurs. Ils m'ont laissé prendre part à l'agrandissement de *Casa Corazón* devenue une vraie maison de famille pour moi. La mienne s'agrandissant, j'ai décidé d'y faire construire deux chambres supplémentaires. Mon beau-frère, qui s'est installé de manière permanente à Ibiza, est le conducteur des travaux sur place. Le couturier se mue en cette occasion en un très bon architecte, féru de belles idées sur la décoration et l'aménagement. Ces dernières s'harmonisent avec bonheur au goût que j'ai depuis l'enfance pour les éclairages. Notre duo créatif me comble de joie. Devant notre lit à baldaquin en fer forgé, Stanislas a imaginé une grande fenêtre en demi-lune. J'ai l'idée d'installer un spot puissant sur le mur extérieur éclairant l'arbre qui nous fait face. Le soir venu, l'immense caroubier illuminé donne à notre chambre la douce atmosphère d'une cabane dans les arbres.

C'est à cette époque que j'invente pour ma belle-mère Babette le surnom de Mamishka qu'elle accepte avec joie. Un hommage aux origines lettones de son mari.

Elle est aussi gentille que bienveillante. Je ne boude jamais le plaisir d'une bonne partie de cartes avec elle. J'adore nos conversations à bâtons rompus où l'on refait le monde, comme pour mieux prolonger le plaisir des dîners où je me régale de sa cuisine savoureuse. Nous partageons avec convivialité du vin espagnol, et quelques clopes qu'elle n'apprécie qu'avec son légendaire fume-cigarette. L'accessoire au charme suranné lui va si bien.

Avoir une future belle-mère qui réside à Ibiza n'est pas commun. Je jubile que cela tombe sur moi.

Quand même plus fun qu'une belle-mère qui habiterait Meudon.

Casa Corazón surplombe la mer, distante d'un peu plus de trois kilomètres, la vue jusqu'à l'horizon est parsemée de quelques îlots rocailleux qui s'embrasent littéralement au soleil couchant. La maison principale est construite de plain-pied, dans la pure tradition de l'île. Murs à la chaux et poutres en sabine. La charmante *finca* historique de la propriété, à quelques mètres de là, est parfaitement rénovée. Tout est décoré avec soin. Le charme est partout.

Dans l'escalier extérieur ressemblant à une ruelle de village et menant à notre chambre, je fais apposer une plaque de rue avec la mention « Passage des amoureux ». Les deux bâtisses s'entourent d'un jardin qui devient chaque année un peu plus luxuriant. Le terrain est niché au pied de jolies collines sur une terre riche où les orangers, caroubiers et autres figuiers rivalisent de grâce avec les oliviers. Je suis fier de celui que nous plantons en hommage à notre mariage devant l'entrée principale de la maison. Une petite plaque en laiton — L'olivier *Laurent et Delphine — 13 juin 1998* — est vissée dans la rocaille au pied de ce bel arbre, symbole de paix. Partout, des dizaines de bougainvilliers dont le rose fuchsia sublime les murs de pierres sèches. De jeunes palmiers viennent border la jolie piscine de céramiques bleues et blanches. Ils poussent d'au moins un mètre par an. De sublimes hibiscus, du jasmin et du chèvrefeuille aux parfums enivrants, viennent compléter ce jardin d'Éden. Nous nous émerveillons avec Delphine de cette si belle nature méditerranéenne, pleine de trésors pour les sens.

Les vacances d'été accueillent plusieurs années de suite quelques proches de la famille. On rigole beaucoup avec cette bande d'amis aussi éclectiques que sympathiques, qui est baptisée la *dream team*. Beaucoup de très bons moments ensemble.

Il y a aussi nos vacances hors saison, sur une île plus verte et moins animée que l'été. La vallée de Santa Inés en février et ses milliers d'amandiers en fleurs, comme recouverts d'une neige irréelle, sont un trésor de beauté. Souvenirs heureux de nos balades où l'on comptera peu à peu autant de poussettes que de chiens. Ma belle-famille en a toujours possédé et Delphine me transmet rapidement son amour pour ces animaux si attachants qu'elle affectionne tant.

Des animaux à la fidélité exemplaire.

***

Partie II

J'ai trente-sept ans.

Après ma fracassante révélation à Delphine, je ne peux plus rien maîtriser de l'onde de choc qui continue de se propager. J'essaie de trouver la force d'assumer l'inévitable émotion des uns et des autres. Certains proches veulent me voir.

Je vais ainsi enchaîner plusieurs rendez-vous avec certains d'entre eux. Je tente de leur expliquer la situation. J'aimerais tant les rassurer quant au chaos que je viens de déclencher. Un défi qui se révèle vite mission impossible pour moi. J'y mets pourtant beaucoup de sincérité et de conviction, sans provoquer de revirement significatif en ma faveur. Comment justifier l'impensable ? On veut bien m'écouter, mais de là à être convaincu, tant par ma démarche que par la forme que j'ai été incapable de lui donner, il y a un pas encore trop grand à franchir pour beaucoup.

Je revois ainsi mon grand ami Édouard, lancé en politique depuis quelques années, d'une intelligence aussi aiguë que sa belle sensibilité, et d'un humour irrésistible. Nous nous connaissons depuis fort longtemps, sa grande sœur ayant eu la belle idée d'épouser mon grand frère Xavier dix-huit ans auparavant. Il connaît très bien Delphie dont il adore les multiples qualités. Nous avons partagé, avec sa jeune épouse, bien des moments d'amitié tous les quatre. Il me donne rendez-vous dans un café proche des Invalides. Il a besoin de m'entendre tant il est abasourdi par cette invraisemblable nouvelle. Il a perdu sa jovialité légendaire. L'heure n'est plus à la rigolade. Je lui parle sans détour. Il m'écoute attentivement. Tous mes arguments sur ma belle rencontre ne peuvent l'empêcher de penser d'abord et avant tout à Delphine et aux enfants. Fidèle à ses valeurs et droit dans ses bottes, Édouard me confirme en cet instant que l'amitié ne peut pas de miracle spontané quand elle maltraite des valeurs auxquelles vous êtes profondément attaché. Il a besoin, comme beaucoup d'autres, d'un peu de temps pour essayer de comprendre, et plus encore, pour arriver à accepter.

En trahissant ma femme, j'ai aussi trahi les amis de notre couple. Je ne peux que le constater en le quittant ce jour-là, aussi triste qu'inquiet.

Si l'amour est supposé triompher de tout, l'amitié a aussi besoin parfois de trouver la force qui l'aidera à surmonter les difficultés auxquelles elle est peut-être confrontée.

Surtout quand est malmenée la confiance, son socle fondateur.

Je reçois dans la même journée un message de mon cher ami Urbain. Un acteur formidable avec lequel j'ai eu le plaisir de partager le succès des *Dix petits nègres*.

Nous nous entendions très bien et avions naturellement décidé de partager sa voiture pour voyager d'une ville à l'autre lors de notre tournée de quatre-vingt-dix dates. Des milliers de kilomètres avalés ensemble, des conversations à bâtons rompus, et de nombreux moments d'une franche et joviale camaraderie.

Je ne peux oublier les dîners d’anthologie que nous imaginions dans les halls d’hôtel qui nous le permettaient. Urbain apportait une nappe blanche brodée aux armoiries de sa famille ainsi qu’un chandelier à quatre branches en argent massif. De mon côté, je m’occupais de fournir quelques bouteilles de grands crus classés ainsi que d’immenses verres à Bordeaux pour les déguster. Je les transportais en toute sécurité au fond de ma valise en les garnissant de chaussettes. Notre délicieux ami Michel C. se joignait à nous pour le choix du menu chez un bon traiteur de la ville où nous jouions le soir. Nous partagions après notre représentation un souper « grand chic » aussi original qu’élégant, devant les yeux médusés des hôteliers et des clients de l’hôtel.

Je me rappelle Urbain sortant un cor de chasse du coffre de sa Mercedes sur le parking d’une salle où nous nous produisions le soir même. Il nous offrit alors pendant quelques minutes un air de vénerie jamais entendu dans un tel endroit.

Une scène ne manquant pas de souffle.

Autant de souvenirs mémorables comme seule une tournée de théâtre peut vous en créer.

J’aime aussi Urbain pour son intégrité, son sens des valeurs et des traditions.

Ses opinions royalistes assumées, son adorable épouse et ses trois charmants enfants qui le vouvoient parachèvent son statut à part dans notre métier.

C’est peut-être aussi cela qui nous a rapprochés.

Catholique pratiquant, je l’ai vu lire la Bible quotidiennement dans sa loge. Je n’ai d’ailleurs pas choisi par hasard de nous régaler régulièrement de Château L'Évangile. Un clin d'œil réjouissant nos zygomatiques autant que nos papilles.

Et un Pomerol assurément divin.

En lui téléphonant ce jour-là, j'ai le cœur serré.

Je sais le sien blessé, à la hauteur de son immense déception. Je lui parle avec foi. La sienne ne semble pas l'abandonner pour m'écouter sans m'interrompre. Je comprends que le coup est rude pour cet homme attaché aux valeurs du foyer chrétien. J'ai pris une tangente si brutale que j'entends son désarroi profond, son inquiétude et sa tristesse. Après avoir raccroché, je sais qu'il est l'un des premiers à prier pour moi et ma famille.

Et toutes les prières seront les bienvenues tant la montagne qui me fait face semble infranchissable.

Mon vieil ami Ralph, marié et père d'une petite fille, m'offre un verre en terrasse dans le Marais qu'il habite depuis quelque temps. Il était de la bande du week-end de fête à Ibiza quelques jours plus tôt. Il n'est pas surpris par la nouvelle ayant été aux premières loges de cet irrésistible coup de cœur que nous offrions au monde avec Sam, malgré nous et sans bien en mesurer la portée. Quelle naïveté de notre part de penser pouvoir cacher ce qui nous unissait déjà si profondément.

Ralph est d'abord un ami de mon frère Éric avec lequel il a partagé les bancs de Sciences Po.

Nous scellons, lui et moi, une solide complicité autour de la fête et de la musique techno que l'on découvre ensemble à la fin des années quatre-vingt. On adore ça et l'époque est foisonnante. Ces sons électroniques explosent de toutes parts. C'est avec lui que nous louons des maisons à Ibiza quatre étés de suite. Nous partageons aussi deux mémorables séjours à Goa, un petit territoire de l'Inde dont les plages à perte de vue font face à la mer d'Oman, connu pour sa communauté hippie et ses fêtes iconiques. Les *rave* de trois mille personnes dansant sur la plage au lever du soleil restent de sacrés bons souvenirs partagés avec lui et toute notre bande.

Ralph est un pragmatique. Il ne semble pas surpris par mon orientation vers un homme. Sans cultiver l'ambiguïté, en tout cas consciemment, il est vrai que j'ai appris à assumer mon physique svelte — à la limite de l'androgynie à l'époque — et les quelques attitudes un peu maniérées d'un garçon qui veut prendre soin de lui. J'ai ainsi pris l'habitude de voyager avec deux grandes trousses de toilette pour transporter une armada de crèmes de beauté et de soins en tout genre. Les potes se moquent régulièrement de mes tendances plutôt bien assumées, quand elles ne sont pas carrément revendiquées. Mon goût pour des sous-vêtements coquins, mes épilations diverses et variées, les blondeurs discrètes que je réclame à mon coiffeur, ainsi que quelques séances d'UV, complètent le profil d'un garçon assumant pleinement sa part féminine.

Métrosexuel avant que ce ne soit à la mode.

Étais-je pour autant un homosexuel en devenir ?

Je n'y croyais pas tant je trouvais inconcevable l'amour entre deux hommes.

Ralph entend et comprend que rien ne pourra plus être comme avant dans ma vie. Il va falloir que je trouve la force d'assumer et de traverser cette crise.

Sa précieuse et fidèle amitié m'en donne un peu plus ce jour-là.

Ces échanges me laissent néanmoins dans des sentiments contrastés. J'ai senti beaucoup de leur légitime inquiétude qui ne fait que renforcer la mienne.

Quand je reviens à *La Gordinière*, toujours avec l'approbation de Delphine, je suis bien loin d'imaginer la scène qui m'attend.

Plus qu'une scène, une mise en scène.

J'ouvre la porte de la maison et je vois Delphine dans notre salon qui jouxte l'entrée. Elle est debout au milieu de la pièce. Elle me regarde avec intensité. Autour d'elle, des dizaines d'albums photos. Nos albums photos. Tous grand ouverts. Sur le canapé, les deux grands fauteuils, la table basse et à même le sol que l'on ne voit quasi plus.

Il y en a partout.

Delphine est la reine des albums photos depuis que je la connais. Elle en a conçu pour tous les moments de notre vie depuis dix ans. Nos fiançailles, notre mariage, la naissance de nos enfants, leurs baptêmes, leurs biberons, leurs premiers pas, les réunions et repas de famille, les anniversaires, les fêtes de Noël ou de l'école, les vacances en doudoune ou en maillot de bain, les dîners de copains, nos chiens.

Tous nos souvenirs.

Tout est là, exposé devant moi.

Dix ans de ma vie, de NOTRE vie ensemble.

Tous ces instantanés de notre existence partagée me sautent à la gorge qui se serre aussitôt.

Delphine me dit d'une voix noyée d'émotion :

— C'est tout ça que tu veux détruire ?

Que répondre à cela ?

Je comprends instantanément que ma longue confession de la veille dans notre jardin, loin de l'apaiser, lui a fait comprendre qu'elle pouvait me perdre. M'étaler notre vie commune sous les yeux a pour but de me ramener à la raison.

Je lui parle avec un calme qui me surprend moi-même :

— Mais qui parle de détruire ? Tout ce que nous avons vécu reste et restera, quoi qu'il arrive. Ce que je vis ailleurs vient bouleverser notre histoire, j'en ai bien conscience. Et mauvaise conscience. Mais pourquoi devrait-on vouloir effacer tout ce qui nous unit depuis tant d'années ? Pourquoi détruire ici parce que j'ai besoin de construire là-bas ? Il ne s'agit pas de remettre en cause ou en question, mais de remettre en perspective. Céder à la panique ne peut conduire qu'au désastre. Je veux tout sauf ça avec toi.

Delphine et les albums souvenirs ont voulu me provoquer un électrochoc.

Cette séquence permet en fait de rétablir le courant entre nous.

Une sorte de courant alternatif.

Cela me redonne de la force.

Une force qui va m'aider dès le lendemain matin à vivre plutôt sereinement ma garde à vue de trois heures à la brigade de gendarmerie de Montfort-l'Amaury.

Quand je rentre chez nous, Delphine s'excuse de m'avoir imposé cette expérience pour le moins inédite. Un comble. Elle me confie avoir décidé de cette démarche à chaud, confuse et perdue dans la violence de mon annonce. Je lui dis comprendre parfaitement sa démarche, et la détresse qui l'a stimulée.

D'une main courante à une main tendue.

J'appelle mes parents en proie à de vives inquiétudes. Ils sont à Paris. Je veux les voir, leur parler les yeux dans les yeux. J'ai davantage besoin de ce face-à-face qu'eux, qui en redoutent les pénibles révélations.

Mes parents me connaissent si bien.

Du moins le croyaient-ils jusque-là.

Delphine n'a pas demandé à m'accompagner à ce coming out officiel à mes parents. Elle l'a exigé. Je n'ai pas insisté pour l'en dissuader. Depuis quelques jours, j'essaie d'obtempérer à toutes ses requêtes. Quitter la maison, y revenir, en repartir, amener les enfants à l'école, aller les rechercher, disparaître à nouveau. Je ne suis pas en position de négocier quoi que ce soit. J'obéis donc docilement à son injonction qui crée ce soir-là une situation assez ubuesque : me tenir face à mes parents pour la révélation la plus délicate qui soit, le tout en présence de ma femme.

Confusion quand tu nous tiens.

On est avec eux dans le salon de leur appartement du quatrième arrondissement. C’est dans cette même pièce dix ans plus tôt, au cours d’une réunion familiale d’une trentaine de personnes, que j’annonçais en fanfare mes fiançailles avec Delphine.

Mais ce soir, quelque chose me dit que je vais provoquer moins d’enthousiasme.

Je parle d’une traite, raconte ma rencontre avec Sam, évoque sans détails les quelques mois de notre romance clandestine, l’avoir stupidement emmené à Ibiza, rajoutant de l’indécence à l’outrance. La présence de Delphine m’encourage à une autocritique sans concession, en ligne avec ce qu’elle a besoin d’entendre de ma bouche face à mes parents. Je leur confie combien je suis désolé pour la déception, la trahison, que j’ai à cœur de trouver maintenant la juste place qui doit être la mienne, entre liberté et responsabilité. Je conclus ma confession, aux allures d’une plaidoirie de l’indéfendable, en leur affirmant que je ne veux absolument pas abandonner ma femme et mes enfants.

J’ai pris la parole pendant plusieurs minutes, de manière calme et posée. Sur un ton un peu monocorde. J’ai sans doute malgré moi démarré une séance d’hypnose si j’en juge par l’absence totale de réaction qui suit mes derniers mots. Mes parents et Delphine assis face à moi ont le regard perdu et semblent hagards.

Et ce silence.

Un silence de mort.

Ou peut-être de cathédrale.

Le silence d'une cathédrale pendant un enterrement.

Je ne suis en aucun cas venu pour qu'ils soient convaincus du bien-fondé de cette rencontre extraconjugale avec un homme. De mes parents ou de ma femme, qui aurait bien pu l'être ? Mais il était indispensable de venir déposer ma vérité à leurs pieds.

Dussé-je prendre le risque d'être piétiné.

Les premiers mots de mon père sont conformes au rôle qui doit rester le sien. Ils dépassent même toutes les espérances en me laissant bien sentir combien je suis très en dessous des siennes.

— Bon, Laurent… Toute cette histoire navrante et si décevante nous confirme deux choses… D'abord que tu es dépressif, et que tu as besoin de repos… Ensuite que tu es victime de ton milieu professionnel dont on sait que les mœurs sont bien souvent très discutables… Je pense que tu as été influencé… Tu dois évidemment quitter ce garçon au plus vite et regagner ton foyer.

Cette première intervention de mon père ce soir-là sera aussi la dernière avant quelque temps. Il devait en effet ne plus m'adresser la parole pendant deux longs mois. Non pas pour me punir, mais parce qu'il en était incapable, aussi abasourdi qu'accablé par cette situation.

Je crois que son inquiétude se nourrit aussi du calme avec lequel je me suis exprimé devant lui, une attitude à laquelle l'enfant gueulard que j'étais l'a si peu habitué. Un calme motivé par une force intérieure qui n'a pas besoin de bruit pour s'imposer.

La force de la vérité.

Mon père, comme beaucoup de gens de sa génération, attache beaucoup d'importance aux valeurs, qu'elles s'inscrivent ou non dans l'expression de sa vérité profonde. On est d'abord un homme parce que l'on marche droit, dans les clous, fidèle aux vertus d'une éducation qui ne doit pas transiger avec les codes, qu'ils soient juridiques ou sociétaux, pas plus qu'avec les grandes lois naturelles. Sa posture en cet instant, en forme de sermon moralisateur, est conforme à tout ce qu'il est, tout ce qu'il croit. Je ne suis ni surpris ni triste. Son dernier fils est passé de l'autre côté d'une barrière qui ne devait en aucune façon être franchie.

Et encore moins exploré.

La réaction de ma mère est plus surprenante. Je l'imaginais prévisible. Elle fut pleine d'imprévus.

Elle me demande d'abord avec une voix empreinte d'une rare compassion si je souhaite aller voir un prêtre. Mais le mauvais fils à confesser, voire à exorciser, est encore plus surpris quand elle enchaîne :

— Mais ne t'inquiète pas, mon chéri, nous t'accueillerons toujours à bras raccourcis…

Devant ce sublime lapsus, les bras m'en tombent.

C'est peut-être ce soir-là que j'ai décidé qu'il faudrait un jour raconter cette histoire qui, dans son lot d'épreuves et de douleurs, a su aussi apporter quelques moments d'un humour aussi ravageur que salvateur.

Il semble néanmoins que je sois le seul à avoir entendu cette « glissade » de ma mère, avec sa part de sens et d'images.

Va pour les bras raccourcis qui, à défaut d'être ouverts, sont quand même mieux que des bras hostiles.

J'ai dit ce que j'avais à dire à mes parents. Ils m'ont répondu, en conscience ou presque, ce qu'ils devaient me répondre. Il n'y a aucune discussion, encore moins de débat. Juste un échange formel qui sait ce soir-là ne pas se noyer dans un océan d'affect.

Nous les quittons rapidement et décidons avec Delphine d'aller marcher un peu. On a besoin de prendre l'air. D'évidence pas pour les mêmes raisons. On parle peu. On traverse le pont Marie, l'île Saint-Louis, et nous nous retrouvons rapidement sur celle de la Cité. On s'assoit devant Notre-Dame. Il est presque vingt-deux heures. Autour de nous, des groupes de touristes viennent profiter de cette belle fin de journée dont la clarté annonce les plus longues de l'année. Des enfants jouent sur le point zéro des routes de France. Plus loin, des étudiants joyeux fêtent la fin de leurs examens.

Et puis des couples d'amoureux pour qui tout semble si simple.

Je sens Delphine plus désemparée que jamais. Alors que je savoure secrètement mon soulagement d’avoir affronté mes parents, je comprends qu’elle espérait qu’ils allaient me faire entendre raison. Comme une leçon de morale remettant dans le droit chemin un ado fugueur.

Je suis aussi surpris qu’ému par sa troublante naïveté.

Une journée qui ne ressemble à aucune autre, commencée par une garde à vue, et que l’on aurait voulu que je finisse au garde-à-vous.

Que peuvent donc des parents face à la puissance d’un sentiment amoureux, aussi inconvenant soit-il pour eux, aussi injuste soit-il pour ma femme ?

Il se passe alors un moment surprenant entre elle et moi. Elle me demande de revenir vivre avec elle, comme si Sam n’existait plus. Je lui redis spontanément mon attachement à ce garçon, comme si c’est elle qui n’existait plus. À cette seconde, il me semble que l’entrevue avec mes parents et tout ce qu’elle symbolise nous a replongés dans une forme de conditionnement, avec son lot d’automatismes et de dialogues caricaturaux. Chacun de nous est tout à coup emmuré dans un rôle qu’il s’impose à lui-même autant qu’à l’autre. Comme si nous n’avions pas d’autre choix.

Nous jouons dans un film qui n’est plus le nôtre.

Comprenant que je ne lâcherai pas Sam, Delphine se lève et s’en va, furieuse et désespérée.

Coupez !

Fin de la scène.

Une scène dénuée de l’essentiel.

Nos cœurs respectifs.

Nos deux cœurs qui, malgré tout, continuent de battre l'un pour l'autre.

Je me retrouve seul sur le parvis de Notre-Dame. La nuit commence à tomber. Je décide de rejoindre la rive gauche.

La balade se transforme en errance.

Y compris dans ma tête.

J'ai partagé un Sacré-Cœur avec Sam et une Notre-Dame avec Delphine. Des lieux de foi comme si je venais y chercher un peu de réconfort et de lumière pour guider mes pas dans l'obscurité. J'ai plus que jamais conscience d'avoir à affronter une situation aussi singulière qu'inextricable. J'étais il y a quelques minutes devant cette femme que j'aime, avec laquelle nous avons partagé tant de moments de complicité, tant d'émotions, la naissance bouleversante de nos trois beaux enfants, qui ne m'a jamais rien demandé sinon de partager une vie heureuse et paisible avec moi. Et dans ce même cœur qui bat fort, un lien puissant à Sam, que j'ai choisi spontanément en le voyant sur cette piste de danse quatre mois plus tôt. Lui non plus n'a d'autre souhait que d'accueillir et de vivre ce qui nous unit déjà si fortement.

Dans ma tête, toute idée de morale, de schéma, de tradition, de codes sociaux a volé en éclats. Je ne veux plus me raccrocher à des préceptes qui ne peuvent plus être les miens. Le cœur a remporté une bataille sur l'esprit. Et quand on sait la puissance « atomique » du désir amoureux, c'est une victoire par déflagration. Je suis irradié d'amour pour Sam. Je sens néanmoins que cela n'a pas remplacé l'amour que j'ai pour ma femme. Un amour qui n'est certes plus exclusif, mais encore présent. Parce que les sentiments qui sont en jeu ne trouvent ni leur source ni leur résonance au même endroit de mon cœur. Une énergie masculine qui ne cherche pas à remplacer une énergie féminine, mais plutôt à la compléter, à combler ou réparer quelque chose en moi qui se joue ailleurs.

Je suis dans un ressenti presque sensoriel qui prend le pas sur toute forme de cérébralité. Est-ce que la soudaineté de cet élan pour Sam doit impérativement venir remplacer et effacer ce que j'éprouve encore pour Delphine ? Des cerveaux vertueux voudront m'imposer avec autorité de choisir impérativement, car je n'ai pas le droit d'aimer ces deux personnes en même temps.

Voilà pour la loi sociétale et morale.

Qu'en est-il pour la loi du cœur ?

Si tant est qu'une loi puisse s'imposer à lui.

Si la bisexualité a toujours existé, la monogamie est finalement un concept récent dans l'histoire de l'humanité, encore absente de certaines cultures.

Ma réflexion ne porte plus sur ce qui est bien ou mal, juste ou non, acceptable ou pas. Mon unique interrogation est de savoir si je peux trouver en moi la force d'accueillir ce que je ressens. Même si cela dépasse toute forme d'entendement ou de rationalité. Accepter d'être en roue libre sur un chemin inconnu. Dussé-je faire du mal au monde entier, je ne me laisse plus d'autre choix que d'écouter ce qui se passe au plus profond de moi. Comme si c'était mon seul salut. Et tant pis si je fous tout en l'air, j'aurais au moins la consolation de vivre dans ma vérité.

Je pense à tous ces êtres humains qui emprisonnent leur existence dans les non-dits, les frustrations et de bien douloureuses solitudes. Des vies aux allures de survies et parfois de désespérances.

Je marche au gré de ces réflexions, sans bien savoir où cela va me mener. Mon téléphone sonne. C'est mon ami Christophe L. Celui qui me lança ce vibrant « Tu es vivant ! » au téléphone alors que j'étais prostré sur mon banc de *La Gordinière*, quelques heures après avoir fait éclater ma vérité et le cœur de ma femme. Quel bonheur de l'entendre. Jamais de hasard. Je lui confie les événements de la soirée, mes parents avec Delphine, puis Delphine en solo et notre échange qui a tourné court. Je lui parle de cette impression que j'ai de rouler en sens inverse sur l'autoroute.

— Et si c'étaient les autres qui roulaient tous en sens inverse ? me dit-il.

Je ris aux éclats.

C'est la première fois depuis quelques jours.

Réconfortante sensation.

De l'humour qui donne du sens en évoquant celui des autoroutes de la pensée unique.

Que c'est bon de lui parler. Il me comprend, me soutient et me rassure.

— JOUR 1 de ta renaissance ! me précise-t-il.

Je voudrais l'avoir toujours avec moi ce Christophe, tant il sent et exprime si bien les choses. Je suis vraiment amoureux de notre amitié.

Je lui parle de cette dualité de sentiments qui se débat en moi, et qui forcément m'inquiète.

On parle de balance qui doit trouver son équilibre.

Je lève les yeux.

Face à moi, le palais de justice de Paris.

La justice.

On se quitte sur ce joli signe.

***

Soucieux d'obtempérer à quelques requêtes de ma mère, à qui je souhaite montrer des signes de ma bonne volonté dans le marasme que j'ai provoqué, je me retrouve fin juin chez le docteur Jean-François M.

Ce médecin homéopathe attire à lui depuis des années ceux qui veulent « se soigner autrement ». Il a des avis précis, des réponses à tout, des prescriptions pour chaque pathologie. Avec ce charisme baigné de l'assurance de l'homme qui sait plus et mieux que vous. Une gueule d'acteur américain, une moustache aussi aiguisée que ses diagnostics. Dans son cabinet de la rue de Rennes, l'émotion des patients est comparable à celle d'une rencontre avec le pape. Certains le considèrent d'ailleurs comme le Christ qui aurait fait de l'homéopathie sa bible. On parle même de miracles. Il soigne les causes avant les symptômes. Il est donc indispensable pour ma mère, dont il est le gourou depuis des années, que j'aille consulter « le maître ».

Je me souviens de son heure et demie de retard que je passe dans sa salle d'attente, un salon cosy avec pour seule compagnie quelques gros chats sympas et des sonates de Mozart.

C'est enfin mon tour.

Je ne sais plus trop bien pourquoi je suis venu le voir.

Ah si, pour contenter ma mère.

— Alors, qu'est-ce qui vous amène ?

Je lui raconte tout. Mon mariage, mes trois enfants, ma vie de comédien, ma maison à la campagne, ma rencontre avec un homme en boîte de qui je suis tombé très amoureux, que les ponts ne sont pas coupés avec ma femme avec qui on communique encore, et peut-être plus que jamais, que je sais avoir foutu le bordel, mais que je veux, si c'est encore possible, écouter mon cœur sans trop saccager celui des autres.

Un temps.

Il me regarde, puis lève les yeux au ciel. Il semble chercher l'inspiration, réfléchir au commentaire le plus juste à formuler en cet instant.

— Bon, je comprends que c'est surtout vos parents qui vont avoir besoin de moi.

Sa moustache est épaisse, mais j'y soupçonne un sourire.
Et de la malice dans ses yeux.
Le maître a parlé.
Que dire face à la parole du « Christ » ?!

Ma mère m'invite également à téléphoner à une femme qu'elle tient en haute estime. Agnès de P. est connue pour sa grande foi chrétienne, mise au service d'une vie tournée vers les autres. C'est pour moi une alternative plus qu'acceptable par rapport au prêtre que l'on voulait m'encourager à rencontrer.

Un rendez-vous téléphonique est pris avec elle. Fin d'après-midi ensoleillée sur la capitale. Je me pose pour l'occasion à la terrasse d'un café près de la place de Clichy. Elle répond immédiatement à mon appel. On ne se connaît pas, mais le courant passe immédiatement entre nous. Je la remercie de bien vouloir me consacrer un peu de temps. Nous nous trouvons rapidement un point commun. On sait que notre échange fera du bien à ma mère. On en rit ensemble. Je lui raconte les événements, sans la noyer de trop de détails. Elle écoute attentivement, ne pose pas de questions. On sent son patient travail auprès d'ados un peu paumés. J'ai certainement sur eux l'avantage d'une certaine lucidité. Elle n'y est pas insensible, quand, après avoir terminé le résumé de la situation, je l'entends me dire cette phrase emblématique qui restera à jamais gravée dans ma mémoire :

— Laurent, votre histoire va faire du bien à tout le monde…

Cet homéopathe charismatique et cette femme de foi bienveillante, l'un comme médecin des émotions, l'autre comme celui de l'âme, ont chacun à leur manière un diagnostic ou une intuition prophétique, dépassant toutes les espérances, sans bien sûr atteindre celles de ma mère. Ils n'ont en effet à aucun moment l'idée de me remettre dans le droit chemin, mais plutôt à cœur de comprendre comment mon entourage pourra s'adapter au mieux à la situation, fût-elle un chemin de traverse, un sens interdit pour certains, une voie sans issue pour d'autres.

Ils ont su m'écouter sans me juger et ont compris avant les autres que ma rencontre bouleversante avec Sam n'obéissait à aucun instinct destructeur, à aucune forme de transgression provocatrice, à aucune envie irrépressible de sortir des rangs pour la seule satisfaction capricieuse et égotique d'échapper aux stéréotypes.

Ils ont tous deux, il est vrai, le confort de la bonne distance avec quelqu'un qu'ils ne côtoient pas, qui n'est pas de leur famille ou de leur cercle d'amis. Ils peuvent l'un et l'autre m'entendre sans avoir à souffrir de la situation que je leur confie. Sans jugement et sans affect, ils ont pu m'écouter attentivement leur raconter ma rencontre avec Sam, et ont compris ce que personne d'autre n'avait pu entendre jusque-là.

Que mon histoire est avant tout une histoire d'amour.

***

Le mercredi suivant, j'emmène mes trois enfants au cinéma. Je suis seul avec eux. Un bon film des studios Pixar et une gourmandise chocolatée pour chacun assurent à ce moment une quiétude réconfortante. Un petit rayon de soleil au milieu d'une séquence de vie bien ombragée. Nous rentrons ensuite vers *La Gordinière*, à une vingtaine de minutes de là. Ils sont tous les trois attachés à l'arrière de ma petite Audi. On parle du film que l'on vient d'apprécier tous les quatre. Chacun y va de sa scène préférée, raconte ce qui lui a particulièrement plu.

Quand Joséphine, six ans, m'interpelle :

— Pourquoi tu n'es pas à la maison avec nous tous les soirs, papa ? Est-ce que c'est pour ça que maman est triste ?

Goodbye lovely cartoon. Back to reality.

Camille et Aurélien ne disent pas un mot, mais ne s'interrogent visiblement pas moins.

Voilà plus d'une semaine que ces enfants traversent ce moment avec nous sans n'avoir jamais posé une seule question.

Ils ont plus que légitimement droit à une réponse de ma part.

Je ne dois pas me dérober.

Me revient à cet instant une histoire de ma sœur Christine. Cette grande sœur bienveillante qui m'encouragea à aller consulter une psy alors que je n'avais que vingt-et-un ans, me voyant si désemparé après ma rupture amoureuse avec Laetitia.

Christine est la deuxième dans notre fratrie de cinq. Elle est aussi ma marraine qui sut m'enthousiasmer dès mon plus jeune âge. Particulièrement par ses récits de contes qu'elle connaît par cœur et qu'elle raconte comme personne. C'est elle aussi qui plus tard eut à cœur de me sensibiliser à la notion de vie intérieure, à l'inconscient, aux rêves, aux découvertes fondamentales de Freud et plus récemment de Françoise Dolto, dont elle a lu et relu tous les livres. Celle qui s'est lancée dans l'écriture d'un ouvrage exigeant sur le complexe d'Œdipe — qui domine la vie entière de bien des êtres humains de cette planète, se plaît-elle à me répéter. Christine a un profond respect pour les enfants dont elle admire les émerveillements, l'imagination autant que l'enviable aptitude à vivre dans le moment présent. Tout cela avant que l'âge adulte ne vienne s'imposer par son mental tyrannique sur la belle et innocente nature de nos premières années d'existence.

Je jette un coup d'œil dans le rétroviseur central. J'y croise le regard de mes trois petits. Le moment est suspendu, comme ils le sont aux paroles qu'ils attendent de moi.

L'histoire de Christine est une théorie.

La théorie des bouteilles de jus d'orange.

Je me lance à cœur ouvert.

— Voilà, mes chéris, imaginez que nous sommes tous des bouteilles. Des bouteilles de jus d'orange. Il y a les papas et les mamans bouteilles, qui sont les grandes bouteilles, et les enfants qui sont les petites bouteilles. En fait, chaque bouteille devrait être remplie de jus d'orange. Parce que le jus d'orange, c'est la vie, c'est l'amour, c'est plein de bonnes vitamines qui permettent de boire quand on a soif. Normalement, un papa et une maman bouteilles doivent être bien remplis pour pouvoir remplir à leur tour leurs enfants petites bouteilles. Ça, c’est qui se passe normalement. Mais il arrive que les grandes bouteilles n’aient pas été assez remplies, qu’elles n’aient pas reçu assez de jus d’orange quand elles étaient encore des petites bouteilles. C’est ça que papa est parti chercher de son côté. C’est pour ça qu’il n’est pas là tous les soirs. Et maman elle est forcément triste parce qu’elle pensait qu’elle aurait assez de jus d’orange pour lui. Mais ce n’est pas le rôle de maman de donner à papa le jus d’orange qu’il n’a pas assez reçu quand il était petit. Ce que je peux vous promettre, c’est que votre papa, quand il aura plus de jus d’orange dans sa bouteille, il pourra plus vous en donner à vous, ses trois petites bouteilles qu’il aime plus que tout.

Deux jours plus tard, je constate que mes enfants ont compris mon histoire.

Et l’ont bien intégrée.

À leur manière.

Je suis de nouveau en voiture avec eux. Après les avoir laissés quelques minutes le temps d’une course, quelle n’est pas ma stupéfaction de les retrouver tous les trois trempés, ainsi que la banquette sur laquelle ils sont assis. Dans leurs mains, plusieurs bouteilles d’eau minérale vides. J’ai depuis toujours de l’eau dans ma voiture. Je comprends spontanément ce qui s’est passé.

Au lieu de reproches, ils ont droit à un fou rire de leur papa.

Il y a parfois des théories qui se vérifient par l'expérience plus que par le commentaire.

***

Je reçois un message de mon cousin Paul qui veut me voir. Il a des choses à me dire. Il se propose de me recevoir chez lui à Paris, près du boulevard Sébastopol.

S'il y a bien une personne de laquelle je n'ai pas à craindre le jugement, c'est évidemment lui. Paul, de quatre ans mon aîné, est un personnage qui ne laisse pas indifférent. Je suis assez séduit adolescent par la fantaisie de ce grand jeune homme à la personnalité bien affirmée, qui collectionne les maxi 45 tours à la pelle, me fait notamment découvrir le tout premier tube de Mylène Farmer, « Maman a tort », lors d'une surboum dont il assure la sono avec maestria dans les caves voûtées de leur grande maison sur les hauteurs de Nancy. Il danse avec de grands mouvements de bras, dans un style mêlant le cabaret et la *new wave* des plus tendance à l'époque. J'envie son apparente liberté sur la piste de danse, où ses déhanchés en col Mao font leur petit effet auprès des jeunots que nous sommes, encore réfrénés par le regard des autres.

Lui n'en a cure.

Et mieux encore, il souhaite et sait comment l'attirer sur lui.

Quelques années plus tard, Paul épouse Isabelle. Ils ont trois enfants. Je suis très fier que tous deux me choisissent pour être le parrain de leur fils aîné, Théodore. Je prends mon rôle de parrain très à cœur vis-à-vis de cet enfant que je vois grandir avec joie.

Théodore a dix ans quand ses parents divorcent.

La séparation de Paul et Isabelle a un relief particulier.

Lui est tombé amoureux d'un homme et elle d'une femme.

En termes d'encoches au contrat du foyer chrétien, mon oncle Philippe, qui a certes ouvert une brèche en son temps, est battu à plate couture. La nouvelle ne passe pas inaperçue. J'ai, comme beaucoup, le réflexe immédiat de m'inquiéter pour les enfants. Paul et Isabelle gèrent la crise entourés de leurs familles. Chacun traverse l'événement comme il peut. Mes liens avec Théodore se resserrent encore un peu plus. J'essaie de le soutenir au mieux. Ses parents restent ses parents et la vie doit continuer.

Paul m'ouvre la porte avec un grand sourire.

On ne s'est pas vus depuis longtemps.

On se parle vite de l'essentiel. Qu'est-ce qui s'est passé ? Comment je vais ? Comment va Delphine ? Comment vont les enfants ? Comment ont réagi mes parents ?

Je lui réponds point par point.

Je pense à *Star Wars* et à Luc Skywalker venu consulter Maitre Yoda. J'ai la sensation de voir en mon cousin un premier de cordée qui me parle sans tabou et avec bienveillance. Lui sait mieux que quiconque ce que je traverse, les réactions de l'entourage, la violence des jugements et des sentences, le syndrome du « vilain petit canard », objet de tous les commentaires. Il me parle avec conviction du mot « respect ». Celui que je dois avoir vis-à-vis de mon entourage à partir de maintenant, mais aussi, et il insiste sur ce point-là, celui que je dois exiger des autres.

Je le quitte sur un double sentiment.

Celui d'une sincère gratitude pour l'écoute et les conseils fraternels, mais aussi une impression plus contrastée sur l'aspect « bienvenue au club » de notre entrevue.

Mon cousin a cru me réconforter en m'accueillant symboliquement dans la communauté gay.

Je suis tout au contraire plutôt mal à l'aise face à sa généreuse initiative.

Le « côté obscur de la Force », sans doute.

***

C'est bien tout le paradoxe que m'impose cette période insolite. J'ai décidé de révéler au grand jour être tombé amoureux d'un homme, et cela pour la première fois de ma vie. Et tout mon entourage accueille cela comme une révélation générale et définitive.

Laurent est homosexuel.

Certains pensent même que je le suis depuis toujours.

Allons bon.

C'est fou le nombre de gens qui ont accès à des informations que vous n'aviez même pas sur vous-même. Comme si je n'avais pas seulement avoué à Delphine que je la trompais avec un homme, mais que je m'étais trompé toute ma vie dans ma relation avec les femmes. Et dans ce contexte, pas de cas particuliers, pas de demi-mesures, pas d'exceptions. C'est la même règle qui s'applique à tous. Tout à coup, je suis chassé de la sphère hétérosexuelle. J'ai dépassé la ligne blanche, donc on me retire mon permis d'aimer aussi une femme. On me vire du cadre de la normalité. Avec la violence d'un siège éjectable. J'ai juste confessé que je m'étais épris d'un garçon et voilà que tout mon rapport au monde est remis en question.

Étrange sensation de constater que l'on vous ferme la porte parce que vous avez pris le risque d'ouvrir celle de votre cœur.

Aujourd'hui encore, je ne m'y habitue toujours pas.

Quand quelqu'un dans un dîner ou ailleurs me lance : « Laurent, toi qui es homo… », je ressens une goutte d'eau glacée me couler le long de la colonne vertébrale. Et un peu de peine pour la personne en face de moi, figée sur des schémas caricaturaux et fermés.

Même si j'accepte d'être considéré comme homo bien sûr.

Ce statut, certainement inévitable, ne provoque en moi ni satisfaction ni honte.

Ma chance est d'être amoureux d'une personne avec laquelle je suis heureux.

Je ne vis pas une histoire d'amour avec un homme.

Je vis une histoire d'amour tout court.

Je me suis accroché à une bonne étoile, là où commence l'univers des anges, où paraît-il, l'amour n'a pas de sexe.

Les anges ne mesurent pas leur chance.

***

S'il y a bien des gens qui s'intéressent davantage au bonheur de l'autre plutôt qu'à la catégorie par laquelle le définir, ce sont les parents de Sam.

Je les ai aimés avant même de les rencontrer.

Ma révélation auprès de ma femme a créé un bordel sans nom dans lequel j'ai embarqué Sam sans ménagement et surtout sans le prévenir. J'étais bien incapable de l'informer de quoi que ce soit puisque tout s'était déclenché en un instant, sans que rien soit prémédité et préparé, sans aucune forme de réflexion préalable.

Quelques jours après les événements, ses parents quittent La Baule où ils savourent une retraite bien méritée, pour venir passer un court séjour à Paris.

Sam décide de faire son propre coming out.

Il les invite à déjeuner pour leur faire part de la situation.

À chaque plat, il leur lâche une information.

Il a rencontré une personne originale.

L'histoire n'est pas commune.

Cette personne est mariée et a trois enfants.

Des confidences étape par étape, comme les étages d'un mille-feuille.

C'est d'ailleurs au dessert qu'il leur précise que cette rencontre est avec un garçon.

Ses parents ne lui posent alors qu'une seule question :

— Est-ce que tu es heureux ?

Quand je demande à Sam, au moment de la rédaction de cette séquence, des précisions sur le souvenir de son coming out, brutalement stimulé par le mien, lui revient un détail que je ne connaissais pas. Le nom du restaurant où il a invité ses parents ce jour-là : Le Sens.

Un clin d'œil qui nous amuse tous les deux.

Le sens de sa vie, qu'il a décidé d'assumer.

Le bon sens de ses parents, qui lui posèrent la seule question essentielle.

***

Les trois semaines qui suivent ma révélation sont parmi les plus intenses de mon existence. Une période sans aucune certitude quant à mon futur proche. Une navigation à vue rythmée par mes allers-retours entre Sam à Paris et Delphine et mes enfants à la campagne. J'ai conscience de mon incroyable chance de pouvoir y revenir malgré l'immense douleur de ma femme. Un va-et-vient presque étourdissant, ballotté par des vagues incessantes entre le jugement des uns, le soutien des autres, le mutisme accusateur de mon père, la bienveillance forcée de ma mère.

Un étrange ballet entre soulagement et culpabilité.

Et puis des moments où les deux sentiments s'entremêlent dans une drôle de danse.

Nous sommes invités à déjeuner chez ma sœur aînée.

Chantal est très famille. Elle nous reçoit toujours avec soin et une multitude de petites attentions. Le cœur et la gentillesse sont des valeurs qu'elle a placées haut dans sa vie.

Elle nous accueille dans sa jolie maison de Noisy-le-Roi en ce beau dimanche ensoleillé. Delphine a aussi le sens de la famille, courageuse et résiliente huit jours seulement après ma fracassante révélation.

C'est avec nos trois enfants que nous arrivons chez Chantal.

Mes parents, mes frères et sœurs, tout le monde est là. Tout le monde est au courant. Mais personne n'évoque le sujet. Que pourraient-ils bien dire ? Chacun agit comme si de rien n'était. Un de mes frères parle politique, l'autre d'affaires économiques. Les petits jouent dans la piscine. Un moment de famille comme il en existe beaucoup. Pourtant, deux jours plus tôt, j'étais chez mes parents avec ma femme pour mon insolite confession en sa présence.

Éviter d'évoquer un événement parce que l'on ne l'approuve pas peut suffire à le nier, mais en aucun cas à le faire disparaître. Mon père fuit mon regard tout au long de la journée. Lui, plus que les autres, fait exister plus qu'il ne le pense cet arrière-plan si lourd et perturbant pour l'homme qu'il est.

Je sens son malaise et sa gêne.

Il n'est pas un père qui ne veut plus voir son fils.

Il est un père qui ne sait plus comment le regarder.

Me regarder.

Cette distance avec mon père est paradoxalement l'occasion d'un rapprochement avec mon propre fils. Un de plus depuis quelques jours où il semble s'intéresser à moi plus que jamais. On passe un grand moment ensemble dans la cuisine de la maison à assembler de petites images aimantées sur le frigo. La créativité de ce petit bonhomme de moins de trois ans me comble de fierté. Mes compliments semblent le ravir.

Ma sœur aînée, avec la simplicité et l'authenticité qui la caractérise, nous rejoint et me dit quelques mots rassurants. Elle m'invite à ne pas trop m'angoisser, à respecter Delphine, mais aussi à vivre ce que j'ai à vivre.

Quel bonheur ces gens qui ne vous jugent pas.

Les cuisines sont souvent des endroits où se partagent d'authentiques moments de confidences et de vérités.

Un lieu où l'on se nourrit vraiment, peut-être.

***

Cette période est le théâtre de bien des péripéties. Chaque jour apporte son lot de sensations, bonnes ou mauvaises, que je traverse comme je peux.

Il y a, Dieu merci, de petits moments qui font du bien, ne serait-ce qu'aux zygomatiques.

Quelque temps après ce dimanche familial, je me souviens d'un goûter d'anniversaire où j'emmène ma fille Joséphine. Cette jolie petite blonde de six ans retrouve ses copines d'école avec enthousiasme.

Au moment de l'embrasser pour lui dire au revoir, ma fille dit très fort :

— Ah, mais papa, tu piques !

La maman qui nous reçoit assiste à la scène et ne semble visiblement pas au courant de la situation me concernant. Le « téléphone arabe » n'est de toute évidence pas encore arrivé à cette maison, un peu éloignée de notre village.

Dans un grand sourire, elle rétorque à Joséphine :

— Mais c'est ça un homme !

J'acquiesce avec bonne humeur, remonte dans ma voiture et éclate de rire.

La vie est parfois si malicieuse.

***

Les jours se suivent et ne se ressemblent pas.

Je suis à Paris.

Je reçois un SMS épouvantable de Delphine.

La nuit et quelques « bonnes amies » ont apparemment porté conseil.

Fût-il mauvais.

C'est un véritable déclenchement d'hostilités. Tout allait trop bien sans doute. La colère reprend ses droits. Delphine veut m'imposer avec autorité des règles pour mes visites aux enfants. Je les verrai quand elle le décide. Non plus le mercredi, mais le samedi. Plus dans la maison, mais dans le jardin. Elle m'informe des dates où elle a décidé de les emmener à la montagne. Elle ne veut plus que je parle à sa mère, encore présente à *La Gordinière*, à qui il a été reproché cette insolite soirée de confidences quelques jours plus tôt. Elle ne me prête plus *sa* voiture. Mieux encore, Delphine me demande de ne plus fleurir *sa* maison. J'ai offert trois roses « Espérance » à mes enfants la veille. Visiblement l'intention passe aussi mal que sa symbolique. Elle termine cette litanie d'injonctions par la formule : « D'autres instructions suivront. »

C'est la première crise ouverte depuis le 10 juin.

Comme si ces quinze premiers jours de tempérance, de larmes partagées, de dialogue et de bonne volonté étaient instantanément balayés de notre réalité.

Je continue de penser que des influences extérieures ont motivé Delphine à adopter ce jour-là une attitude de combat, loin de toute volonté d'apaisement. Elle a suivi les suggestions appuyées de celles et ceux qui savent toujours mieux que tout le monde comment vous devez réagir à telle situation, ne projetant finalement sur vous que la somme de leurs préjugés et de leurs peurs. Le but n'étant pas que Delphine aille un peu mieux, mais qu'elle puisse rejoindre le seul cortège valable à leurs yeux en pareilles circonstances, celui de la colère et de la vengeance à tout prix.

Sinistre perspective de cœurs éteints.

« Tu m'as fait du mal, je vais t'en faire aussi. »

Le petit schéma de la grande matrice.

En cet instant précis, je ne prétends néanmoins donner de leçon à personne. Et réagis sur la même fréquence. Si basse. Je fulmine, suis prêt à ruer dans les brancards, à voler dans les plumes, à surenchérir dans l'escalade de la violence, à défendre mon honneur, même si j'ai bafoué le sien.

Le terrible texto de Delphine déclenche une crise dans la crise.

Celle de mes nerfs.

Encombrante fidélité à l'enfant gueulard que je fus toute mon enfance, je suis devenu un adulte criant facilement face aux contrariétés de l'existence, petites ou grandes. C'est une terrible habitude, injuste pour mon entourage qui la subit, aussi épuisante pour lui que pour mon corps qui se vide de toute énergie au cours de ces coups de gueule où ma colère sans limites m'impressionne souvent moi-même. Comme si mon enfant intérieur assistait, stupéfait et parfois terrifié, à ces colères de jeunesse transposées dans un corps d'adulte, en augmentant par là même l'intensité et les décibels.

C'est un torrent d'insultes et de grossièretés que je me mets à hurler dans le petit appartement de Sam. Ma rage modifie en un instant l'énergie du lieu, dont les murs étaient jusque-là habitués à des échanges calmes et complices, à des rires insouciants et à de voluptueux soupirs. Je suis comme un lion rugissant sa colère. En une seconde, une angoisse effrayante s'abat sur moi, d'autant plus brutale que rien dans le comportement de Delphine ne laissait présager d'un tel revirement de situation. Je serre mon téléphone comme si je voulais l'étrangler, bien décidé à répondre sans ménagement à son message que j'ai reçu comme un pain dans la gueule. Je vais rendre coup pour coup, et d'abord lui intimer l'ordre de ne pas mêler les enfants à tout cela, de ne pas les prendre en otages, de ne pas décider pour eux. Je deviens ma colère qui se répand en moi comme un terrible poison se distillant dans chacune de mes cellules. Toute la peur accumulée depuis deux semaines, telle de la lave en fusion, est prête à éclater violemment. Je suis seul face au monde qui veut me détruire puisque incapable de me comprendre. J'imagine Delphine devant une carte d'état-major, entourée de sa garde rapprochée venue lui prodiguer conseils et stratégies sur la meilleure façon de mener contre moi une guerre sans merci.

Tout se bouscule dans ma tête.

Les menaces effrayantes de mon beau-frère, les injonctions méprisantes de mon père, le lapsus humiliant de ma mère, les regards qui se détournent à l'école, cette copine qui m'ordonne que je n'évoque plus le quatrième enfant que Delphine voulait de moi, la femme de mon jardinier dont la seule réaction fût de me demander si son mari conserverait son travail malgré la situation, le dîner de potes il y a quelques semaines où je me suis forcé à sourire à d'odieuses blagues homophobes, les mêmes copains qui me dispensent leurs conseils selon lesquels je dois agir, qui me regardent comme un extraverti, parfois comme un extraterrestre, quand d'autres ont déjà coupé les ponts, ceux qui racontent que mon mariage était un simulacre, tous ces commérages, ces qu'en-dira-t-on, ces jugements péremptoires et définitifs. J'emmerde tous ces esclaves de la pensée unique, englués dans leurs croyances sociétales, emmurés dans leurs tristes conditionnements.

En cet instant, si furieux, je les emmerde tous.

Mon histoire n'est transgressive que pour ceux qui vivent dans les stéréotypes d'un autre temps.

J'ai l'amère sensation que, par ce SMS, Delphine porte la voix d'un collectif qui a décidé de me mettre à terre parce que j'ai eu l'outrecuidance de vouloir être un homme debout.

Je veux contre-attaquer tout de suite, et à travers elle, m'adresser à tout ce qu'elle symbolise, et à son entourage qui veut ma peau. Je vais répliquer sans ménagement à ceux qui ne veulent pas nous soutenir, et ne peuvent déjà plus me supporter.

Les déclenchements de conflits et de guerres sont la somme d'ego blessés, de suppositions dangereuses et de généralités souvent abusives. Ils ne se nourrissent que de peurs et de colères. J'en fais ce jour-là la triste et douloureuse expérience.

Je suis pris à la gorge.

Je n'arrive même plus à respirer.

En ai-je seulement l'envie ?

Sam, qui me voit éructer depuis plusieurs minutes, prend alors le risque d'intervenir, à la faveur d'une courte pause de mes cris ininterrompus jusque-là. Il me parle posément, mais avec fermeté. Répondre maintenant à Delphine serait une erreur de jugement et de stratégie grave. Il m'invite à me mettre à sa place, à comprendre que ce message autoritaire devait arriver tôt ou tard. Sa réaction est non seulement normale, mais la colère qu'elle porte dans ses mots est saine, et certainement inévitable. Que je réagisse à chaud ne ferait que rajouter de l'huile à l'incendie. Delphine a pris sur elle plus que de raison depuis quinze jours. Elle doit relâcher la pression, libérer sa rage intérieure, vidanger son cœur que j'ai tant malmené, exprimer sa tristesse et sa déception comme elle le peut, avec ses mots à elle. Ses ordres sur les enfants, sur les roses, sur les dates de vacances, sur la voiture, ne sont pas à prendre au pied de la lettre. Ce n'est pas cela que je dois retenir de son message, aussi dur soit-il, mais bien le sentiment de la femme bafouée, trahie et si triste. Comme si Delphine avait besoin d'ériger un paravent entre elle et moi pour se protéger un peu, et reprendre de son souffle que j'ai tant contribué à asphyxier.

Du souffle, Sam n'en manque pas ce jour-là pour m'aider à reprendre peu à peu le mien. Rôle assumé du « sauveur » certes, mais au service d'une situation plus large que son seul sort à lui dans la tempête. Il comprend avant tout le monde que le bateau malmené dans les éléments, parfois déchaînés, ne s'en sortira que si chacun des équipiers principaux reste à bord, coûte que coûte. À commencer par Delphine et les enfants que, non seulement il n'a jamais voulu exclure de ma vie, mais, bien au contraire, toujours défendus et parfois même protégés à leur insu au cours de mes colères noires qui devaient ponctuer cet été 2006 où je fus parfois prêt à abandonner le navire, voire à le saborder.

Contre vents et marées, Sam a été un capitaine au sang-froid exemplaire, bravant l'océan de mes rages multiples. Le bateau a parfois pris l'eau, les voiles ont pu se déchirer à force de tensions, mais Sam a su tenir la barre, à cet instant encore où, malgré des circonstances violentes, il réussit l'exploit de me ramener à la raison.

La vie n'est décidément pas d'échapper à la tempête, mais bien de danser sous la pluie.

À partir de cette crise sans précédent du 10 juin, Sam adopte une attitude plus que déterminante dans l'évolution des événements.

Il endosse malgré lui le pire rôle qui soit pour les autres, « le briseur de couple », « le destructeur de famille », « celui à cause de qui tout cela est arrivé », « l'ignoble amant qui a osé profaner par sa présence la maison de famille d'Ibiza ».

Et paradoxalement le meilleur allié qui soit pour Delphine, mes enfants, et moi.

Sa logique n'est pas celle d'un calcul, mais d'une volonté permanente d'apaisement. Il sent et comprend le point d'équilibre qui doit être le mien entre le lien très fort que j'ai déjà avec lui depuis quatre mois, et l'immense attachement que j'ai encore pour ma femme autant que ma responsabilité de père de famille. Sa plus grande preuve d'amour et de bon sens est de pleinement accepter et accompagner cette crise sans vouloir la combattre frontalement, en m'aidant de toutes ses forces à la traverser en évitant toute casse inutile. Il m'aide à relâcher la pression, à réfléchir à deux fois avant de réagir, à reprendre mes esprits et un peu de distance face aux réactions de l'extérieur. Il temporise. Sans lui, j'aurais eu maintes occasions de tout envoyer balader, sans me soucier des conséquences et du mal que je pouvais continuer à provoquer, y compris envers moi-même. Il devient le patient éducateur de mon enfant intérieur si colérique, le courageux dompteur de fauves, le patient médiateur d'une famille dans la tourmente, un « Kofi Annan » face aux tentations belliqueuses des uns et des autres.

Un bon « SAMaritain ».

Les heures qui suivent lui donnent mille fois raison.

N'ayant pas répondu au texto de Delphine que je vis si mal, c'est elle qui revient vers moi plus tard dans la soirée.

Elle me reproche de « l'exclure de ma vie ».

Je l'appelle.

Nous échangeons une heure et demie au téléphone.

Nous parlons des enfants et de son lien si fusionnel avec eux. Elle comprend que j'aie pu moi aussi souffrir d'un sentiment d'exclusion, me sentant écarté de ce schéma presque matriarcal. Je lui parle de notre fils Aurélien qui semble avoir découvert son père il y a quelques jours à peine, comprenant peut-être inconsciemment le danger de le perdre. Elle me parle du sien, évoque son manque de « re-père ». Je m'entends lui répondre que je n'ai pas eu vraiment de père non plus, et que nous ne nous sommes décidément pas rencontrés par hasard.

En évoquant nos blessures personnelles, si résonnantes entre elles, nous retrouvons un peu du lien solidaire qui a toujours été le nôtre. Une complicité qui s'est aussi construite dans nos douleurs communes.

Comme celles qui unissent les soldats en temps de guerre.

Autant dire une complicité des plus précieuses et réconfortantes qui soient.

***

Beaucoup de couples ont la naïveté de croire qu'ils construisent leur aventure à deux.

Chacun emporte en réalité avec lui toute son histoire, heureuse ou malheureuse, identifiée ou cachée.

On n'a pas les rencontres que l'on mérite, on a les rencontres que l'on attire.

Les difficultés auxquelles on se heurte dans son couple ne sont jamais le fruit du hasard, mais bien souvent un écho à ce qu'ont vécu nos ascendants, prisonniers de pensées limitantes et de schémas lourds de croyances et de conditionnements. Que l'on cherche à répéter ou à fuir l'histoire familiale que l'on porte en soi, on continue néanmoins de la faire exister. Nombreux se pensent libres de leurs choix ou de leurs actes alors qu'ils sont sous l'emprise encombrante des générations au-dessus d'eux. Le mot emprise n'est pas la racine d'emprisonnement pour rien. Encore faut-il trouver le courage de rentrer en soi pour identifier, comprendre, accepter, et donc réparer ce qui parasite et pollue le lien à l'autre, souvent révélateur d'un lien à soi qui n'est pas affranchi ni libéré du lien à ses parents. Ces derniers nous ont donné la vie sans toujours nous en donner le mode d'emploi. Ils ont pour excuse de ne pas l'avoir reçu eux-mêmes.

Je reste lucide et indulgent face aux grandes difficultés des générations qui nous ont précédés, pour qui les époques, les guerres, et les valeurs d'éducation étaient souvent de lourds fardeaux. Ces parents qui ne surent pas transmettre à leurs enfants de témoignage d'affection, de gestes tendres, d'encouragements et encore moins de compliments. L'héritage d'une culture chrétienne célébrant un Christ venu sur terre il y a deux-mille ans pour adresser un message d'amour universel aux Hommes et qui, dans l'intimité des familles, empêcha tant de jeunes enfants d'en recueillir le moindre échantillon.

Triste paradoxe.

La quête d'une relation sentimentale est, bien plus que l'on ne le croit, la recherche de l'amour que l'on n'a pas reçu, ou mal reçu, étant enfant.

Mais cet « autre » dont on tombe amoureux ne devrait en aucun cas remplir un rôle réparateur qui n'est pas le sien. Voilà la différence entre les couples de « comblement » et les couples de « construction », si rares. C'est aussi dans nos douleurs que l'on s'attire et que l'on s'attache l'un à l'autre. Nombreuses sont les unions dont le fonctionnement s'est cristallisé sur cette réalité, évidemment inconsciente.

Delphine et moi ne faisons pas exception.

Nous avons fusionné nos deux enfants blessés, esseulés, apeurés parfois face au défi immense de grandir. Deux personnes craignant de se noyer peuvent se donner l'illusion d'aller un peu mieux en s'accrochant à la bouée de l'autre.

Même si celle-ci est aussi dégonflée que la leur.

Quand je rencontre Sam sur cette piste de danse le 10 juin 2006, ce si beau garçon est à la fois le fantasme de ce à quoi je voulais tant ressembler, mais aussi, à n'en pas douter, le symbole d'un immense biberon d'amour.

De ceux que l'on souffre toute sa vie de ne pas avoir assez reçus étant enfant.

Ma sœur Christine pourrait certainement évoquer Sam comme une grande bouteille de jus d'orange pleinement remplie.

***

Déjeuner à la campagne avec Delphine, sa maman et nos trois petits.

L'ambiance pourrait ressembler au déjeuner chez ma sœur Chantal la semaine précédente sauf que cette fois-ci, la situation n'est pas comme si de rien n'était.

Non pas que l'on fasse semblant ou que l'on se force, mais nous avons à cœur ce jour-là de profiter du moment présent, sans penser à demain. On a beaucoup parlé depuis plus de deux semaines. Aujourd'hui se vit comme un moment de pause, dans une volonté commune qui n'a pas besoin d'être exprimée. Plus de mots, juste des ressentis dans le partage. Le moment est inspiré par une douce harmonie. Les enfants sont tout à la joie des framboises dont on se régale tous ensemble au fond du jardin.

Nous les emmenons avec Delphine au cinéma voir *Cars*. J'adore ce film d'animation avec des voitures pour personnages. J'ai oublié mon argent. Tiens donc. Delphine offre les places. Elle est plus belle que jamais. La salle se plonge dans l'obscurité. Le générique démarre. Je les observe tous les quatre du coin de l'œil. Ma si jolie femme, nos trois enfants entre nous. Une famille qui semble heureuse et si normale. De grosses larmes coulent sur mes joues. J'essaie de contenir l'immense émotion qui s'empare de moi, et que le début du film dynamique et souriant ne justifie en aucune façon.

En fin d'après-midi, sur le parking de notre maison d'où je m'apprête à repartir vers Paris, je dis à Delphine espérer que cette journée lui a apporté un peu de bien-être. C'est le cas. Elle me confie qu'elle a à cœur de me montrer que *La Gordinière* n'est pas une « prison », et la vie qui l'accompagne en rien une obligation.

Moment surréaliste.

On se quitte le cœur plein.

Dans la voiture, je me dis que l'existence est parfois étrange, et que la mienne ne ressemble décidément à aucune autre.

Ce moment vient me rappeler combien ma vie avec Delphine et les enfants peut être un vrai bonheur. Je sais néanmoins au fond de moi que cela ne peut plus être ma réalité en permanence. Je ne veux pas pour autant basculer dans une tout autre vie avec Sam. Pas maintenant, pas comme ça. Mon chemin de traverse prend les allures d'une crête entre deux versants qui m'apparaissent tout à coup comme deux précipices sans fin. L'angoisse de devoir choisir entre ces deux vies m'est, en cet instant, encore plus vertigineuse.

Ce numéro d'équilibre hasardeux sur cette arête fragile me semble néanmoins ce soir-là comme ma seule chance de survie entre deux gouffres.

Les prémices d'une double vie, assumée dans la vérité, raisonnent pour la première fois dans mon esprit.

Pas certain que cela arrange mon cas auprès de la majorité bien-pensante.

***

Si j'ai bien un ami libéré de toutes les normes sociétales, c'est mon ami Gilles.

J'aime la liberté de penser et d'agir de ce garçon sportif et ouvert sur le monde. Il a quelques années de plus que moi. Je le vois comme un grand frère. Il a l'ambition chevillée au corps d'inventer son propre chemin d'existence loin de son éducation lyonnaise, bourgeoise et classique. On a beaucoup en commun, y compris dans nos sensibilités identitaires. Il aime les femmes, mais a eu, lui aussi, des expériences avec des hommes. Il en parle facilement, comme l'homme libre qu'il est. Il pratique le yoga, mangeait déjà bio avant que ce ne soit à la mode, et trace sa route sans trop se soucier du regard des autres, plutôt attentif à ce qui est juste pour lui.

Une philosophie qui ne peut me laisser indifférent.

Gilles est naturellement dans la bande de potes que j'emmène à ce fameux week-end de fêtes à Ibiza. Sa sensibilité autant que son sens de l'observation lui font comprendre avant les autres ce qui se trame entre Sam et moi.

Bien plus qu'une histoire d'amitié.

Celle que Gilles a pour moi, et déjà pour Sam, ne se dément pas au cours de ce séjour où je le sens plus complice que jamais, bienveillant et protecteur. Je n'ai rien besoin de lui révéler pour qu'il comprenne la situation. Je sens qu'il me soutient et qu'il m'encourage à vivre ce que j'ai à vivre.

La crise qui suit ma révélation n'a pas encore quatre jours d'existence et nous a déjà plongés dans une atmosphère de chaos. Je suis réfugié chez Sam. Nous sommes dans la pénombre de sa chambre, allongés dans son lit dans lequel aucun de nous deux ne peut trouver le sommeil.

J'appelle Gilles.

Malgré l'heure tardive, il décroche immédiatement. Je lui raconte tout de ces journées dantesques. Mon aveu à Delphine, l'échange surréaliste avec ma mère, les sentences et jugements de toutes parts, les menaces inquiétantes de Stanislas. Il m'écoute attentivement. Quand j'ai fini de parler, il me félicite d'avoir eu le courage de dire ma vérité, m'aide à comprendre et accepter les réactions violentes des uns et des autres. Il ne peut pas en être autrement pour l'instant. Après un tel choc, il faut donner du temps au temps. J'ai mis le haut-parleur. Nous échangeons tous les trois avec Sam. Il nous parle fraternellement et se réjouit de notre amour, même si nous payons cher le fait de l'avoir révélé au grand jour.

Gilles a ce soir-là un geste magnifique, digne des grandes amitiés et des preuves qui les enrichissent. Il propose de me prêter sa maison du Sud. Quand je veux et pour y rester aussi longtemps que j'en aurai besoin. Je suis ému aux larmes. Cette maison m'apparaît tout à coup comme un abri antiatomique.

Je ne veux pas fuir, pas maintenant, cela n'aurait aucun sens.

Mais m'y réfugier le moment venu devient une perspective des plus sécurisantes.

Pour le moment, je dois affronter les événements en restant à Paris et en retournant à *La Gordinière* où Delphine m'a déjà invité à revenir depuis quarante-huit heures.

J'aurais décidé de partir dans la maison de Gilles plus rapidement si ma femme ne m'avait pas rouvert sa porte autant que ses bras.

Des bras ouverts et non « raccourcis », ceux-là.

***

Fin juin, Delphine m'annonce qu'elle part avec les enfants à Ibiza dans quelques jours. Comme cela était prévu et comme nous en avons l'habitude chaque année depuis nos fiançailles, dix ans plus tôt.

Je les emmène en voiture à l'aéroport.

Je n'en mène pas large.

Les enfants ne comprennent pas pourquoi leur papa ne part pas avec eux. Je leur promets de les appeler quotidiennement.

Sur la route du retour, je suis soulagé de les savoir rejoindre cette belle propriété qui leur offre tant de joies. À commencer par la piscine où ils passent des heures chaque jour. Je sais qu'ils iront aussi à la plage, profiteront de la gentillesse de leur grand-mère qui leur cuisinera de bons petits plats, joueront aux cartes avec elle et s'amuseront avec les trois chiens qu'ils adorent. Je suis plus circonspect pour Delphine qui revient dans cette maison de famille si chère à nos cœurs, sans son mari, le lieu qui fut aussi le théâtre de mon aberrante décision d'y emmener mon amant trois semaines plus tôt.

Casa Corazón était un sanctuaire que j'ai effrontément abîmé.

Je prie pour que la présence joyeuse de mes enfants et celle courageuse de Delphine redonnent au lieu l'innocence qu'il n'aurait jamais dû perdre.

***

1er juillet.

C'est le moment juste pour partir chez Gilles.

Il m'a promis sa maison pour y être au calme.

Ce sera au-delà de toute espérance.

J'appelle Sam pour lui dire que je suis bien arrivé, que je pense fort à lui. Il me manque déjà. C'est la première fois que plusieurs centaines de kilomètres nous séparent depuis notre rencontre. Une séparation annoncée, décidée et mutuellement consentie. En raccrochant, je réalise néanmoins à quel point je suis si peu habitué à la solitude. Je l'appréhende, car je n'en ai pas le mode d'emploi. C'est de mémoire la première fois de ma vie que je dors seul dans une maison isolée.

Je ne crains pas de tomber sur un cambrioleur.

Je n'ai jamais eu d'angoisses sécuritaires.

Je ne peux pas en dire autant sur un plan existentiel.

Me retrouver seul à seul avec moi-même provoque en moi un sournois mélange d'anxiété et de vague à l'âme.

La fatigue du voyage et de toutes ces émotions finit par gagner la bataille du sommeil dans lequel je tombe profondément.

2 juillet.

Il y a des matins ensoleillés qui ont des allures de renaissance. Après la nuit sombre, je me réjouis en ouvrant les volets de la belle lumière estivale qui baigne le jardin.

Gilles m'a invité à m'installer dans sa propre chambre. Je range mes affaires dans son placard. Je découvre sur une pile de vêtements un petit short en jean.

Nous entretenons lui et moi une joyeuse complicité autour de notre goût commun pour les sous-vêtements coquins et autres maillots de bain minimalistes. Tous les deux hilares et bien conscients que nos strings privilégient davantage notre rapport au soleil plutôt qu'à la société. La transgression que symbolise ce petit textile ajoute d'évidence au contentement malicieux des fils de bourgeois que nous sommes, réjouis de bousculer les codes de leur propre milieu.

Il n'est d'ailleurs pas anodin que mon look se soit rapidement transformé après ma rencontre avec Sam. Sous son influence certes, mais avec aussi la volonté, plus ou moins inconsciente, de rendre mon apparence cohérente avec ce que j'étais en train de vivre. Delphine constate, sans pour autant s'en inquiéter, l'évolution qui s'opère dans ma garde-robe où mes chemises sont peu à peu remplacées par des tee-shirts, mes chaussures de ville par des baskets et mes pantalons en toile par des paires de jeans taille basse plutôt *slim*.

L'habit fait parfois le moine.

Petite séance d'essayage devant le miroir chez Gilles.

Le short est serré, court et sexy.

Il pourrait être celui d'une femme.

Mon narcissisme réjoui ne veut en aucune façon s'embarrasser de cette ambiguïté.

Bien au contraire.

Un petit débardeur achève de compléter ma tenue. J'ai trouvé mon look pour la journée.

Il deviendra mon uniforme quotidien les jours suivants.

Cela me rassure de porter ces vêtements pour le moins androgynes de Gilles, comme s'il m'encourageait à distance à assumer ma part féminine. Il y a aussi une provocation à mon statut d'homme marié et père de famille qui peut, à l'abri de tout regard de proches et à des centaines de kilomètres de ses bases identifiées, s'autoriser non sans malice cette tenue impudique.

Les courses que je pars faire en voiture dans les commerces alentour n'en deviennent que plus émoustillantes.

Je me sens ce matin dans un rôle sur lequel j'ai beaucoup fantasmé sans jamais vraiment oser passer à l'acte. Cette panoplie que je me suis choisie me permet d'incarner un personnage que je rêvais de jouer. Ce costume des plus équivoques sur mon identité sexuelle devient paradoxalement une armure. Les moins épaisses devenant parfois les plus protectrices. Car je dois admettre me sentir très bien dans cette tenue légère à bien des égards.

Bien au-delà de ces vêtements, et de ce qu'ils veulent symboliser, je touche ce jour-là à un ressenti bien plus grand.

Celui de ma liberté.

3 juillet.

Mon frère Éric m'appelle.

Il me recommande d'aller voir une coach de vie. Remarquable, me précise-t-il, et bouddhiste de surcroît. Je réussis à le faire rire en évoquant son besoin de me savoir rencontrer ce gourou comme bien supérieur à mon envie d'y aller. Je raccroche néanmoins avec le moral un étage en dessous. Rien ne sert en effet d'être libre si je suis encore sous la tyrannie de l'approbation des autres et pire encore, si je sais faire souffrir les gens que j'aime.

Je suis triste du silence de quelques proches copains. L'apparente indifférence de certains finit par me révolter.

À défaut de comprendre, qu'ils cherchent au moins à entendre.

Mais non, rien, un silence radio que je ressens comme bien réprobateur.

Gilles me suggère d’écrire ma colère.

Mes quelques tentatives infructueuses durant ces quelques jours n’arrangent rien.

Que d’énergie perdue à essayer d’écrire pour les autres ce que l’on devrait d’abord écrire pour soi.

4 juillet.

C’est avec Delphine que je connais le meilleur moment de ma journée. Elle me confie la recette de sa délicieuse tarte aux poireaux. Notre échange se poursuit par une grande conversation sur ce que nous avons déjà compris de nous-mêmes.

Je sens qu’elle veut avancer.

Et mieux encore, que nous avancions ensemble.

5 juillet.

Temps maussade.

Comme mon moral.

M’être couché à deux heures du matin la veille n’arrange rien. Quand la nuit tombe, je redeviens un petit garçon bien fragile. Peur du noir, peur d’aller me coucher. Et donc trop de télé et trop de vin.

Des biberons divertissants plus qu’apaisants.

Je culpabilise.

C’est ce mauvais moment que choisit Sam pour appeler. Il prend en pleine face le transfert de charges. Il m’agace au téléphone. Trop gentil, trop doux, trop « doudou » peut-être. Le réconfort qu'il tente de m'apporter alors que je ne suis pas d'humeur est d'autant plus douloureux. Il me renvoie à ma propre impuissance de ne pas arriver à me consoler moi-même. Le doudou devient punching-ball. Plus tard, j'ai mes trois enfants au téléphone, pas très loquaces. Quand ça ne veut pas, ça ne veut pas. Je tente un tour de jardin sous le ciel gris. Au loin, j'aperçois le mont Ventoux. Et moi sur mes montagnes russes. Mon plexus est douloureux tant il est serré. Je pense à tout sauf à respirer.

Je m'en veux.

Je ne sais plus trop pourquoi je suis en colère contre moi.

Trop de raisons peut-être.

6 juillet.

Grand et bon échange avec l'un de mes proches amis dont le silence depuis plusieurs semaines m'angoissait beaucoup. Un autre, dont je n'avais plus de nouvelles depuis le funeste 10 juin, me donne également signe de vie par un message très bienveillant. Je suis si attaché à l'amitié. Super conversation avec Delphine. Juste avant, et comme un clin d'œil à la petite tradition que nous avons depuis que nous nous connaissons, je lui ai laissé un son de Prince sur son répondeur. Elle me rappelle et me confie joyeusement qu'elle était en train d'écouter le même morceau à fond dans sa voiture.

La France est en finale du mondial de foot. Qui aurait pu croire cela il y a encore trois semaines ?

Il faut sans cesse garder l'espoir et croire au miracle.

La vie est une danse.

Je pars chercher Sam à la gare d'Avignon. Il me rejoint enfin.

Je ne sais pas si ces quelques jours seul m'ont été profitables.

Sinon pour constater à quel point il me manquait.

Retrouvailles enjouées et chaleureuses entre nous.

7 juillet.

À notre réveil, moment sensoriel au lit dont Sam et moi avons le secret depuis que nous nous connaissons. Un rituel réjouissant qui ne nous a pas quittés depuis. Nous avons eu le temps d'affiner et d'améliorer sans cesse notre voluptueuse chorégraphie du matin.

Je ne connais pas de meilleure façon de se réveiller à la vie que dans les bras de l'être aimé.

Le petit-déjeuner qui suit ne profite malheureusement pas de cette décharge de sérotonine matinal.

C'est même tout le contraire.

Je parle. J'exprime mon malaise, ma peur. Ces quelques jours ont été plutôt anxiogènes, avec leurs lots de doutes, d'incertitudes, et d'angoisses. Je ne suis plus sûr de rien, de personne, et encore moins de moi-même. Sam est ce matin-là le témoin et la victime de cette crise de confiance que je déplace honteusement sur notre relation. Il récolte le fruit amer de ce trop-plein. Je pars dans un monologue étourdissant de négativité. Quelque chose s'est déréglé entre nous. C'est mon sentiment. Je vois ses défauts, ses côtés agaçants. C'est affreux, moi qui ai été si fier de lui et de notre relation. Comme si je lui reprochais de m'avoir abandonné pendant ces quelques jours alors que c'est moi qui souhaitais être seul, loin de tout et de tous. Je voulais faire le point. Ce fut surtout un constat. Celui d'être malheureux quand je ne vis pas ce que j'ai envie de vivre. Celui de l'être plus encore quand je perds l'affection des autres. Le mental est un tyran effroyable qui peut me rendre aussi brutal qu'injuste.

La peur dominant l'amour provoque ce jour-là un emballement immaîtrisable.

Je lui dis ma peur d'être pédé, ma peur de ne pas l'aimer à la hauteur de son amour pour moi, celle d'habiter le Marais, de rentrer dans cet archétype gay qui ne me plaît que sporadiquement, celles d'écrire, de monter sur scène, de réussir dans ce métier de comédien dans lequel je me sens comme un intrus depuis mes débuts, peur de réussir, peur d'aimer, peur de vivre, PEUR D'ESSAYER D'ALLER BIEN, BORDEL DE MERDE !

J'ai encore plus de mal à me supporter quand je suis aussi con.

Mais Sam est là, à mes côtés.

Son optimisme et sa sagesse m'apaisent.

Quel courage il a déjà.

Quel courage il a encore.

Le plaisir d'être ensemble reprend vite le dessus.

La maison de Gilles devient un refuge des plus salutaires.

La belle piscine, longée par une longue haie de thuyas, est abritée du vent et des regards. Le soleil revient régner sans partage au cours des journées suivantes. Il est le plus divin des aphrodisiaques. On a du mal à quitter ce cocon qui devient le décor de moments d'une réjouissante tendresse entre nous, et la nuit venue, d'instants très sensuels sous un magnifique dôme étoilé.

L'homme amoureux a pris le relais sur l'enfant angoissé.

Célébrer mon amour avec Sam est un baume délicieux.

Gilles m'avait prévenu.

Sa maison, anciennement occupée par une communauté hippie, a un fort pouvoir érotique.

Je ne peux que confirmer.

Et m'enorgueillir d'en avoir avec Sam entretenu la légende autant que d'en avoir augmenté la vibration.

Après plus de deux jours où l'on se repaît l'un de l'autre avec gourmandise, nous décidons d'une balade dans les environs. Une douce reconnexion de plus, avec la nature cette fois-ci. Elle nous emmène jusqu'au Gard que nous descendons en canoë pendant quelques heures. Souvenir réjouissant du beau décor environnant, de l'eau calme de cette jolie rivière, du fameux pont qui porte son nom que nous nous émerveillons de découvrir depuis l'eau. Sam est derrière moi dans la petite embarcation. J'ai la sensation d'une bonne synchronisation de nos rames respectives. Je découvre au bout d'un moment qu'il corrige sans me le dire les imprécisions de mes efforts.

C'est là, entre autres, ce qui caractérise son amour pour moi, porté par une immense bienveillance.

La puissance des sentiments de Sam — et son aptitude à me les témoigner avec une force ne le disputant qu'à une souplesse et une indulgence devenues depuis légendaires — est dès le lendemain mise à l'épreuve.

Celle de l'impensable proposition de Delphine.

10 juillet 2006.

Un mois jour pour jour après ma fracassante révélation qui nous a plongés dans un chaos à l'issue bien incertaine, Delphine m'appelle au téléphone.

Ce qu'elle va me dire ce matin-là va écrire le troisième chapitre de cette histoire.

Une histoire qu'elle a à cœur de continuer à appeler « la nôtre ».

Elle commence par me « remercier » de ce qui s'est passé.

Je suis sans voix.

Elle me confie que ce choc violent l'a désarçonnée, mais l'a aussi réveillée, lui a permis de prendre conscience de ses peurs les plus intimes, réveillant dans un sursaut brutal une terrible angoisse d'abandon.

Mais cet événement violent lui a aussi permis de prendre la mesure de son amour pour moi. Un amour qui trouve ses origines et pose ses fondations dans les années de complicité qui précédèrent notre mariage. Un lien fort qui s'est essoufflé malgré nous au fil des années suivantes — devenus mari et femme —, et la révolution que fut l'arrivée de nos enfants dans notre vie. Nous avons nourri ensemble la conviction que notre couple était plus solide que les autres, que la vie ne nous séparerait jamais, et que notre lien historique si solide nous suffisait à le croire éternel.

La naïveté est l'un des nombreux charmes des couples amoureux.

Delphine est une cavalière émérite depuis son plus jeune âge. Elle sait mieux que d'autres qu'il faut rapidement remonter à cheval après une chute, aussi douloureuse soit-elle. Je l'entends au téléphone me confier son ressenti et son intuition avec une conviction si forte que ses propos se transforment en une proposition aussi folle qu'implacable :

— On arrête les mensonges et on tente l'expérience de continuer notre histoire, de réinventer les choses comme on pourra.

C'est au-delà de tout ce que je peux imaginer.

Au bout de quelques semaines où tout s'est tant agité en elle et autour d'elle, elle a décidé de se poser la seule question qui vaille à ses yeux : est-ce que je l'aime encore ? Delphine a entendu les conseils, les prophéties, les mises en garde et les injonctions de tout le monde, mais ne va finalement écouter que son cœur. Ce n'est pas moi qu'elle déteste, mais ce que j'ai fait. Alors OUI, elle m'aime encore, avec une force qui s'est décuplée en traversant cette indicible épreuve. Elle m'aime et ne veut pas me quitter. Sa puissance de conviction n'a d'égal que sa force d'amour. Son discours est inouï, dépassant tout entendement. Elle veut que nous continuions à « inventer notre vie » ensemble tout en acceptant mon « attachement » à Sam. Ce terme précis est celui qu'elle emploiera dans une lettre adressée à son frère Stanislas quelques semaines plus tard. Elle lui écrit notamment cette phrase de Martin Luther King : *« J'ai décidé d'opter pour l'amour. La haine est un fardeau trop lourd à porter. »*

Qui dit mieux ?

Delphine comprend que je ne suis pas sa propriété et que ce que je dois réparer de mon côté avec ce garçon ne concerne que mon histoire à moi, à laquelle elle ne souhaite non seulement pas s'opposer, mais qu'elle veut intégrer dans l'aménagement de notre histoire à tous les deux. Notre couple doit se donner toutes les chances de continuer d'exister. Je ne suis pas allé voir ailleurs pour la remplacer. Elle l'a compris avant moi et avant tout le monde. Ces deux relations ne s'affrontent pas, mais se complètent. Delphine décide de donner en cet instant tous les pouvoirs aux lois du cœur, balayant toutes celles de la société et de son formalisme moral. Ce qui compte n'est pas ce que les autres vont penser, mais bien ce qu'elle ressent au plus profond de son être, comme juste pour moi et acceptable pour elle. C'est une preuve d'amour dépassant l'entendement humain.

Et pour cause.

Delphine m'offre assurément ce jour-là une preuve d'amour divin.

Je ne peux pas croire que l'on puisse aimer quelqu'un au point d'accepter de le partager avec un autre. Passé la stupéfaction, ma première réaction veut la ramener à la raison. Ce qu'elle propose est impossible, inconcevable, inhumain. Je suis submergé de peur au téléphone. Mon manque d'estime de moi-même le dispute à un florilège de suppositions qui explosent dans ma tête comme de petits diablotins sortant d'une boîte. Elle est prête à une concession humiliante plutôt que de se retrouver seule. Elle s'accroche comme elle peut en acceptant l'inacceptable. J'entends ma femme me répéter que son choix est mûrement réfléchi, qu'elle veut que l'on tente l'expérience, aussi déconcertante soit-elle.

Je me sens aussi penaud que mal à l'aise.

J'ai le sentiment que mon comportement indécent a imposé à Delphine cette proposition qui ne l'est pas moins.

Si je ne pensais qu'à moi, je lui dirais oui tout de suite. Je suis si attaché à cette femme aussi facile à vivre qu'à aimer. Je n'ai aucune envie de la quitter. Mais en cet instant, je veux d'abord penser à elle. Je lui dis combien je suis inquiet qu'elle puisse souffrir encore. Il est vraisemblable que ce qu'elle a déjà enduré depuis quatre semaines l'ait convaincue que rien ne pourrait être pire.

Il est peu dire que les femmes sont plus fortes et volontaires que les hommes quand elles décident de ce qu'elles veulent et ne veulent plus dans leur vie. Une détermination parfois à toute épreuve. Je la crois dans une politique du « coûte que coûte ». Delphine est déjà dans la philosophie du « cœur à cœur ». Elle était dans la peur, elle a trouvé refuge dans l'amour. Et rien ni personne ne pourra plus la persuader qu'elle n'est pas à la bonne place. Elle ne lâche rien jusqu'au bout de cet échange surréaliste. Elle me redit que sa décision est prise, désirée et irrévocable.

La balle est maintenant de mon côté.

Je suis comme un boxeur sonné quand je raccroche le téléphone.

Me reviennent le souvenir et la sensation du petit Laurent à qui on a toujours tout cédé. À force de cris, de colères et de caprices, j'ai réussi à traverser tant de crises, avec leurs lots de larmes aussi rageuses que victorieuses. Laetitia, l'amoureuse de mes vingt ans, m'a écrit un jour : « Tu as le charme et l'arrogance de ceux pour qui rien n'est impossible. » Mais aujourd'hui, « l'impossible » proposé par Delphine est trop pour moi. Je ne l'imaginais même pas en rêve. Comment pourrait-il seulement exister dans la réalité ? Sauf que ce geste extraordinaire de sa part n'est pas une façon de céder à un de mes caprices.

Ce choix est bien le sien.

C'est moi qui suis complètement désarçonné.

Je rejoins Sam dans la maison. Je lui livre dans le détail les propos de Delphine, son état d'esprit au téléphone plus calme que jamais, ses arguments portés par une conviction qui semble d'une solidité inébranlable. Un être est d'une puissance impressionnante quand il agit depuis son cœur.

Dans le cas de Delphine, cela prend la forme d'une force absolue.

Tout en répétant ce que j'ai entendu, je suis submergé par l'émotion. Sam écoute attentivement mon compte rendu où interfèrent rapidement les réactions intenses qu'il ne manque pas de provoquer en moi. Pouvoir verbaliser à mon tour les mots de Delphine les rend encore plus impactants. Face à son impensable proposition, je suis tour à tour partagé entre la peur du malsain, du dangereux, de l'immaturité émotionnelle, mais aussi par la puissante sensation d'amour, l'invitation exceptionnelle à une nouvelle forme de lien relationnel, débarrassé de tous mensonges. Je comprends la tentative qu’elle appelle de ses vœux d’un savant équilibre entre le « rien » destructeur et terrifiant — nous nous séparons immédiatement et définitivement — et le « tout » oppressant et angoissant où je renonce totalement à Sam et viens revivre à temps plein avec elle.

On évoque souvent le compromis comme un art.

Delphine m’invite ce jour-là à viser un audacieux chef-d’œuvre.

Sam écoute patiemment, témoin de mes larmes confuses, à la fois de joie, d’émotion, mais aussi de peur.

Il y a des cadeaux dont on ne se sent pas à la hauteur.

Car il s’agit bien d’un inestimable cadeau que Delphine décide de m’offrir.

On pourrait légitimement penser qu’il soit empoisonné pour Sam.

Il n’en est rien.

Sam soutient, approuve et encourage avec le calme confiant de celui qui a compris avant moi que cette solution, comme une troisième voie, est sans conteste celle de la sagesse. Delphine et moi sommes encore si attachés l’un à l’autre, nos trois enfants encore si petits. Encourager l’invention d’une nouvelle relation pour ne pas détruire cette famille autant que pour en respecter les sentiments encore présents semble également juste pour lui.

Delphine et Sam m’apparaissent tout à coup comme deux anges que l’on a placés sur ma route. Voire deux extraterrestres qui se seraient accordés pour convenir d'un alignement de planètes après un sacré big bang. Car en cet instant, je comprends que la situation qui m'est proposée, aussi incongrue et folle puisse-t-elle paraître, semble acceptable pour eux deux.

C'est juste improbable.

C'est pourtant la réalité.

Comment résister à un tel torrent d'amour ?

Delphine préfère me partager plutôt que de me perdre.

Sam aussi.

Lui qui ne m'a connu que quand nous pouvions nous voir, quand j'arrivais à voler un peu de temps pour lui en consacrer. Ces deux ou trois journées par semaine nous ont parfaitement bien réussi. Qu'une séparation brutale avec ma femme nous permette de vivre ensemble en permanence est plus inquiétant que réjouissant. Sans forcément que nous n'osions nous le dire. Sam est un solitaire attaché à son indépendance, plus autonome que je ne le serai jamais. Je veux croire, sans qu'il n'ait jamais eu l'indélicatesse de me l'avouer, que la perspective de m'avoir tout le temps à ses côtés n'est pas son plus ardent désir à ce moment-là. Se voir peu, mais se voir bien. S'il y a un calcul de sa part ce jour-là, il est de continuer cette alternance dans laquelle nous avons pu construire pendant quatre mois une relation très forte. Le manque de l'autre sait se vivre et s'accepter comme une construction de couple des plus romantiques. Sam m'encourage à accepter sans hésiter l'incroyable proposition.

Aussi inconcevable soit-elle, la tentative réunit pourtant trois adultes consentants.

J'ai eu besoin d'aller respirer ailleurs pour ne pas étouffer au sein de mon mariage et de ma vie de famille. Mon histoire avec Sam est comme un poumon supplémentaire.

En ce 10 juillet 2006, au-delà de toute peur et colère, Delphine m'invite à respirer pleinement avec deux poumons.

Ma gratitude pour elle vaut celle d'un nouveau-né pour la mère lui donnant la vie.

Les jours qui suivent ne sont pas pour autant un long fleuve tranquille. Rien n'irait déjà de soi dans un divorce « classique » qu'aurait pu décider ma femme. Même si je sais pouvoir compter sur quelques conseils avisés de certains amis ayant connu cela avant moi. Mais la situation présente est si éloignée des schémas conventionnels qu'elle nous impose des actes inédits à inventer, une nouvelle façon de penser pour les accompagner, et aucun conseil à l'horizon pour les soutenir.

C'est un étonnant retour de boomerang qu'a créé Delphine, sans en mesurer toute l'ample trajectoire. En les détournant diamétralement de ce à quoi tout le monde s'attendait, c'est elle qui reprend la main sur les événements. Il est peu dire qu'elle en a surpris plus d'un en acceptant de me tendre la sienne d'abord, de me rouvrir ses bras ensuite, pour enfin m'inviter à rester dans sa vie.

Delphine a transformé une crise en révolution.

Et la surprise de certains en véritable choc.

Qu'importent les réactions et les commentaires de l'entourage, nous décidons de nous donner le temps de l'été pour souffler chacun de notre côté.

La maison de Gilles est pour quelques jours encore un refuge salutaire pour Sam et moi. Elle voit bientôt le retour de ce cher ami, puis l'arrivée de quelques-uns de ses copains. Ambiance sympa autour de la piscine et grandes tablées animées.

Les gens me rencontrent avec mon « petit ami ».

C'est bien la première fois.

Magnifique sensation.

Notre histoire se vit maintenant à la lumière de la vérité.

Cette maison de Gilles reste le symbole puissant de cet été qui ne ressemble à aucun autre. Je n'en repars que le 20 juillet, après trois semaines intenses. Le lieu d'un arc-en-ciel émotionnel des plus contrastés. Arrivé seul, désemparé, ne sachant pas trop comment gérer cette soudaine solitude, retrouvant ensuite Sam, avec mon lot de joies et de fébrilités, les échanges avec Delphine, passant du rire aux larmes, jusqu'à sa proposition inouïe qui devait provoquer en moi un sentiment plus apaisé que ce que j'imaginais en arrivant dans les lieux.

J'étais venu avec l'angoisse de devoir affronter une inévitable séparation. Je repars avec l'idée de devoir me préparer maintenant à une bien surprenante réconciliation.

L'angoisse n'est plus la même, mais encore bien présente.

***

Acquis au projet de cette expérience singulière de double vie, nos échanges avec Delphine tout au long de ce mois de juillet n'en restent pas moins tendus quant à son aménagement. Car, fort légitimement, elle pose très rapidement ses conditions. Elle est d'accord pour tenter l'expérience, mais pas à n'importe quel prix. Elle ne veut en aucune façon entendre parler de Sam, que je voudrais bien avoir l'élégance de ne jamais contacter en sa présence, exige que je sois avec elle et les enfants les mercredis et tous les week-ends. Quant aux temps des vacances, elle et les petits auront toujours la priorité.

Sam y est pour beaucoup dans mon acceptation des exigences formulées par ma femme. Il est le témoin de mes échanges avec elle parfois abrupts quant aux insolites négociations qui s'engagent entre nous. Sam m'encourage à garder mon calme, m'invite à favoriser la réflexion plutôt que l'impulsion, apaise mes craintes et mes dernières résistances. Il en va aussi de notre survie à nous deux. Il le sait. Il apprend à connaître un certain nombre des traits de caractère de Delphine à force de m'entendre lui parler d'elle depuis plusieurs semaines. Il devient mon conseiller de l'ombre, encourage et accompagne avec discernement cette audacieuse médiation. Il en mesure mieux que quiconque les enjeux et les objectifs. Son comportement calme et posé, contrastant avec mes coups de colère à répétition, va jeter les bases de cette nouvelle séquence de vie qui s'annonce pour nous tous. Il sait rapidement me convaincre que la bonne volonté de Delphine doit être payée et soutenue en retour par un maximum de respect pour elle.

Si Sam est considéré par certains comme responsable de la situation, il va néanmoins devenir le plus ardent artisan de son apaisement.

***

Du respect, mes quatre grands frères et sœurs m'en ont témoigné dès le déclenchement des événements. Chacun à leur manière, ils ont décidé de ne pas me juger.

Je leur en serai éternellement reconnaissant.

Je suis sensible aux paroles aimantes de ma sœur aînée Chantal, aux éclairages psychanalytiques sur mon élan du cœur vers un homme de ma deuxième sœur Christine, à la sagesse de mon grand frère Xavier qui, malgré sa réserve légendaire, a constamment su me témoigner son affection, et enfin au soutien précieux de mon frère cadet Éric qui s'incarne très vite en une sorte de coach bienveillant et rassurant. Je ne peux oublier mes deux belles-sœurs, Fabienne et Justine, qui savent dès la fin de ce mois de juillet nous accueillir avec affection, confirmant l'une et l'autre leurs belles qualités de cœur.

Fabienne propose ainsi à Delphine de venir avec nos enfants dans leur maison du Var. Justine m'invite quant à elle dans leur maison non loin de là où je viens seul passer un court séjour. Leurs invitations respectives nous permettent de nous revoir

Delphine et moi pendant une journée durant laquelle est organisé un pique-nique dans une jolie crique. Je n'ai pas revu ma femme et mes enfants depuis un mois. Elle a beaucoup minci et a fait le choix d'une extension de cheveux qui lui va à ravir. Je ne peux en aucune façon me réjouir de ce qui a conditionné cette métamorphose, mais constate qu'elle est plus belle que jamais. Le moment n'est pas aux effusions, loin de là. Le malaise est palpable. Mais l'entourage familial qui accompagne ce rapprochement nous confirme qu'il a à cœur de nous accompagner et nous protéger autant que possible.

J'apprendrai plus tard que Delphine a beaucoup pleuré dans les bras de ma belle-sœur Fabienne qui l'a accueillie affectueusement dans sa maison de vacances cet été-là. Il aurait été plus simple que Delphine n'ait plus aucun sentiment pour moi. Sa vive émotion est aussi celle d'une femme qui aime encore le salaud qui la fait souffrir.

La décision de cette double vie ne s'est pas vécue sans douleur ni sans larmes.

Y compris pour nos proches.

***

Mon père ne m'a pas parlé depuis deux mois.

Je le revois à la faveur d'un séjour à la montagne où je rejoins mes parents au mois d'août.

Loin d'être toujours rigide, mon père sait cultiver un humour parfois malicieux, mais la situation que lui impose son dernier rejeton lui a ôté toute envie de rire depuis début juin.

Ma mère joue la bienveillante entremetteuse et me propose, au bout de vingt-quatre heures pendant lesquels mon père n'a pas desserré les dents, d'accompagner ce dernier pour l'aider à choisir un nouvel écran de télévision pour équiper leur salon.

Je souris de ce charmant alibi.

C'est la première fois que je me retrouve seul avec mon père depuis le 10 juin.

Je sens que sa colère a laissé place à une profonde tristesse, mêlée d'inquiétude. Je suis auprès de lui en sachant plus que jamais avoir outrepassé les limites de l'acceptable. Évidemment ses propres limites. Pour la première fois de ma vie, je vois cet homme privé de la maîtrise sur les choses qui le caractérise depuis tant d'années. Sensation troublante de sentir mon géniteur en manque cruel de repères pour évoquer un sujet qui le dépasse totalement.

Plus inédit encore, son apparent désœuvrement contraste avec le sentiment de joie et d'apaisement que je ressens depuis quelques jours. J'ai en effet compris que Sam et Delphine ont choisi de rester dans mon cœur, qu'ils m'autorisent l'un et l'autre à continuer à les aimer, et qu'ils acceptent de me partager dans ce surprenant ballet qu'il nous reste maintenant à inventer ensemble. Nous sommes tous les trois acquis à la volonté de réussir cette singulière cohabitation de deux histoires d'amour dont je suis le dénominateur commun.

Impossible, croit notre entourage.

Impensable et inacceptable, pense mon père.

Ce dernier, déjà effaré d'apprendre ma relation extraconjugale avec un homme, est également sidéré de comprendre que Delphine et moi avons décidé de poursuivre malgré tout notre relation, et que par-dessus tout, ma femme accepte que je puisse continuer à fréquenter cet amant diabolique. C'est au-delà de tout entendement pour cet homme de quatre-vingt-six ans, ancré dans les valeurs de la génération d'après-guerre, peu enclin aux chemins de traverse, et qui toute sa vie sut rester fidèle à ma mère autant qu'aux solides principes de la morale chrétienne.

Ce qui a donc commencé comme une tempête, que d'autres auraient volontiers transformée en ouragan, a laissé place dans ma tête à un calme relatif, aussi salvateur qu'inespéré. Je suis ce jour-là dans un bien-être que je n'ai pas connu depuis de longues semaines. Je suis porté par une puissante conviction. Celle d'être à ma place et de vivre, à travers les preuves d'amour exceptionnelles de Delphine et de Sam, quelque chose d'infiniment juste. Un sentiment qui me rend heureux et fort.

Cette force intérieure va insuffler à cette séquence avec mon père une tournure que ni lui ni moi ne sommes pour l'heure capables d'imaginer.

Nous marchons depuis une dizaine de minutes.

Après quelques échanges de banalités, entrecoupées de longs silences, il se lance enfin :

— Bon… Laurent… Ta mère a insisté pour que je te parle. J'avais au départ décidé de t'écrire. Ce que j'ai fait. J'ai cette lettre dans ma poche. Le mieux est que je te la lise.

Si je n'étais pas triste de tant décevoir mon père, je pourrais trouver la situation cocasse. Voir cet homme déjà âgé, qui fut un grand serviteur de l'État, qui dicta tant de courriers, prononça un nombre impressionnant de discours, reconnu pour sa belle plume et son talent oratoire, sortir cette petite enveloppe de sa poche comme une liste de choses à ne pas oublier, a quelque chose de très touchant. Je ne tire aucune satisfaction de son air embarrassé, mais éprouve un contentement salvateur à me sentir aujourd'hui aussi grand que lui.

Lui qui me faisait si peur quand j'étais enfant.

Mon père ralentit le pas pour garder les yeux baissés sur son insolite « antisèche », et déroule d'une voix monocorde la somme de tout ce qu'il a à me signifier. Il me confie être « atterré » par « l'aveu de ma tendance bisexuelle », parle de sa peine et de sa déception, pense que « je souffre de dépression qui suppose en urgence des soins appropriés » avec le concours du fameux docteur M., « s'inquiète de l'avenir de ma femme et de mes enfants » et, comprenant que je veux continuer à les « entourer de ma présence et de mon affection », me met en garde contre le « leurre d'une double vie » qui ne peut « m'amener qu'aux plus grandes désillusions ». Mon père et son sens de la formule, évoquant « le fils prodigue » devant maintenant « rentrer à la maison ». Mon père et son sens si lorrain de l'économie, s'inquiétant des répercussions financières qu’aurait un divorce demandé par Delphine « à mes torts exclusifs ».

J’écoute attentivement sa litanie d’inquiétudes et de recommandations que je vais, écrit-il, « sans doute estimer trop sévères et d’un autre âge ».

Il me tend alors la lettre dont il vient d’achever la lecture.

— Bon, voilà… Tu ne retiendras de cette lettre que ce que tu veux évidemment… Au moins, je t’ai dit ce que je pensais.

Je comprends que mon père, même si tout n’a pas été simple entre lui et moi, est dans le rôle qui doit être le sien. Ces deux mois de silence de sa part me renseignent sur son émotion, sur ce qu’il est, bien davantage que sur ce que je vis.

Pour la première fois de mon existence, je ressens un lien d’être humain à être humain avec cet homme, que nos cinquante ans de différence me rendaient si éloigné de mes préoccupations depuis bien longtemps. Cet homme tellement impressionnant et parfois si terrifiant quand j’étais enfant. Cette lettre, aussi sentencieuse soit-elle, s’inspire je le sais, de l’affection qu’il n’a jamais cessé de me témoigner, malgré ses colères et ses maladresses.

Une affection que j’ai bien souvent malmenée ou lassée.

Avec un calme qui me surprend moi-même, je lui réponds que tout cela n’est pas si grave, que personne dans cette histoire n’est en danger de mort. Je lui confie l’immense respect que j’ai pour Delphine et que c’est aussi au nom de celui-ci que je ne pouvais pas continuer de lui mentir. J’évoque notre volonté d’agir au plus juste, dans notre intérêt et dans celui de nos enfants, mais aussi la rencontre bouleversante avec ce garçon m'imposant aujourd'hui un savant équilibre à trouver entre liberté et responsabilité.

Mon père s'arrête soudainement de marcher, comme abattu. Il se retourne vers moi, me regarde fixement, comme jamais, très ému.

Et finit par exploser en sanglots.

Il me demande alors, en larmes :

— Mais qu'est-ce que j'ai raté avec toi ? …

Je pensais mon père dans la colère, le jugement et le rejet.

Il est d'abord et avant tout submergé par une immense peur.

Je le prends spontanément dans mes bras.

C'est la première fois de ma vie.

Le moment est d'une rare intensité, comme suspendu.

Tout se passe très vite, comme les mots qui me viennent pour tenter de le réconforter :

— Mais tu n'as rien raté papa…

Je le serre un peu plus fort dans mes bras. Je suis bouleversé par son émotion. Mon père d'habitude si pudique s'abandonne comme jamais dans cette étreinte aussi vibrante qu'inattendue.

Je le prends alors par les épaules et le regarde à mon tour avec toute la force de cœur que cette scène inouïe a encore renforcée en moi.

Je lui parle doucement, lui dit ma fierté d'être au monde avec cette sensibilité particulière, mon soulagement d'avoir pu la révéler aux gens que j'aime et que, malgré son inquiétude et sa déception, il doit entendre que l'essentiel est que son fils ne vive désormais plus dans le mensonge.

Trahir Delphine était une faute lourde, mais lui mentir plus longtemps aurait été impardonnable.

Mon père sort alors l'un des grands mouchoirs blancs qu'il a en permanence dans sa poche, enlève ses lunettes, ce qu'il ne fait jamais, et sèche délicatement ses yeux que je n'ai jamais vus autant pleurer qu'en cet instant.

Son émotion me le rend plus touchant que jamais.

Plus vivant aussi peut-être.

Pour la première fois de ma vie, je n'ai plus peur de lui.

Mon histoire a permis ce moment rare et précieux avec mon père.

Il n'y a eu ni envie ni besoin de ma part de régler des comptes.

En cet instant, je ne veux pas avoir raison, je veux juste avoir la paix.

Et c'est bien un processus d'apaisement que j'ai pu enclencher ce jour-là avec lui.

Un peu rassuré quant à son éventuelle responsabilité sur « l'inverti » que je suis devenu par ma rencontre avec Sam, mon père laisse retomber la pression, à commencer par la sienne. Il me parle à nouveau.

Je ne suis pas peu fier d'avoir rétabli le courant entre nous.

Un courant qui connaît néanmoins quelques décharges électriques.

Car si mon père s'est un peu détendu, sa désapprobation face à ma situation reste intacte.

Quelques jours après cette émouvante réconciliation, je sens mon père avoir retrouvé toutes ses forces vives. À la fin d'un dîner que nous partageons tous les trois avec ma mère, cette dernière, de manière inhabituelle, me laisse seul avec lui en prenant soin de refermer la porte de la salle à manger derrière elle.

Je comprends tout de suite qu'il veut me parler.

Je ne vais pas être déçu.

— Bon, Laurent… J'ai bien réfléchi. N'arrivant pas à admettre autant que comprendre cette tendance que tu as en toi, j'ai mené des recherches. Des recherches dans notre famille. Je suis remonté à trois générations au-dessus de nous et je ne trouve aucune trace d'une quelconque homosexualité de mon côté. Donc, s'il y a un atavisme familial, ça ne peut venir que du côté de ta mère.

Je ne suis pas certain que ma mère serait sortie de la pièce si elle avait su que mon père allait, sans l'ombre d'un scrupule, supposer que mon étrange maladie (d'amour) puisse trouver ses racines génétiques dans sa propre famille.

Théorie du gène qui tend à affirmer que l'on naît homosexuel.

Théorie à laquelle je ne crois d’ailleurs absolument pas.

Je pense qu’on le devient par ce que l’on vit enfant ou adolescent.

Il était évidemment impensable et délicat d’en débattre ce soir-là avec mon père.

Quelques mois plus tard, déjeuner à Paris en famille dans l’appartement de mes parents. Au café, mon père me prend à part et me dit avec un aplomb déconcertant :

— Je peux bien te dire que j’aurais été mille fois moins choqué que tu trompes ta femme avec cette si jolie Alice T. avec laquelle tu as joué au théâtre.

Les gens « normaux » ne sont décidément pas à l’abri d’une morale parfois discutable.

Je ne suis pas au bout de mes surprises.

Quelques semaines plus tard, promenade avec mon père et mes deux grands frères que je suis heureux de revoir pour quelques jours à la montagne.

Il y a plus d’un an que j’ai révélé ma relation avec Sam et tout se passe plutôt bien dans l’équilibre de mes deux vies. Le sujet est justement abordé par Xavier et Éric qui se font les avocats bienveillants de leur petit frère pour tenter d’apaiser mon père qui continue de ne pas accepter la situation, qu’il ne juge ni saine ni normale. Je marche quelques pas derrière eux et entends Éric constater que les choses vont plutôt bien, y compris pour mes enfants. Il encourage notre père à relativiser et à tolérer mon attachement à Sam, que Delphine elle-même a accepté. C'est alors que mon père se retourne soudainement pour se rapprocher de moi. Il plante son regard à quelques centimètres du mien. Je comprends son intention de ne pas être entendu par mes frères quand il me demande d'une voix presque chuchotée :

— Vous ne vous sodomisez pas quand même ?

Je serais parti dans un inextinguible fou rire si je n'avais pas été dans la même seconde stoppé net par un état de sidération.

Au travers de la désolante curiosité de mon père, j'entrevois en cet instant l'interminable cohorte d'hommes hétérosexuels si intrigués, pour ne pas dire obsédés, par cette histoire de sodomie. Et leur peur que l'envie ou le goût pour le plaisir anal trahisse une angoissante tendance homosexuelle. Voilà bien LA grande question qui les taraude. Il est clair que les homos ne se la posent plus depuis longtemps, même si, aussi curieusement que cela puisse paraître, j'ai rencontré beaucoup de garçons gays qui ne sont pas du tout coutumiers de la chose. Assumer une identité n'impose pas forcément d'en accepter ni d'en aimer les pratiques, qui en sont d'ailleurs trop souvent la caricature. Quelle tristesse de réduire deux hommes qui s'aiment à cela. Sans parler de la fameuse interrogation si entendue de savoir « qui fait la femme ? »…

Sans commentaires.

Chez les hommes hétéros, le sujet est parfois difficilement et pudiquement abordé, quand il peut l'être, avec leur partenaire féminine. Qu'elle accepte cette « alternative » pour elle ou au contraire qu'elle devienne, avec des doigts agiles ou des accessoires choisis, celle qui peut procurer ce plaisir inavouable à son compagnon.

Car oui, ce plaisir-là est incroyablement bon quand il est bien fait, et ne devrait en aucun cas rester le monopole des pédés. Le créateur a donné à chacun un anus qui se trouve être la zone la plus innervée du corps humain. Force est de constater que cet organe puissamment énergétique sait devenir une formidable zone érogène, promesse de bien enivrantes sensations. Le tout supposant un minimum d'hygiène et un maximum de lâcher-prise pour dépasser le puissant tabou qui l'entoure, aussi organique que judéo-chrétien.

Bien des hétéros croyants, mais non pratiquants, devraient s'autoriser cette expérience pour eux-mêmes plutôt que de projeter sur les couples gays, avec parfois une maladresse qui n'a d'égal que le vice qu'elle tente de dissimuler, la somme de leurs fantasmes, et bien souvent de leurs frustrations.

C'est dans mon spectacle seul en scène quelques années plus tard que je m'amuserai à comparer le plaisir anal à la clim en voiture.

Une option que l'on regrette rarement.

Surpris, mais ne m'aventurant pas à feindre le choc, je renvoie mon père à la tristesse de son propos, lui redisant avec conviction et une certaine fermeté que ces détails-là, qui devraient surtout rester des sujets privés et intimes propres à chacun, sont bien peu de choses par rapport aux sentiments d'amour intenses et sincères qui nous lient avec Sam depuis un an et demi déjà.

Quelques jours plus tard, mon père a une tentative plus heureuse dans la forme, mais pour le moins sibylline sur le fond, en me confiant, sans que je ne lui demande rien, que « lui aussi » a eu quelques tentations « narcissiques » dans sa jeunesse.

Que voulait-il bien dire par là ? Je ne le saurai jamais et me suis bien gardé de lui demander des détails.

Mais je retiens sa volonté de créer une forme de complicité avec moi en me révélant ce secret des plus mystérieux.

***

L'insolite rentrée de septembre 2006 voit se mettre officiellement en place ma nouvelle vie. Nouvelle, car à la lumière de la vérité, maintenant connue de tous.

Mon sens de l'ironie, parfois mordante quant aux plus improbables situations, m'inspire volontiers le terme de « garde alternée ». Avec ses aménagements, ses droits et ses devoirs, ses nombreux réglages et parfois encore, ses négociations.

Et mes allers-retours réguliers entre la campagne et Paris.

Entre Delphine et Sam.

D'un cœur à l'autre.

Delphine confirme une force de caractère peu commune, d'autant plus que beaucoup dans notre entourage continuent de douter du bien-fondé autant que de la pérennité de la situation. À croire que la désapprobation des autres lui donne des ailes.

Delphine se bat pour ce en quoi elle croit et rien ne l'arrête dans sa volonté de vivre avec moi ce qui lui semble juste et acceptable.

De son côté, Sam accepte sans jamais s'en plaindre ce partage d'agenda avec ma femme. Il est toujours, sans qu'elle le sache, son meilleur allié, m'invitant à la rejoindre certains soirs où il sent qu'elle a besoin de moi.

Ces deux êtres souhaitent vouloir mon bonheur à tout prix.

Mais une partie de moi ne me semble pas à la hauteur des sentiments que l'on me porte.

Mon manque de sérénité trahit celui de mon estime personnelle.

Cette manifestation d'amour de Sam et de Delphine me met paradoxalement face à celui que j'ai encore si peu pour moi-même.

Je décide de revoir un psy.

***

Elle s'appelle Sarah.

Je suis immédiatement séduit par l'allure de cette jolie femme aux longs cheveux bruns. Son visage lumineux révèle une grande douceur. Son regard est d'une intensité incroyable. Il se pose sur moi avec une bienveillance qui me met très vite en confiance.

Je lui raconte dans le détail ce qu'est ma vie depuis quelques mois. Elle m'écoute attentivement, tout en m'invitant rapidement à calmer mon mental qui a tendance à s'emballer et qu'elle nomme malicieusement « la concierge dans l'escalier ». Je comprends ma capacité encore immense à laisser mon cerveau « bavarder » sans fin et me juger plus sévèrement que n'importe qui. Je suis néanmoins plus à l'aise dans ma vérité que je ne l'étais dans le mensonge. Le travail entamé avec cette thérapeute va m'éclairer mieux que jamais sur mon histoire et c'est au travers d'une nouvelle expérience à ses côtés que je vais prendre toute la mesure de son immense talent à réparer les vivants.

À l'issue de plusieurs séances hebdomadaires, elle me propose de participer à l'un de ses stages de groupe intitulé « Être acteur de sa vie ». Sarah me précise immédiatement qu'il ne s'agit pas d'être dans la représentation, mais bien dans la réalité de ses émotions.

Cette méthode repose sur un constat : *« Nous sommes nombreux à ne pas vivre en fonction de la conscience que nous avons de nous, mais dans l'idée de nous faire aimer des autres. Nous devenons malgré nous l'otage du désir de ceux qui nous entourent et souvent obsédé par le besoin d'approbation. Nous jouons malgré nous des "rôles" dans lesquels on s'est laissé enfermer, parfois depuis notre petite enfance. On s'est éloignés de notre être profond, donnant plus de pouvoir aux autres qu'à nous-même sur ce que nous sommes et sur notre façon de vivre. »* (Extrait de la conférence « Rompre avec nos rôles » de Sarah Serievic)

J'ai besoin de comprendre ce qui s'est passé dans ma vie, tenter de décrypter cette intuition si forte qui m'a poussé à choisir Sam alors que j'étais marié et père de trois enfants.

Malgré une effroyable culpabilité, il m'a toujours semblé que quelque chose de juste guidait mes actes, dussé-je faire souffrir par leurs conséquences.

Il est important d'assumer ses actes.

Mais plus que jamais pour moi d'en comprendre l'origine.

Le stage de Sarah va m'éclairer au-delà de toutes espérances.

Ce que j'ai vécu ce week-end-là dépasse l'entendement, le rationnel, le cartésien.

La méthode repose sur une vérité puissante : notre cerveau ne fait pas la différence entre le réel et le symbolique. Sarah va donc inviter chacun d'entre nous à vivre ou revivre des situations précises de notre histoire de manière allégorique. C'est cette transposition dans la sphère du jeu qui va paradoxalement les rendre si justes et si vraies. En créant ces conditions, on introduit un leurre dans le mental qui à aucun moment ne vient se mêler de ce qui se joue en nous. Tout se passe au niveau de l'émotion et du cœur.

Et quelque chose en soi y croit plus que tout.

À tour de rôle, et sur invitation de Sarah, chacun d'entre nous va venir sur la « scène » de sa propre vie, symbolisée par un grand tapis. Elle nous propose de choisir dans l'assistance des gens pour jouer ici un père, une mère, là un frère ou une fille, parfois pour jouer un sentiment ou une part de soi, en fonction des besoins de la situation à recréer. Ce sont donc de parfaits inconnus qui, après l'avoir accepté, nous rejoignent sur scène.

On peut légitimement penser que venir jouer tel ou tel rôle dans une histoire qui ne nous concerne absolument pas ne prête pas à conséquence. On serait presque là pour rendre service à quelqu'un.

Et là commence le miracle.

Des coïncidences et des résonances à n'en plus finir. Et comme par un hasard qui n'existe pas, l'histoire de l'autre vient nous renseigner sur la nôtre. J'assiste à des moments d'une émotion inouïe, des prises de conscience, des deuils réparateurs, de saines colères enfin libérées, de véritables renaissances pour beaucoup. Chacun est là pour des raisons différentes, parfois pour de lourds secrets de famille, mais tous convergent vers une compréhension aussi bien commune qu'individuelle de ce qui se joue devant nous et en nous. La scène de l'un vient par écho provoquer quelque chose en l'autre, qu'il soit « enrôlé » sur scène ou « spect'acteur » de celle-ci, comme se plaît à le définir Sarah. Sa sagesse, son expérience et ses intuitions exceptionnelles me font chavirer le cœur. Elle est le moteur vibrant du groupe qui ne cesse de s'enrichir à chaque instant de ce magnifique lâcher-prise collectif qu'elle stimule et canalise avec une immense bienveillance. Les retours de chacun après chaque séquence sont d'une pertinence et d'une justesse incroyables.

Je comprends aussi ce jour-là combien nous sommes nombreux à porter en nous des choses qui ne nous appartiennent pas.

Après une première journée dense et riche en émotions, Sarah nous invite à nous retrouver dès le lendemain, dimanche, non sans nous avoir souhaité à tous une « nuit éclairante ».

Je comprends mieux sa formule dès le lendemain matin. Les rêves que nous sommes nombreux à nous rappeler cette nuit-là, parce que nous nous sommes endormis avec le souhait de nous en souvenir, viennent nous confirmer encore un peu plus le pouvoir si redoutable de notre inconscient.

Et son immense influence sur notre vie.

Après un tour d'horizon où chacun a pu partager avec le groupe ses ressentis de la nuit, c'est vers moi que Sarah se tourne pour me proposer de la rejoindre sur scène. Elle sait que le moment est juste. Elle prend délicatement ma main dans la sienne. Elle m'invite à choisir ma mère dans l'assistance. Je désigne une femme qui accepte spontanément de venir à mes côtés. Je choisis ensuite mon père. Je suis surpris quand elle me demande ensuite de désigner mon oncle Philippe, celui-là même dont le tempérament et le choix d'une double vie assumée m'impressionnent depuis tant d'années. Je dois enfin demander à quelqu'un de venir jouer mon grand-père. Il y a presque autant de monde sur scène que dans la salle. J'en souris intérieurement. Le plus étonnant est l'endroit où ces personnes viennent spontanément se placer autour de moi. D'un côté, ma mère, son frère et leur père se tiennent en grappe serrée. De l'autre, mon père, comme isolé. Le schéma est parfaitement juste. Je prends toute la mesure de cette « constellation » qui en dit long sur les rapports fusionnels, quand ils ne sont pas incestueux au sens psychique du terme, de ma famille ô combien dysfonctionnelle. Sarah m'invite à prendre la place de mon père. Je « vois » alors ce que lui peut ressentir face à cette belle-famille emblématique, dont le pouvoir de l'argent engrangé depuis quelques décennies dans des affaires florissantes n'a pas pour autant apaisé les névroses, bien au contraire. Pour symboliser la place si importante de ce grand-père, Sarah lui demande de monter debout sur une chaise. La sensation est puissante. Le père de ma mère, telle la statue du Commandeur, se tient devant moi. Il mesure deux mètres trente. Je me sens face à lui si petit et vulnérable. Sarah m'encourage à le faire descendre de sa chaise, pour qu'il reprenne une taille humaine. J'en suis incapable. Je suis paralysé de peur, incapable du moindre mouvement.

La méthode fonctionne à plein régime.

Sarah me demande si je souhaite que ce grand-père arrête de m'effrayer. Je lui réponds immédiatement que oui. Est-ce que je souhaite qu'il retrouve une taille normale ? Bien évidemment ! Elle m'invite à le faire descendre de sa chaise. J'en suis incapable, toujours tétanisé par la peur. Sarah m'interroge alors sur ce qu'il me faudrait pour y arriver. Je lui réponds spontanément que j'ai besoin d'un Laurent FORT ! Elle m'invite alors à le choisir dans le groupe.

Sa proposition est aussi insolite que salutaire.

Je n'hésite pas une seconde. Je me tourne vers la salle. Il reste sept personnes, dont trois hommes. Je croise le regard d'un garçon discret auquel je n'avais pas vraiment prêté attention jusque-là. Il doit avoir une trentaine d'années, un beau regard bleu, de longs cheveux poivre et sel attachés par un catogan. Il a de solides épaules et porte un pull beige en laine torsadée. Il s'appelle Yannick. Il accepte de venir me rejoindre. Je ressens immédiatement dans mon corps un sentiment de sécurité. Je sens qu'il vient pour me défendre et me protéger. Et m'aider à réduire à sa juste taille ce géant si impressionnant. Il prend alors l'homme qui joue mon grand-père par la taille, le fait descendre de la fameuse chaise et le couche à terre. Avec délicatesse comme le préconisent les règles encadrant le stage, mais dans un mouvement qui ne trahit aucune hésitation. Mon ventre, si serré jusque-là, se détend spontanément. La vision de ce grand-père au sol me permet enfin de respirer. Je ressens un immense soulagement, qui n'a d'égal que la gratitude que j'éprouve pour ce « Laurent fort » venu me secourir.

J'ai alors pour ce garçon un geste spontané.

Dans un grand sourire de reconnaissance, je lui serre le biceps.

Mon cœur s'arrête.

C'est LE geste que j'ai régulièrement pour Sam depuis que nous nous connaissons.

En une fraction de seconde m'est révélée l'origine de ma part homosexuelle. Une évidence passant par l'émotion et le ressenti physique et non par le cérébral.

J'ai choisi Sam parce qu'il symbolisait cette partie de moi qui m'a tant manqué. Une force intérieure, une apparente confiance en soi et une masculinité que je fantasmais depuis mon adolescence sur ces corps de jeunes hommes mieux « construits » que moi, et que Sam incarnait magnifiquement sur cette piste de danse lors de notre rencontre. Le biceps de

Yannick enrôlé en « Lau-renfort », comme celui de Sam, tous deux musclés, à l'image de ma propre force virile dans laquelle j'ai si peu confiance. Une carrure imposante, des épaules rebondies et des bras robustes symbolisant cette sécurité intérieure dont on m'a cruellement fait douter.

Ma minceur, comme la réponse aux angoisses du « petit gros » que l'on a maltraité adolescent, a pu également révéler cette part manquante dans ma construction d'homme. Vouloir grandir est certes une question de volonté. Encore faut-il y être encouragé. Pas simple pour des parents encore « petits » émotionnellement de guider leurs enfants sur ce chemin parfois méconnu pour eux-mêmes.

Au cours de ce dimanche de janvier, je vis un moment intense et réparateur.

À la manière d'une réappropriation de soi.

J'ai identifié, compris, accepté et davantage soigné une partie de moi en un seul week-end qu'au cours de mes douze ans de psychanalyse.

Sarah recouvre l'homme qui joue mon grand-père d'un grand linge violet, diffuse une musique de circonstance. Je pleure toutes les larmes de mon corps. Vingt-deux ans après sa mort « terrestre », je peux enfin dire un vrai « À Dieu » à cet aïeul si emblématique.

Moins de deux jours après, je suis chez mon kiné. Il s'étonne d'une très grande tension qu'il constate dans mes avant-bras, comme si j'avais « porté quelque chose de très lourd pendant le précédent week-end », me précise-t-il.

Incroyable corps qui traduit tout ce que nous ressentons, et que nous serions bien inspirés de mieux respecter parfois, et de bien écouter toujours.

Ce constat sur le corps sachant tout de nos émotions, et capable de les exprimer jusque dans la maladie, se confirme douloureusement à moi au cours du deuxième stage que je m'offre de vivre quelques mois après. Ce que j'y ressens est encore plus puissant que la première fois.

Je ne suis plus ce jour-là dans l'éclairage de mon passé, mais bien dans une prise de conscience de mon état présent.

Il y a dans le groupe un garçon bavard, assez maniéré, qui monopolise l'attention plus que de raison dès les présentations d'usage du premier jour. Il m'agace immédiatement et pire encore, je ressens très vite pour lui une forme de rejet violent. Il doit avoir quelques années de moins que moi.

Mon Dieu, ce qu'il peut m'énerver !

Très vite, comme si Sarah sentait devoir canaliser son énergie débordante et un peu oppressante pour les autres, elle l'invite à venir sur scène.

Puis lui demande de choisir son double.

Ça ne rate pas, c'est moi qu'il désigne.

Enfer et damnation.

Exactement ce que j'appréhendais.

Je me souviendrai toute ma vie de la vive douleur qui me saisit le ventre dès mon arrivée sur scène. C'est effrayant, à la limite du supportable. J'ai la sensation qu'une mini moissonneuse-batteuse me hache littéralement les entrailles.

Sarah provoque très vite le dialogue entre nous.

Je ne vais pas être déçu.

Les mots sont crus, les reproches durs et les critiques assassines. À tour de « rôle », on se dit des horreurs. Je comprends immédiatement ce que vient symboliser ce garçon pour moi. Il est aussi mon double. Cette part de moi que je n'ai jamais appris à aimer et que je maltraite parfois si durement.

Ce garçon, c'est le Laurent qui se déteste.

Et je découvre à cet instant, y compris dans mon corps, la violence effrayante que provoque ce rejet intérieur.

C'est au-delà de tout ce que je pouvais concevoir.

La leçon est aussi douloureuse qu'éclairante.

Après quinze minutes d'une virulente joute verbale, oubliant toute pudeur devant les yeux médusés du groupe assistant impuissant à ce miroir de détestation, l'atmosphère se calme enfin. Nous sommes l'un et l'autre vidés de notre haine réciproque.

Sarah nous guide alors délicatement vers un moment que je n'oublierai jamais. On dépasse l'un et l'autre notre fureur, et connaissons ensemble un apaisement totalement inattendu. Je ressens tout à coup de la compassion et de la compréhension. Nos larmes respectives de colère se transforment peu à peu en larmes d'émotion. Ce mec que j'ai tant détesté n'est pas responsable de ce qu'il a provoqué en moi. On se rapproche l'un de l'autre, un peu hésitants, et puis, et puis… nous nous prenons dans les bras. D'abord timidement, un peu maladroitement. Nos gestes me semblent si peu programmés pour ce qui est en train de se vivre entre nous. Dans une même synchronisation, comme si notre contact physique venait de cimenter un élan commun, nous amplifions progressivement notre étreinte. Je suis porté par l'énergie qui se crée entre nous au fil des secondes. Tout est juste. Il n'y a aucune gêne, aucune réflexion. Rien ne vient troubler ni parasiter cet incroyable moment de réconciliation. Je sens son ventre contre le mien, nos cœurs qui se confondent, comme unis par un même battement. On ne peut plus relâcher notre enlacement, si vibrant. Dans un même mouvement, sans que nous nous séparions l'un de l'autre, on se retrouve au sol, dans un cœur à cœur qu'il m'a semblé ne jamais vouloir arrêter.

Nous pleurons à chaudes larmes tous les deux.

Une émotion digne d'une magnifique rencontre.

Celle que je fais enfin avec la part de moi que j'ai toujours maltraitée.

C'est au-delà de tout.

Un moment irréel.

Quand on se sépare enfin, après de longues minutes où plus rien n'a semblé exister autour de nous, on prend tout à coup conscience de ce que nous venons de vivre.

L'ensemble du groupe a les yeux rougis de larmes.

Et Sarah un sourire angélique.

Je lui ai longtemps et régulièrement demandé des nouvelles de ce garçon, qu'elle continuait de suivre en séance individuelle.

Apprendre qu'il allait de mieux en mieux me réjouissait chaque fois.

Le précieux travail effectué auprès de Sarah m'apprend que ce n'est pas la douleur émotionnelle qui nous fait souffrir, mais notre résistance à elle.

J'ai ressenti à quel point je pouvais encore être mon pire ennemi. Mais pouvoir contacter cette part de souffrance, et l'apaiser par ce subtil jeu de rôle et de miroir est ce jour-là d'un éclairage fondateur.

« *Le plus grand voyageur n'est pas celui qui a fait dix fois le tour du monde, mais celui qui a fait une seule fois le tour de lui-même* », a dit Gandhi.

L'accompagnement de Sarah m'a été d'une aide essentielle pour traverser cette intense période de ma vie.

***

Ma relation avec Sam n'étant plus un secret pour personne, elle peut maintenant s'organiser au mieux. Nous décidons de louer ensemble un appartement à Paris. Sam met en vente son appartement d'Asnières et nous emménageons fin 2006 dans un trois-pièces situé rue de Rome.

Il donne sur les voies de trains de la gare Saint-Lazare.

Le nez à la fenêtre à bord de trains quittant les différentes gares parisiennes, j'ai longtemps pensé qu'habiter dans les immeubles longeant les voies SNCF était une punition. Il n'en est rien. Dans ce premier « chez nous », nous profitons de fenêtres à double vitrage nous isolant parfaitement de l'atmosphère ferroviaire, finalement bien moins agressive que celle des voitures, et d'un dégagement sans vis-à-vis que bien peu de boulevards de la capitale peuvent offrir.

Ce que je croyais être une punition est une bénédiction.

Tout est question de point de vue.

Il en va des logements comme du reste.

J'ai ainsi la conviction que l'acceptation de Delphine que je puisse vivre cette autre relation va permettre à notre couple de repartir de plus belle.

Certains imaginent que Delphine vit dans un sacrifice permanent, une abnégation douloureuse, une résilience victimaire qu'elle s'imposerait comme si elle n'avait pas d'autre choix. Je ne peux pas leur donner tort. Mais rien dans son comportement ni dans nos échanges ne vient étayer ces suppositions. Elle a compris que cette rencontre avec ce garçon était importante pour moi, certainement réparatrice d'histoires d'enfance ne la concernant pas. Elle accepte que je le fréquente de temps en temps, mais attend en échange le meilleur de moi dans ce que nous avons encore à vivre. Delphine nous donne une chance d'inventer une nouvelle vie ensemble. Débarrassée de tous mensonges de ma part, j'y vois la chance de recréer un lien fort et complice avec elle.

Car, que l'on ne s'y trompe pas, cette invraisemblable preuve d'amour de ma femme me met aussi face à l'exigence de l'aimer mieux que jamais en retour.

Je suis à l'époque beaucoup plus terrorisé que je ne veux bien l'admettre à l'idée d'une séparation brutale avec elle. Je dois prendre la main qu'elle me tend et ne plus la lâcher. Je suis dans l'angoisse effrayante d'être rejeté. Par elle, par ma famille, par nos amis, et peut-être par la société tout entière. Malgré mon travail thérapeutique, l'angoisse d'abandon qui me tyrannise depuis mon enfance s'impose à mon esprit plus que jamais. On ne guérit pas si vite d'un mal qui vous a rongé pendant des décennies.

Je me pose à maintes reprises la question de savoir si cette situation est juste pour elle. Elle m'en convainc rapidement.

Mais je ne me pose pas la question de savoir si cette double vie qui s'amorce est juste pour moi.

Si je ne mens plus à Delphine depuis le 10 juin 2006, il est probable que je continue de me mentir à moi-même.

Mais qu'importe.

Je veux croire à cette histoire, quitte à m'en raconter une.

Je me retrouve dans une situation que je sens rapidement comme la moins mauvaise de toutes. Je m'y jette à corps perdu, probablement aussi par ego. Tant de personnes de notre entourage semblent si sceptiques ou inquiètes que je ne veux pas passer à côté de l'occasion de prouver au monde que je peux réussir ce pari fou. Être aimé par deux personnes en même temps, les aimer en retour, et que ce soit juste pour tout le monde.

Mais en ce qui concerne Delphine, ne suis-je pas en train de confondre l'amour avec la gratitude ?

Si ma relation avec Sam étanche ma soif de liberté, celle que je veux continuer de partager avec Delphine est sans doute révélatrice de mon besoin de sécurité.

Il y va de ma survie.

Fût-elle sociale.

Aussi surprenant que cela puisse paraître, la grande majorité de notre entourage nous reste fidèle. À part deux ou trois couples, ancrés dans des traditions éminemment respectables, tous nos amis « d'avant » restent nos amis « d'après ». Je comprends que ceux que nous avons pu indisposer le sont tout autant par mon élan extraconjugal, avec un homme qui plus est, que par l'entêtement de Delphine à accepter cet impensable triangle amoureux.

Peut-on s'amuser à penser qu'un mari pédé puisse rendre sa femme « folle » ?

Mes relations amicales et sociales se segmentent néanmoins en plusieurs réseaux. Il y a les amis de notre couple avec Delphine, qui ne souhaitent pas voir Sam — « Par respect pour elle », ne manquent-ils pas de me préciser. Ceux qui ont l'envie et la curiosité de le rencontrer et qui peuvent ainsi me côtoyer indistinctement dans mes deux univers. Mes vieux copains de pension me confirment à cette époque combien j'ai eu raison d'en faire mes meilleurs amis. Et enfin les copains rencontrés avec Sam depuis quelques mois et qui n'ont évidemment pas vocation à être présentés à Delphine.

Ma vie au théâtre depuis une quinzaine d'années me permet déjà de profiter d'un spectre très large de relations, souvent très loin de l'univers bourgeois dont je suis issu. Je le vis comme une grande richesse, heureux et fier de ne pas être sclérosé par la fréquentation permanente d'un seul et même milieu. Il va sans dire que l'élargissement de mes rencontres au milieu gay parisien, et les personnalités parfois hautes en couleur que je peux y rencontrer, me réjouissent encore un peu plus dans l'exercice nourrissant de ce grand écart social.

J'aime ma vie avec Sam, la relation que nous avons su créer au fil du temps, mais ne suis absolument pas prêt à n'être « que cela ».

Je vis certainement ma relation avec Delphine comme le dernier lien à mon éducation bourgeoise.

Je ne veux en aucune façon devoir y renoncer.

***

Neuf ans après notre mariage, on se redit « oui » avec Delphine.

Je l'emmène en février pour un séjour de safari en Tanzanie. Écho romantique et volontaire à notre voyage de noces.

Le symbole n'est pas anodin.

Nous partons quelque temps après en week-end à Amsterdam. Une destination là aussi que je n'ai pas laissée au hasard. Comme une nécessité indispensable de retrouver la complicité que nous avions avant la venue au monde de nos enfants. La super copine avec qui on peut tout partager, et qui est prête à tout pour vous prouver à quel point elle vous aime. À l'époque de nos vingt ans, j'aurais pu l'emmener n'importe où, lui proposer n'importe quelle expérience, elle m'aurait chaque fois suivi.

Par amour autant que par inconscience parfois.

Confer l'épisode terrible du Space à Ibiza.

Quelle responsabilité que d'avoir tant d'influence et de pouvoir sur quelqu'un.

Notre mariage et nos trois enfants ont donné à Delphine une certaine confiance en elle. Et notamment la force de conviction qu'il lui fallut pour me faire épouser son schéma de vie.

Ma rencontre avec Sam a redistribué les cartes et donné un sacré coup de barre sur le cap que nous avions décidé de suivre ensemble.

Mais que ma femme accepte cette relation et propose que nous ne nous séparions pas rebat à nouveau le « jeu » entre nous.

L'histoire de « Lolo et Delphinette » est une histoire unique, qui, pour le meilleur et pour le pire, a su échapper aux archétypes des couples classiques.

Depuis plus de quinze ans, nous traçons notre route à notre manière, même si, en cette année 2006 si marquante, elle devait échapper à l'entendement général.

En acceptant mon amour pour Sam, Delphine, à défaut de reprendre l'avantage, garde la main sans me perdre.

Elle a réussi à se convaincre que ce choix était le moins douloureux.

Un choix par élimination plus que par enthousiasme.

De l'enthousiasme, notre week-end en amoureux à Amsterdam n'en manque pas. On profite des *coffee shops* comme d'insouciants étudiants. Les joints de marijuana ont vite raison de notre capacité motrice à nous rendre au Musée Van Gogh. À défaut, nous nous retrouvons en pleine rue devant l'exposition de photos « La Terre vue du ciel » de Yann Arthus-Bertrand. Fou rire mémorable en comprenant que nous « scotchions » littéralement devant chaque image, parfois pendant de longues minutes, totalement fascinés par la puissance hypnotique de ces magnifiques prises de vues que l'effet du pétard nous révélait.

Je retrouve du plaisir à être avec elle. Je me réconforte à retrouver la complicité précédant notre mariage alors que Delphine ne cherche qu'à le sauver.

Aujourd'hui néanmoins, nous célébrons notre joie d'être ensemble, encore et malgré tout, et notre destin commun depuis tant d'années.

J'ai la conviction que rien ni personne ne peut effacer ce qui nous unit depuis si longtemps.

Les événements de l'année précédente ont au moins la vertu d'avoir sorti Delphine de son statut de mère de famille. Un statut qui éclipsait tous les autres à l'époque.

Elle redevient enfin ma femme.

***

Ma double vie se met en place au fil des mois.

Deux engagements sur scène cette saison-là me comblent de travail et de joie. Je suis à dix-neuf heures sur les planches du Théâtre Édouard VII aux côtés de Martin L. et Florence P., pour jouer de courtes pièces de Sacha Guitry, dont « Une paire de gifles » dans laquelle Bernard M. m'a confié le rôle de « L'amant ». Ça ne s'invente pas. J'enfourche ensuite mon pour rejoindre le Théâtre du Lucernaire et une troupe de joyeux camarades avec laquelle nous avons tricoté « Je t'avais dit, tu m'avais dit », un montage de textes virevoltants de Jean Tardieu. Je m'amuse comme un petit fou dans ce show à cent à l'heure mis en scène avec brio par mon cher Christophe L.

Ayant décidément du mal à me plier aux règles de la collectivité sur bien des points, je suis arrivé au bout des miens sur mon permis de conduire dont je suis privé depuis quelques semaines. Mes déplacements parisiens se font donc sur un petit scooter de cinquante centimètres cubes. Je l'appelle ma tondeuse à gazon. Sam accepte de me servir de chauffeur pour me ramener à la campagne lors de mes retours tardifs d'après théâtre les mardis et les mercredis, comme convenu avec Delphine.

Insolite sensation que d'être déposé par mon homme devant le portail de ma femme.

***

Entre le théâtre le soir, ma vie de famille auprès de ma femme et de nos enfants les mercredis et les week-ends, il m'arrive régulièrement de sortir le dimanche soir avec Sam qui me récupère à mon arrivée en train en fin de journée à Paris.

Sur le *dancefloor* de la soirée gay où nous avons nos habitudes, profitant de ma relâche hebdomadaire des planches du lundi, il m'arrive souvent de m'interroger en observant tous ces garçons autour de moi.

Y a-t-il des hommes mariés ?

D'autres pères de famille ?

Ont-ils des épouses qui les savent venir partager ces ambiances d'hommes si particulières ?

Sam et moi sommes dans ce club de la Bastille où l'ambiance bat son plein un dimanche soir. Nous dansons depuis un long moment. Il est déjà tard. On a soif. Je laisse Sam sur la piste enfiévrée pour rejoindre le bar. À quelques mètres de moi, sur ma droite, un énorme gaillard, tout en muscles, le crâne rasé, tatoué, percé aux deux oreilles. La panoplie caricaturale du gay en uniforme. Je me demande quels peuvent être sa vie, son métier, sa relation à sa famille et au monde. En tout cas ici, il ne détonne pas. Ils se ressemblent tous tellement. Comme une nécessité d'appartenance et de codes revendiquant ce qu'ils sont et leur permettant sans l'ombre d'une hésitation de se reconnaître de la même communauté. Le look de ce garçon est presque agressif, étonnamment proche de celui des skinheads, paradoxalement réputés pour leur homophobie. Il me regarde. Pire, il me fixe. À n'en pas douter, il m'envisage. J'attends que le barman, très sollicité, puisse s'occuper de moi. Cela semble être aussi l'intention de cet inconnu qui finit par se rapprocher pour s'asseoir juste à mes côtés. Je lui souris brièvement sans soutenir son regard. Je ne veux créer aucune équivoque. Mais je suis bien élevé. On ne se refait pas. Et aussi fier qu'agréablement surpris de pouvoir attirer l'attention de quelqu'un malgré ma gueule de bourgeois et mon corps svelte, si loin de la norme de l'endroit. Il me scrute avec tant d'insistance. C'est une troublante sensation de se sentir ainsi comme une proie. Bien des hommes hétéros devraient vivre cela pour en ressentir les effets.

Je sens comme inévitable qu'il engage la conversation.

Mais que fout ce putain de barman ? !

Il se passe alors quelque chose que je n'aurais jamais pu imaginer. Un grain de sable dans une mécanique apparemment si bien huilée. Tout l'humour que j'aime. Celui du dérapage, celui du décalage, les deux plus ou moins contrôlés et souvent d'une redoutable efficacité.

La musique est assourdissante, cet homme se rapproche donc encore un peu pour me crier à l'oreille :

— Tu bois quelque chose ?

Sa voix est aussi inattendue qu'invraisemblable.

Aussi aiguë que celle d'un castrat.

King Kong qui s'exprimerait avec la voix de *Minnie Mouse.*

Ce garçon a incontestablement un problème chronique aux cordes vocales, ce pour quoi je ne peux avoir que de la compassion. Mais les conditions mêmes dans lesquelles j'ai l'occasion de le découvrir dépassent bien des situations de comédie. Cette grande baraque d'un mètre quatre-vingt-dix, gonflée à la testostérone et aux anabolisants, avec une gueule et une dégaine à vous faire changer de trottoir en plein jour, a une voix de fausset comme je n'en ai jamais entendu de ma vie sortant de la bouche d'un homme. Je décline poliment sa proposition, prends mes consommations enfin arrivées sur le bar, et pars rejoindre Sam sur le dance floor à qui je confie la péripétie qui l'amuse beaucoup.

Et continue aujourd'hui d'alimenter ma réflexion sur la tyrannie des apparences.

Je me sens évidemment plus que libre dans cette vie parallèle.

Mais pas forcément à ma juste place.

Là non plus.

Comme si ma vie de famille et ma vie avec Sam n'étaient acceptables l'une et l'autre que par leur alternance.

C'est le plus inestimable cadeau que m'ait offert Delphine sans le savoir.

Me permettre de goûter à la liberté avec ce garçon sans pour autant vivre avec lui en permanence. Comme un lieu de vacances qui n'aurait pas vocation à devenir un lieu de résidence principale. Je savoure pleinement ces deux ou trois jours par semaine partagés avec lui, comme une respiration dans un ailleurs, à la façon d'un ballon d'oxygène. Nous vivons comme deux meilleurs amis, sans contraintes, sans obligations, et parfois sans horaires. Je n'ai de comptes à rendre à personne.

En revanche, ma route vers la campagne ressemble à celle d'une enfance insouciante vers un âge adulte responsable. Mon rôle de mari et de père de famille m'aide à assumer mon histoire avec Sam. Comme si elle ne m'était accordée que parce que je continue de m'astreindre à cet exigeant équilibre.

Nous partageons de bons moments avec Delphine, mais mon tempérament entier reprend vite le dessus quand elle me met, à juste titre, face à mes obligations. J'ai pleinement accepté ce contrat moral que je dois absolument respecter. Ce qui n'empêche pas les coups de canif. Ma nature impulsive, qui a du mal à se soumettre à toute forme d'injonction, et parfois de discipline, revient parfois à la charge. J'ai des coups de sang au téléphone quand Delphine veut m'imposer telle ou telle chose. Je m'insurge, je remets tout en question, je suis maladroit dans mes tentatives de justification et parfois blessant quand je sens que j'ai tort. Ce qui est souvent le cas. Les aménagements de cette vie revisitée me semblent comme un rond que l'on voudrait faire rentrer de force dans un carré. Je me sens parfois oppressé, continue de m'interroger pour savoir si tout cela est juste, si j'ai encore ma place auprès d'elle, et comment elle peut accepter tout cela.

Je l'imagine souffrir en silence et cette souffrance devient la mienne.

Un mélange de culpabilité et de compassion entre un supposé bourreau et sa victime. Delphine reste imperturbable, continue de m'affirmer qu'elle me veut à ses côtés, qu'elle m'aime encore et qu'elle souhaite simplement que je respecte ses quelques légitimes exigences. Il faut éviter les points de tension qui fragilisent bien inutilement notre lien.

Nous décidons de prendre le taureau par les cornes en rédigeant une charte précisant les règles qui doivent organiser ma vie avec elle. Je suis le premier désireux de cette énumération de principes visant à retendre vers du respect mutuel et de l'harmonie. Tout y passe. Les quatre nuits hebdomadaires que je passerai à *La Gordinière*, mon engagement sur la ponctualité des horaires, l'acceptation par Delphine de mes deux semaines par an de vacances « hors famille », un point agenda régulier entre nous pour gérer toutes formes d'imprévus. On s'engage à ne pas nous engueuler devant nos enfants, éviter toute parole malheureuse en cas de conflit, s'assurer de la pleine disponibilité de chacun pour nos échanges par téléphone. Je prends notamment l'engagement d'éviter tout e-mails concernant ma vie personnelle à Paris sur l'ordinateur familial, à ne correspondre avec Sam que dans une totale discrétion et uniquement depuis mon portable. Delphine accepte de me récupérer à la gare de Montfort-l'Amaury quand j'y arrive en train ou quand j'y suis « déposé ».

Nous allons même jusqu'à décider d'un mot-clé utilisable par l'un ou l'autre, nous imposant de cesser immédiatement toute dispute, pour que chacun puisse se retrouver de son côté dans le calme. Nous choisissons le mot « mise à feu », probablement pour nous permettre d’atteindre rapidement la « mer de la tranquillité ».

Après des premiers mois un peu brouillons et parfois tendus, cette initiative, que d’aucuns pourront juger fort peu romantique, va pourtant porter ses fruits.

Je me demande même si chaque couple, y compris dans une histoire plus conventionnelle, ne devrait pas y avoir recours.

Cette charte, que nous rebaptisons notre « pacte d’honneur », m’apparaît comme un rail de sécurité. Pour discipliner un comportement et accompagner une trajectoire. Des règles précises pour ne plus être tenté de repousser les limites.

Plutôt que de brider ma liberté, j’ai bien vite compris combien définir cette liberté la protégeait autant qu’elle la confortait.

Ce contrat détaillé noir sur blanc évite très rapidement bien des discordes et des malentendus. Mon respect de ces engagements participe à un retour à l’harmonie.

Les mois qui suivent sont assurément les plus harmonieux que nous partageons avec Delphine.

***

J’apprends que certaines personnes de notre entourage, et particulièrement des femmes, peuvent s’émouvoir que ma femme accepte, non seulement dans sa vie, mais aussi dans son lit, un homme qui partage régulièrement celui d’un autre.

Beaucoup pensent même que ce retour en grâce et en affection avec elle ne peut être que platonique.

Nous refaisons pourtant l'amour avec Delphine plus intensément que jamais.

Le temps de la renaissance est aussi celui du lâcher-prise.

Je prends du plaisir avec elle. Mais lui en donner me satisfait plus encore. La faire jouir, dans des abandons qu'elle n'osait pas s'autoriser jusque-là, me comble de satisfaction.

Comme si faire du bien à cette femme me soulageait, autant qu'elle, du mal que je lui ai fait. Je vis ces instants voluptueux comme des victoires et des missions accomplies. Avec une fierté toute masculine et hétéronormée, qui me rassure sur ce que je veux encore être pour elle et pour le monde.

Mon frère Éric me parle d'ailleurs beaucoup de bisexualité à l'époque. Pendant plusieurs mois, chaque fois que nous nous voyons, il me questionne systématiquement sur ma situation peu commune. Il me demande si je vais un jour choisir entre Sam et Delphine.

Je lui réponds que mon choix est précisément de ne pas en faire.

Je ressens son trouble, évidemment très inconscient, qui ressemble à celui de beaucoup d'autres hommes et m'interroge sur la possible résonance de mon histoire avec leurs propres interrogations sur eux-mêmes.

***

La volonté d'une solution pacifiée avec ma femme pour traverser ces événements — qui n'auraient inspiré que des guerres ouvertes à d'autres — a bien des vertus.

Dont une qui me rend particulièrement heureux et qui touche mes enfants.

Fin d'après-midi à la campagne par un beau jour du printemps 2007. Je monte à l'étage par le petit escalier proche de la cuisine. Au bout du couloir, je vois notre fille aînée Joséphine, huit ans, sortir de sa chambre.

Elle me regarde et me lâche :

— C'est fou ce que t'as l'air plus heureux qu'avant Papa !

Dans un grand sourire, je lui réponds que ce qu'elle vient de me dire me touche beaucoup.

Je rejoins ma chambre, referme doucement la porte.

Je m'assois sur le lit.

Je me mets à pleurer à chaudes larmes.

Ma rencontre avec Sam entraîne d'inévitables bouleversements. Mais la volonté de continuer malgré tout d'inventer notre histoire avec Delphine me rapproche paradoxalement de mes enfants comme jamais auparavant.

Même si je suis d'abord animé par un désir de « bien faire ». Je veux me prouver que je peux être un bon père à défaut d'être un mari exemplaire.

J'acquiers au fond de moi la conviction d'avoir contacté ma part manquante. Je peux enfin être un homme debout et un père dans toute la vérité de son être. Être davantage connecté à moi a pour vertueuse conséquence d'être beaucoup plus présent à mes enfants. Le temps imparti dans l'agenda pour être avec eux à la campagne devient celui de vrais moments de partage. Il me semble qu'avant, je les voyais sans les regarder, je les entendais sans les écouter, je les aimais sans être en conscience de cet amour pour eux. Ce n'est pas une question de temps passé, mais bien de présence à soi qui permet d'être vraiment là avec eux, et pour eux. Je découvre avec mes enfants des moments où l'envie et le plaisir finissent par l'emporter sur toute forme d'obligation. Je peux enfin me consacrer à mes trois petits en pleine liberté.

Les entendre pouffer de rire et courir se cacher quand je prends ma plus grosse voix pour leur hurler « ça sent la chair fraîche » est un souvenir impérissable.

Grand moment aussi que nos tentatives de « record mondial » pour ériger des colonnes de Kapla jusqu'au plafond du salon.

Je réussis à racheter d'occasion sur internet un carton entier de Lego en vrac qui nous permet de créer dans leur salle de jeu une ville entière avec routes et commerces où chacun de nous construit sa propre maison. Je suis heureux de stimuler leur imagination déjà très fertile.

Pour se déplacer dans notre cité, je leur offre le stock de mes petites voitures conservées précieusement depuis plus de trente ans. Ému et fier de les voir s'amuser avec ces modèles miniatures qui firent mes joies d'enfant.

On vit de belles balades dans la forêt de Rambouillet voisine, à pied ou à bicyclette.

On se régale ensemble avec gourmandise des mûres et framboises du jardin.

Je les invite à choisir eux-mêmes ce qu'ils souhaitent planter dans le potager du jardin, heureux de voir chacun avec son petit arrosoir prendre soin de ses plantations et d'assister à la miraculeuse sortie de terre d'un radis, d'un petit pois ou d'un melon.

Je deviens, pour leur plus grande joie, le gendarme zélé animant leurs parties de vélo et les initiant à quelques notions du code de la route.

Je revois avec eux une multitude de films qui enchantèrent ma jeunesse et qu'ils découvrent avec enthousiasme.

Fidèle à la tradition héritée de mon père, j'immortalise certains de ces bons moments avec mon caméscope. Ces films « de famille » dont nous visionnons encore aujourd'hui avec bonheur certaines scènes cultes.

Je prends conscience à ce sujet que mes enfants sont la première génération de l'histoire de l'humanité à pouvoir revoir des images de leur enfance en qualité numérique. Je suis fier d'avoir su leur transmettre cela.

C'est aussi à partir de cette époque que je propose à tour de rôle à chacun d'eux de passer une journée seul avec moi. Je leur laisse le choix d'un restaurant, d'un film au cinéma en contrepartie d'une sortie dans un musée ou de la visite d'une exposition. Cette initiative se ritualise plusieurs années durant. Des virées à Paris où ils sont ravis de se déplacer en métro, puis sur mon scooter, jusqu'au porte-bagage de mon vélo électrique.

Je sens chacun d'eux vivre cette attention exclusive de ma part comme un précieux privilège.

Passer un moment seul avec son père mérite certainement de rejoindre les souvenirs marquants de son enfance.

Le « pacte d'honneur » signé avec Delphine ritualise mes allers-retours entre Paris et la campagne de manière quasi métronomique.

Mes absences répétées des dimanche, lundi et jeudi soir finissent toutefois par susciter des interrogations chez nos enfants.

— Mais où est papa ?

— À Paris, leur répond leur mère.

Leur curiosité, aussi insatiable que légitime, devenant peut-être une forme d'inquiétude au fil du temps, nous convenons avec Delphine de leur dire que leur père est chez « un ami » à Paris.

Le fameux « ami de papa ».

C'est en ces termes que mes enfants entendent parler de Sam pour la première fois.

***

J’ai la sensation que cette double vie était gravée sur le chemin de mon existence.

Je suis encore le mari de Delphine et vois régulièrement mon amant sans que personne n’y trouve à redire. Je reste le premier surpris de cette situation révolutionnaire, plus admise que comprise par notre entourage.

Au fil du temps qui passe — neuf mois déjà —, se pérennise cette constellation de sentiments, contredisant tous les pronostics.

Il est vrai que je veux absolument réussir ce pari.

À la façon d’un exploit inédit.

Un événement marquant va néanmoins se produire quelques mois plus tard.

Un incident isolé certes, mais d’une violence inouïe et chargé d’une incroyable portée symbolique.

Je décide d’emmener Delphine et les enfants passer un séjour à Carnac au mois de juillet. Je veux qu’ils découvrent ce cher Morbihan où j’ai eu tant de joies au cours des nombreux étés de mon enfance. La si belle côte sauvage de la presqu’île de Quiberon, les balades à vélo dans l’arrière-pays, les célèbres alignements de menhirs associés à mes premières joies d’escalade, les si beaux hortensias, les manèges et l’emblématique glacier L’Igloo et sa centaine de parfums, les délicieuses crêperies, l’air iodé de cette belle région de France.

Sur la route qui nous mène vers mes madeleines de Proust, une violente crise éclate entre Delphine et moi. À cause d’une critique sur ma vitesse, un peu trop rapide à son goût. Je vis mal ce reproche. Sa désapprobation de ma « conduite » me dévalorise instantanément et violemment. Pire encore, elle me dévirilise. Un sentiment de castration comme j'ai pu en souffrir souvent avec ma mère. Je monte alors, comme la voiture, trop vite dans les tours. S'ensuivent des cris que je n'arrive pas à contenir. La présence de nos trois petits à l'arrière du véhicule, effrayés par les décibels de leur père, rajoute encore à la tension qui devient vite invivable pour tous. Ma colère me domine lamentablement.

Ma femme a alors un geste plus fou encore que mon comportement insupportable. Elle retire son alliance, baisse sa vitre et la jette sur l'autoroute.

Je suis sidéré.

Au bout de quelques minutes, je m'arrête sur le parking d'une station-service. Delphine sort rapidement de la voiture. Je menace de l'abandonner sur place. Je n'arrive pas à éteindre ce feu intérieur qui me ronge. Je roule quelques mètres pour aller me garer un peu plus loin, et tenter de me calmer.

Delphine a pris son téléphone avec elle. Et pour la première fois, dans ce moment d'une rare violence, elle appelle Sam. Elle l'appelle au secours. Delphine lui raconte ce qui vient de se dérouler, que j'ai totalement pété les plombs et qu'elle ne sait plus quoi faire.

Il me faut de longues minutes pour reprendre mes esprits, calmer les enfants et retourner la chercher. Plus personne ne parle dans la voiture. Je suis vidé de toute mon énergie.

Je ne sais pas quels mots Sam a prononcés, mais Delphine parvient à surmonter cet épouvantable moment de tension. Je ne sais pas pourquoi elle a décidé ce jour-là de l'appeler lui, plutôt qu'une amie, sa mère ou son frère.

Est-ce qu'un transfert de charges peut s'assimiler à un « passage de relais » ?

Le jour où Delphine communique pour la toute première fois avec Sam est aussi celui où elle a jeté à tout jamais l'alliance de notre mariage…

L'inconscient nourrit et dirige décidément bien souvent nos émotions, fussent-elles bien enfouies en nous.

J'en ai la confirmation à l'occasion de l'anniversaire de mes trente-huit ans.

Seul avec ma femme, à la table étoilée d'un grand hôtel.

Avec Sam et une cinquantaine de copains dans le carré VIP d'une célèbre boîte de nuit.

Ces deux initiatives à quelques jours d'intervalle traduisent ma volonté farouche de garder la maîtrise des événements dans un grand écart pour le moins périlleux.

Le dîner avec Delphine vient éclairer plus que d'évidence l'ombre menaçante qui plane sur le statut de « bon mari » que je veux à tout prix reconquérir.

Tout est parfait et rien ne semble grave.

Pas même mon excès de vin.

Un abus qui trahit une fissure inquiétante sur cette façade que je voudrais tant maintenir sans défaut.

Ce soir-là, quelque chose au plus profond de moi vient me signifier que je suis en train de me raconter une histoire, aussi belle soit-elle. Mon ivresse plus que de raison n'est pas récréative, mais l'expression d'une angoisse que je veux bâillonner. Le pouvoir anesthésiant de l'alcool n'est pas la moindre des vertus de ce si bon vin, bu sans aucune modération.

Suis-je encore à ma place auprès de Delphine ?

Est-ce que je l'aime encore suffisamment sincèrement pour que notre couple puisse tenir ?

Ne suis-je pas moi aussi effrayé par toute idée de séparation ?

L'alcool n'apporte évidemment aucune réponse.

Et achève d'engourdir mon esprit face à toutes ces questions bien encombrantes.

***

Ce sont nos dix ans de mariage avec Delphine. Je veux marquer le coup. Je lui offre une magnifique bague de chez mon ami Lorenz B., le sémillant et talentueux joaillier de la place Vendôme.

La bague s'appelle « Feux d'artifice ».

Tout est dit.

Pas certain que cela fasse sourire ma femme autant que moi. Elle apprécie néanmoins ce beau bijou, même si un incroyable acte manqué va en ternir le symbole. J'étais si fier d'avoir fait graver l'intérieur de la bague de la date de notre mariage : 13 juin 1998. Je suis aussi stupéfait qu'elle quand nous découvrons la date gravée qui ne mentionne pas le 13, mais le 10 juin.

Celle de ma brutale révélation deux ans auparavant.

Pour accompagner ce bijou, j'ai commandé un poème à Christophe B., un ami journaliste aux multiples talents, dont celui du théâtre, qu'il écrit et joue avec génie. J'étais son « Dominique de Villepin » dans l'insolite pièce *La guerre de l'Élysée n'aura pas lieu*, qu'il a écrite en alexandrins et que j'ai jouée avec succès en 2002 au Théâtre Trévise. Christophe accepte avec l'enthousiasme et la générosité qui le caractérisent d'être mon « Cyrano » et s'inspire de tout ce que je lui confie sur ma femme. Il compose ainsi une ode romantique et inspirée rendant hommage aux multiples qualités et charmes de ma femme, que j'ai l'intention de lui lire au moment de lui offrir la bague. Pour cette surprise, je propose à Delphine que l'on s'installe sur les « fauteuils des amoureux » au fond du jardin.

Pour cette occasion particulière, j'ai mis une belle chemise blanche.

Pour rendre hommage à la féerique robe de mariée de Delphine dix ans plus tôt.

Tout est prêt.

Ambiance soleil couchant et champagne pétillant.

La scène est belle, le tableau romantique.

Sans doute trop.

Trop pour être tout à fait authentique.

Car si je suis bien épaulé par un ami joaillier et un autre écrivain, j'ai aussi convoqué une autre « amie », moins bienveillante, mais dont je sens avoir confusément besoin pour me donner l'impulsion de cette mise en scène que je veux parfaite.

La cocaïne.

Pas certain que cela suffise à doper mon cœur comme je voudrais tant qu'il rebatte pour elle. Au point d'avoir parfois besoin de stimulants pour le faire battre artificiellement.

J'ai toujours détesté cette drogue, si mensongère sur sa promesse, si tyrannique, si frelatée à Paris que l'on ne sait plus vraiment ce que l'on se fout bêtement dans les narines. Une « mauvaise mère » dit ma psy. C'est tellement ça. Une béquille que l'on sait pourtant fendue. Des débuts de soirée où l'on se sent le roi du monde et qui finissent irrémédiablement par de petits matins blêmes, le corps exsangue après une nuit en surrégime, implorant un sommeil que le cerveau en surchauffe ne peut lui accorder avant de longues heures. Sensations parmi les plus tristes, culpabilisantes et démoralisantes de toute mon existence.

Je ne veux pas perdre Delphine. Je ne veux pas détruire mon mariage. Je dois continuer à venir à *La Gordinière* avec enthousiasme. Je dois réussir ce pari de l'aimer encore comme elle le souhaite, comme elle le mérite.

Quitte à trouver du soutien comme je peux.

J'ai pris un rail de coke dans notre salle de bains.

Personne ne le sait.

Personne ne le voit.

Je transpire un peu.

Je change de chemise.

Une autre chemise blanche.

Qu'importe si je ne suis pas aussi détendu que pourrait l'inspirer ce moment. Cette connerie de came me donne certes de l'énergie, mais elle m'assèche la bouche plus que de raison. J'interromps la lecture de mon poème à deux reprises pour boire une gorgée de champagne. Cela peut passer pour un trac légitime en pareille occasion.

Dix ans de mariage, ce n'est pas rien.

Les noces d'étain — un métal résistant à la corrosion, mais pouvant être attaqué par des acides forts.

Et merde.

***

C'est à cette période que Sam me conseille pour la première fois de commencer à écrire. Depuis plus de deux ans, il me voit vivre, jouer sur scène, faire le pitre devant les copains, voit combien je peux attirer et capter l'attention sur moi au cours d'improvisations où je m'amuse comme un gamin à singer tel ou tel personnage croisé ici ou là.

Son expérience auprès de nombreux artistes, dont des humoristes devenus très célèbres, lui donne la conviction que je peux monter seul sur scène, avec mes propres textes qui plus est. Je suis aussi flatté qu'effrayé. C'est à coup sûr un rêve de gosse qu'il vient de réveiller en moi, rêve que j'avais bien vite relégué au rang de fantasme inavouable et déjà classé comme un projet qui ne verrait jamais le jour. Son obstination teintée de force tranquille a finalement raison de mes dernières résistances. Et c'est la peur au ventre que je commence fébrilement à noter quelques idées. Il faut à Sam toute la force de son amour pour soutenir et encourager l'auteur balbutiant tout au long des mois qui suivent durant lesquels je me laisse vite submerger par l'ampleur de la tâche, tyrannisé par mon besoin obsessionnel de plaire, toujours et encore. Je veux que tout soit parfait. Pire encore, je commence par me poser les mauvaises questions devant l'angoissante page blanche. Qu'est-ce qui fait rire aujourd'hui ? Quel est l'humour à la mode ? Qu'est-ce que les gens attendent d'un *one man show* ? Comment puis-je séduire à tout prix ?

Enfer et damnation.

Je me revois certains après-midi, pleurant à chaudes larmes dans notre chambre de la rue de Rome devant la médiocrité de ce que j'ai tant de peine à pondre à partir de ces si mauvaises questions. La patience de Sam n'a d'égal que son immense bienveillance devant mes crises à répétition. Le rêve de gosse se transforme parfois en véritable cauchemar. Sam, comme à son habitude, tient bon, résiste à mes tempêtes, avec un flegme intérieur que je le soupçonne de rendre proportionnellement aussi calme que la fureur de mes emportements.

Avec Delphine d'un côté — et mon obstination à maintenir notre couple à tout prix — et Sam de l'autre dans ce projet d'écriture, l'année 2008 m'apparaît comme celle où je ne me pose pas les bonnes questions et où je me trompe certainement de méthodes pour relever ces deux défis.

***

Ma vie avec Sam va provoquer à cette période deux événements loin d'être anodins.

Le premier impacte Delphine, qui a accepté dans notre charte écrite que je puisse partir avec lui pendant une semaine au mois d'août. Elle se retrouve face à une situation admise certes, mais qui, de la signature d'un protocole m'autorisant cette liberté à la réalité concrète des faits, va provoquer en elle une souffrance qu'elle n'avait pas anticipée.

D'autant plus que ces vacances avec Sam s'inscrivent en contrepoint de celles partagées en famille en juillet dans la fameuse maison d'Ibiza. Mamishka et Stanislas m'accueillent avec affection à *Casa Corazón* pour un séjour hautement symbolique. C'est en effet la première fois que j'y retourne depuis le fameux week-end de 2006 avec Sam. Le malheur semble loin derrière nous et je savoure sur place des moments tendres et complices avec ma femme et nos enfants.

Quelques jours plus tard, cette semaine avec Sam sont nos premières vraies vacances depuis deux ans et demi que nous nous connaissons. Nous avons loué un catamaran au départ du port de Split pour une croisière en Croatie. L'ami Gilles est de la partie avec sa petite amie. Laurent et Mike, un couple de garçons que nous adorons, viennent compléter cette super équipe. Nous partageons de merveilleux moments et de sacrées rigolades. Des vacances aussi réjouissantes que mémorables.

À plusieurs reprises néanmoins, je communique avec Delphine par téléphone. Nos échanges sont tendus et durent parfois plus d'une heure. Elle m'appelle un soir alors que notre bateau arrive dans le port de Hvar, considéré comme le Saint-Tropez local. L'atmosphère colorée et chaleureuse de cette jolie station balnéaire aux terrasses noires de monde et à l'ambiance estivale des plus festives, vient contraster avec la teneur des propos de ma femme, dont je comprends la souffrance de me savoir dans cette atmosphère insouciante, si loin d'elle.

Sa souffrance devient la mienne.

Je me souviens de la réaction effarée de notre ami Laurent, en couple depuis plus de vingt ans avec Mike, l'homme de sa vie, ne comprenant pas comment Delphine et moi pouvions encore accepter cette situation, et son caractère conflictuel auquel il assiste ce soir-là. Un choix de double vie qui lui semble être la source d'inévitables pleurs et grincements de dents. Il ne peut soupçonner l'intensité de mon lien avec cette femme depuis si longtemps, ni ce que suppose la responsabilité d'enfants que lui n'a pas.

Mais je ressens ce jour-là que Delphine et moi touchons peut-être aux limites du système que nous avons pourtant décidé de mettre en place ensemble.

À l'impossible nul n'est tenu.

Mais qui peut nous reprocher de l'avoir tenté ?

***

Un deuxième fait de cette année 2008 implique mes enfants. Il peut sembler anecdotique, mais va pourtant jouer un rôle fondateur dans leur rapprochement avec Sam.

Ils ne connaissent de lui à l'époque que son énigmatique statut d'« ami de papa à Paris ».

Cet événement est l'arrivée dans notre vie à Sam et moi d'une petite chienne fox-terrier. Il n'y a aucune malignité de ma part à parler de cet animal à mes enfants. Ils ont grandi avec des chiens — comme leur mère et grand-mère qui en ont constamment été entourées — et je trouve légitime de partager avec eux ma joie d'accueillir cette petite compagne dans ma vie parisienne.

Sam a choisi cette race de chien plutôt éveillé, et moins excité que ses cousins jack russell. Il souhaite surtout un chien facile à transporter sur son scooter. Cette petite compagne prend ainsi très jeune l'habitude du deux-roues à Paris, et connaît avec lui de grands succès à de nombreux feux rouges.

L'arrivée de cet animal attise beaucoup de curiosité chez mes enfants :

— Qu'est-ce qu'elle est mignonne la petite chienne sur cette photo Papa ! Et pourquoi tu as un chien à Paris ? Et c'est qui l'ami avec qui tu as ce chien ? Et comment elle s'appelle ? Et lui, comment il s'appelle ? Est-ce que tu pourras venir avec elle un jour ?

Foxy, à peine âgée de quelques mois, semble déjà destinée à un rôle bien plus grand qu'elle auprès de mes trois enfants.

Celui d'un « cheval de Troie » pacifiste qu'elle deviendra bientôt.

***

S'il y a bien un acte manqué qui a eu des conséquences irrémédiables sur notre histoire, et qui devait en marquer le début de la fin, il n'est étonnamment pas de mon fait.

J'ai l'habitude depuis plusieurs années de réserver mes vacances auprès d'un voyagiste professionnel. Il se trouve que ce garçon est gay.

Je lui téléphone plusieurs fois par an pour réserver des billets d'avion ou de train, mais aussi des séjours clés en main, comme il est encore l'usage d'en commander auprès d'agences dédiées. Je le mets au courant de ma situation avec une certaine connivence qui n'est pas pour me déplaire. Comme si ma rencontre amoureuse avec un homme devait renforcer une forme de complicité communautaire avec lui.

Je réserve un séjour aux Seychelles pour le tout début de l'année 2009 en lui précisant bien que c'est pour Sam et moi. Je lui demande de m'en envoyer le détail chez nous, rue de Rome.

Quand Delphine ouvre l'enveloppe à l'en-tête de l'agence qu'elle connaît bien, et adressée à « Monsieur et Madame Laurent Gérard » à *La Gordinière*, elle est loin de se douter que le seul voyage qui lui soit proposé ce jour-là est celui vers le monde des larmes. Elle découvre, abasourdie, ce projet de vacances aux noms de Sam et de moi. La douleur est d'autant plus vive que je lui ai promis de l'emmener dans ces îles dont le seul nom est déjà la promesse d'un dépaysement réconfortant au beau milieu de nos froids hivers. Quand j'arrive à la campagne, Delphine ne mâche pas ses mots pour me dire sa colère et sa peine. Elle me tend les documents de l'agence en fustigeant un tel manque de tact. Comment oser envoyer à « Monsieur et Madame » un projet de voyage que je n'ai pas l'intention de partager avec elle. Le coup est rude. Je suis furieux contre le voyagiste que j'appelle immédiatement pour lui reprocher vertement sa terrible méprise. Il est désolé et se confond en excuses au téléphone.

Rien n'arrive jamais par hasard.

Je me suis vite interrogé sur les motivations très inconscientes de cette confusion, comme peut-être déjà le miroir de la nôtre. Ce garçon m'a connu longtemps avant que Sam n'arrive dans ma vie. Il travaille pour l'ensemble de ma belle-famille et apprécie beaucoup Delphine.

Mais quand j'y repense, pourquoi n'ai-je pas choisi de m'adresser à une autre agence de voyages pour mes vacances avec mon compagnon ?

Je sais que cet acte manqué est porté par la volonté de provoquer une prise de conscience. Presque trois ans après ma rencontre avec Sam, est-ce que le schéma est encore juste pour tout le monde ? Cette erreur de destinataire ne porte-t-elle pas en elle la volonté d'un retour au réalisme dans une situation que le temps n'a finalement pas rendue plus confortable ? Montrer la vérité en face à Delphine, aussi brutale soit-elle, est une manière de lui signifier qu'emmener un amant aux Seychelles trahit une vérité de sentiments bien loin du caprice, de l'égarement, ou du « coup de canif au contrat » qu'elle pouvait encore imaginer comme passagère au début de mon incartade. Il faut vraiment aimer ce garçon pour l'emmener ainsi dans cette destination ô combien romantique. Il n'est d'ailleurs pas anodin qu'elle soit le choix de beaucoup de lunes de miel.

N'est-il pas enfin temps de vivre pleinement cet amour-là lui et moi ?

Ce professionnel du voyage me met face au courage que je n'ai pas encore la force de trouver en moi.

Je ne sais pas si cette violente péripétie nous a tendu une perche, mais ce garçon nous a de toute évidence tendu un miroir.

Un garçon dont l'homosexualité n'est évidemment pas étrangère à son acte.

Aussi « manqué » que militant.

Bon nombre d'humains continuent de subir leurs épreuves comme une douleur injuste sans jamais y déceler la leçon que la vie vient leur offrir. Ce n'est pas le cas de ma femme qui transforme l'épreuve des « Seychelles » en un moment de réflexion courageuse.

Delphine me confiera quelques années plus tard que ce début 2009 a été pour elle un moment charnière. Le bilan qu'elle s'impose lui permet de comprendre que ses sentiments d'amour pour moi, si éprouvés par cet ultime affront, ne seront plus jamais les mêmes. Ce moment douloureux provoque en elle un instinct de survie et de protection aussi légitime que vital. Ma femme a compris ce jour-là qu'elle ne me récupérerait jamais pour elle toute seule. Elle a nourri le secret espoir qu'après avoir été « jouer » ailleurs, je rentrerais à la maison, comme son père l'avait fait en son temps, dans le confort bourgeois que j'avais édifié depuis toutes ces années, comme la plus sécurisante des citadelles.

La tournure des événements a inexorablement déçu cette espérance.

Si Delphine a épousé un bourgeois onze ans plus tôt, je suis assurément devenu, depuis ma rencontre avec Sam, un bourgeois dissident.

Si ce voyage aux Seychelles est révélateur de l'inévitable fragmentation de mon lien avec elle, il est indéniablement fondateur de celui que j'ai avec Sam.

Dont acte.

Je passe en force plus que je n'assume. Les tensions se multiplient avec Delphine. À mon retour, tout semble néanmoins rentrer dans l'ordre. Elle semble peu à peu s'apaiser.

Mais n'en pense certainement pas moins.

Je lui propose que nous organisions un week-end de trois jours à Ibiza l'été suivant pour y célébrer nos quarante ans respectifs que nous fêtons à six mois de différence cette même année. Elle accepte avec enthousiasme.

Nous arrivons entourés de nos meilleurs amis et sommes chaleureusement accueillis par Mamishka. Stanislas, qui s'est lancé dans la transformation de la maison de famille en hôtel de charme, est à la manœuvre et organise notre séjour avec soin. Delphine est détendue, souriante et semble heureuse. Ces quelques moments partagés avec de bons copains nous laissent de très bons souvenirs.

Une ambiance de groupe qui a l'avantage de rendre plus indolore la distance qu'elle a déjà commencé à prendre avec moi.

***

Côté écriture, après des mois de tentatives infructueuses, d'essais maladroits, de balbutiements fébriles, je comprends que ce n'est pas l'inspiration qui me manque, mais bien la philosophie qui doit y sous-tendre.

J'ai oublié le plus important.

Trouver mon genre à moi.

Qu'est-ce que j'ai vraiment envie de dire ?

Qu'est-ce qui me rend différent des autres ?

Comment puis-je être fidèle à ce que je suis, ne rien trahir de mes valeurs personnelles, arriver à être profondément sincère dans ce que je veux exprimer au monde ? Et enfin, la question la plus essentielle à se poser avant de se lancer dans l'écriture d’un spectacle d’humour : qu’est-ce qui me fait vraiment marrer ?

Bref, me concentrer sur ce que je ressens plutôt que sur ce que l’on va penser de moi.

Animé par ce nouvel état d’esprit révolutionnaire, je me remets au travail avec quelques résultats encourageants. Sam me soutient avec foi pour continuer dans cette voie. Je ne dois plus avoir peur de parler vraiment de moi, d’écrire sur mon vécu. Je constate que cette plongée dans l’intime porte ses fruits. Je consacre plusieurs heures quotidiennes à noircir des pages de mon ordinateur sur la table de notre cuisine de la rue de Rome. J’ai trop souffert jusque-là dans notre bureau, produisant une écriture superficielle et stérile. La cuisine devient le nouveau lieu de ma création qui peut enfin se libérer.

Je me lance à corps perdu dans des thèmes ô combien personnels : ma minceur — et les commentaires désobligeants et parfois violents qu’elle ne manque pas de susciter —, ma part féminine — où je m’amuse à passer en revue la somme des soins, manies et coquetteries en tout genre, devenus mon quotidien depuis bien longtemps —, ma famille bourgeoise au travers d’un personnage haut en couleur baptisé « Yvonne ».

Je parle de sexualité, d’identité, de différence — et des nombreuses peurs qu’elle engendre —, du chemin parfois sinueux qu’il faut pour assumer ce qui n’est pas dans la norme. Je ne suis pas animé par un esprit de revendications, mais plutôt par l’envie de dire des choses importantes pour moi. Et tenter de chercher l’humour efficace pour faire passer certains messages.

Je trouve peu à peu mon style en restant fidèle à ce qui m'a souvent séduit chez quelques humoristes : l'humour de sens.

Me moquer et provoquer le rire pour dénoncer certes, mais aussi pour annoncer.

Mon exigence pour une écriture ciselée et un humour assez métaphorique m'autorise rapidement beaucoup d'audaces.

Je m'interroge néanmoins sur cet étrange besoin de vouloir parler de moi, surtout de manière aussi intime. N'est-ce pas d'un égotisme sans nom ?

J'ai pourtant rapidement l'intuition que c'est dans l'intime que je pourrai toucher mes spectateurs.

C'est en parlant avec son cœur que l'on peut toucher celui des autres.

J'arrive enfin à produire un peu de matière, mais n'en reste pas moins tétanisé à l'idée de savoir si cela pourra intéresser un public, et pire encore, d'avoir à l'affronter seul sur scène.

L'année 2009 marque cependant le début d'une vibrante collaboration avec Sam qui se révèle à la fois mon plus fidèle soutien, mon premier lecteur, mon coauteur, et, au-delà de tout, un réconfort précieux face à mes si nombreux doutes.

Notre lien ne cesse de se renforcer.

Ce rêve de spectacle devient au fil des mois la réalité d'un véritable projet commun.

***

Delphine décide de moins attendre ce que j'ai de plus en plus de mal à lui donner.

Des actes manqués continuent de parler pour moi.

Et notamment un, aussi violent que révélateur.

Je suis en cette même année fier d'avoir été engagé par Bruno S. dans la nouvelle équipe de *Caméra Café*. M6 souhaite que ce programme qui a connu un vif succès par le passé reprenne du service. Bruno, dont j'admire le talent touche-à-tout, se révèle rapidement un « grand frère » attentif et bienveillant. Il est l'une des belles rencontres de cette formidable aventure. J'incarne avec enthousiasme le psy de *La boîte du dessus* au sein d'une équipe aussi joviale que talentueuse.

Une fête est organisée pour célébrer la fin de nos dix mois de tournage et nos quatre-cents sketchs enregistrés. Toute l'équipe a rendez-vous à Boulogne-Billancourt dans les bureaux de la production. Les conjoints sont également conviés. Delphine doit me rejoindre et je ne suis pas peu fier de pouvoir enfin la présenter à l'équipe, qui connaît déjà Sam.

Là encore, je veux revendiquer ma double vie comme l'étendard de tous les possibles, avec plus de vanité que je ne veux le croire.

Mon inconscient est ce soir-là plus fort que mon péché d'orgueil.

Au moment où Sam me dépose en scooter, j'appelle Delphine déjà sur la route pour me rejoindre. Elle sera là dans une dizaine de minutes. Je l'embrasse. Fin de l'échange. Je reste quelques instants avec Sam avec lequel nous échangeons des mots tendres pour nous dire au revoir. « Mon chéri », « Mon amour », « Je t'aime », « À très vite », « Tu me manques déjà »… Sam me laisse seul. Les minutes passent. Je reçois un texto de Delphine qui m'annonce qu'elle a rebroussé chemin.

Elle ne m'accompagnera pas à cette fête.

J'étais pourtant certain d'avoir bien raccroché mon téléphone à la fin de mon échange avec elle. Il n'en est rien. Elle a tout entendu de ce que nous nous sommes susurré amoureusement avec Sam. Tous nos mots doux. Chacun comme un coup de poignard dans le cœur de ma femme. C'en est trop pour elle. Elle me demande dans son message pourquoi ce n'est pas avec lui que je passe cette soirée.

J'ai eu le tort de la considérer comme le symbole d'une double vie que j'avais besoin d'assumer et revendiquer à tout prix.

Je voulais la présenter au monde.

Comme un trophée.

Un trophée dont j'ai transpercé le cœur ce soir-là.

***

Les faits sont là avec ma femme.

Moins de plaisir à être ensemble, moins de câlins, moins de moments justes pour tous les deux.

Notre relation se mécanise sans que nous nous en rendions compte et sans vouloir le constater à mots ouverts. Nos enfants deviennent notre dénominateur commun et la seule réalité du lien qui nous unit encore.

Les week-ends s'enchaînent et finissent par se ressembler.

Sauf en ce qui concerne les fébrilités de santé que je multiplie et qui les rendent plus douloureux encore : angine, dos bloqué, indigestion, grande fatigue…

Mon corps exprime ce que je ne veux pas encore regarder en face.

Sam et moi avons à cette époque la chance de croiser la route d'un homme remarquable qui va beaucoup éclairer la nôtre. Jean-François P. nous sensibilise à la naturopathie et à l'homéopathie avec conviction et compétence. Je lui raconte mon histoire dans le détail. Il comprend ce que mon corps a besoin d'exprimer par ces problèmes à répétition qu'il m'aide à soigner, et d'abord sur le plan émotionnel.

Soigner les causes avant les symptômes.

Je sais qu'il a compris bien avant moi, et tout comme ma psy Sarah, que mon mariage avec Delphine touchait à sa fin.

Je leur suis reconnaissant à tous deux de m'avoir laissé cheminer à mon rythme pour le comprendre et l'accepter.

C'est là une des premières qualités d'un thérapeute.

***

La fin de l'année 2009 est marquée par un événement d'une brutalité et d'une tristesse sans nom.

La mort de mon ami Jocelyn Q.

Jocelyn est l'un des comédiens les plus doués de sa génération. Il a aussi la passion des voitures et des motos puissantes. Il meurt accidentellement dans le tunnel de Saint-Cloud au volant de sa dernière folie, une monoplace homologuée pour la route qu'il a importée d'Angleterre.

Il avait trente ans.

Je le rencontre six ans auparavant au Palais-Royal où se joue la première de *Devinez-qui ?* d'Agatha Christie. Je me souviens du bruit de son cabriolet arrivant devant le théâtre et rempli de plus de vingt-cinq bouquets de fleurs pour orner la loge de sa chère Alice T. qui tient le premier rôle de la pièce.

Ils sont amoureux depuis un an.

Jocelyn a dix ans de moins que moi, mais capable d'une maturité étonnante.

Un soir, je les rejoins chez eux après un casting que j'ai la sensation d'avoir raté. Comme beaucoup d'autres avant celui-là. À l'écoute de mon autocritique plaintive, il me sermonne comme un grand frère et me dit d'arrêter de croire que je suis un « imposteur ». Par ce seul mot, il a parfaitement cerné l'angoissante problématique que je traîne depuis des années dans ce métier de comédien où je ne pense pas être à ma place.

Dans ce métier et dans ma vie tout court peut-être.

Alice et moi sommes très potes tout au long des deux-cent-quatre-vingt-huit représentations que nous partageons ensemble avec enthousiasme. Elle devient l'une de mes meilleures amies.

Je suis l’un des proches témoins du courage admirable et de la foi exceptionnelle qu’elle trouve en elle pour affronter cette indicible épreuve.

Le samedi 21 novembre, nous arrivons avec Delphine et nos trois enfants à l’Église protestante de l’avenue de la Grande Armée, remplie de monde et de personnalités du spectacle venues dire un dernier adieu à Jocelyn.

La délicieuse maman d’Alice nous accueille avec cette phrase magnifique :

— Réjouissons-nous de l’avoir connu !

Le pasteur a des paroles vibrantes pour évoquer tous nos souvenirs « bien vivants » avec Jocelyn. Je me souviens de l’émotion qui saisit toute l’assemblée quand Alice se met au piano pour jouer un sublime Prélude de Schubert. C’était le morceau préféré de son amoureux parti tellement trop vite. Elle est d’une dignité exemplaire, trouvant même un mot réconfortant pour consoler les uns et les autres à la sortie de cette bouleversante célébration.

C’est la première fois que l’existence me confronte à la mort de quelqu’un de plus jeune que moi. La première fois que j’assiste bouleversé à un élan de vie qui doit dépasser la mort. Alice incarne très vite cette force surhumaine, ancrée dans le spirituel, surmontant ce départ tragique avec un tel courage que je me sens bien vite penaud et honteux face aux débats intérieurs qui sont les miens.

Ma chère Alice qui aura plus tard cette belle formule en confiant à un journaliste qu'elle ne souhaite pas « refaire » sa vie, mais plutôt la « continuer ».

Je sais que la mort de Joce a accéléré mon envie d'être dans une situation juste vis-à-vis de Delphine. Cette disparition si brutale est venue me rappeler à quel point la vie est aussi précieuse que fragile et qu'il n'y a pas de temps à perdre pour la mener de manière authentique.

Le mercredi 2 décembre au soir, je retrouve Sam rue de Rome. Je lui relate ma journée morose à *La Gordinière*.

Une de plus depuis plusieurs semaines.

Une de trop.

Pour la première fois peut-être, je lui parle plus de moi que de Delphine.

Ma décision est prise.

Je vais annoncer à ma femme mon intention de me séparer d'elle.

Au même moment, je reçois un texto de Delphine. Elle souhaite que je la rappelle pour me parler. Je n'en ai pas le cœur et lui réponds rapidement par écrit que je préfère attendre samedi, que l'on se voie. Je sais au fond de moi que ce que j'ai à lui dire de mon côté ne peut s'exprimer que de vive voix.

Le lendemain, jeudi 3 décembre, il est presque seize heures quand je quitte ma psy après une intense séance. J'ai en effet confié à Sarah mon intention de rompre avec ma femme. Elle soutient avec bienveillance ma décision qu'elle ressent comme profondément juste.

Au moment d'enfourcher mon scooter, je découvre que Delphine m'a envoyé un e-mail. Je vois qu'il est long. Je décide de ne pas le lire tout de suite et pars m'asseoir sur l'un des bancs du jardin public juste de l'autre côté de la rue. Une vieille dame passe devant moi. Nous échangeons un sourire courtois. Au loin, quelques enfants jouent avec insouciance. Le soleil décline déjà doucement en cette fin d'après-midi hivernal.

J'enlève un de mes gants pour allumer mon téléphone.

Je constate que son e-mail n'a pas d'objet.

C'est assez rare.

Dès sa deuxième phrase, elle écrit que « le moment est venu ».

Mon cœur se serre.

Si c'est ce que je crois, qu'aurait-elle en effet bien pu mettre en intitulé de ce message ? Elle évoque le projet d'un nouveau voyage que nous avons organisé avec Sam en janvier prochain. « Qu'une telle décision fait courir des risques à notre couple. » Elle évoque l'annulation du safari que j'avais quelques mois auparavant l'intention de lui offrir avec sa maman et nos enfants. Que « ma préférence amoureuse m'a amené à des choix qui ne correspondent plus à son désir de vie familiale et conjugale avec moi ». Elle constate que « la balance n'est plus équilibrée », que mon « autre vie me correspond davantage ». Elle imagine qu'avec Sam, je suis « dans le désir, l'harmonie, l'apaisement et le comblement de manques qui sont essentiels » pour moi. Avec elle, je serais « dans le devoir, la pression, le chantage, les responsabilités, les lourdeurs du quotidien conjugal et familial ». Elle sent que, depuis quelque temps, mes « efforts sonnent faux pour compenser, et d'une certaine manière, me disculper de cette autre vie ». Elle observe aussi que mon « corps parle » en évoquant la somme des problèmes de santé venus ponctuer mes derniers week-ends. J'ai également oublié à plusieurs reprises de refermer ma boîte e-mail depuis septembre. Elle l'a refermée chaque fois par « discrétion, et par autoprotection peut-être ». Et puis dimanche dernier, rebelote. Elle a pris son courage à deux mains pour lire mes courriels et découvrir le projet de ce futur voyage avec Sam. Elle me confie « qu'elle a été dans le mensonge avec elle-même, pas depuis 2006, mais depuis janvier 2009 et les Seychelles ». Elle mentionne un de nos échanges par téléphone au cours de ce séjour loin d'elle où je me suis emporté et où j'ai eu la méchanceté de lui dire que si je devais « choisir un jour, elle ne serait pas l'élue ». Elle me dit avoir été « foudroyée par cette douleur gratuite » que je lui infligeais à nouveau. Elle a eu du mal à s'en relever et s'est juré de ne plus jamais s'imposer cette souffrance inutile.

Avec le recul, je continue de me demander pourquoi nous nous sommes imposé ces insupportables coups de téléphone au cours de mes voyages avec Sam, pourtant admis par notre pacte. Nous avons répété la même erreur que lors de ma croisière en Croatie l'été précédent. Renoncer à toute communication pendant ces quelques jours aurait été moins douloureux que ces échanges tendus au cours desquels j'ai eu cette phrase aussi malheureuse que l'état qu'elle provoqua chez Delphine.

Elle m'écrit sans animosité, sans violence, sans aucun mot blessant. Elle est dans le constat plus que dans une crise. Elle déroule les faits les uns après les autres comme d'implacables arguments. Elle me confie que son amour pour moi s'en est « doucement et inéluctablement allé ». Elle pensait que j'aurais « à cœur de la séduire à nouveau ». Ce qui n'est plus le cas depuis de longs mois. La somme de ces « ressentis et constatations » l'amène à une « unique conclusion ». Nous n'avons plus « d'avenir en commun ».

Je me rappelle ses dernières phrases, pour les avoir lues et relues tant de fois, les yeux embués de larmes : « Je souhaite donc divorcer et te libérer de ton pesant engagement vis-à-vis de moi. S'il me reste une dernière tendresse à t'offrir, la voilà. Va où tu es aimé pour ce que tu es vraiment et où tu aimes sincèrement et justement ».

À la lecture du mot « divorce », je suis aussi surpris qu'impressionné par la réaction si contrastée entre mon corps et mon esprit. À la seconde même où je sens un torrent de chagrin envahir mon cœur, j'ai malgré moi une incroyable inspiration d'air, comme celle d'un plongeur en apnée retrouvant une bouffée d'oxygène après en avoir été privé pendant un long moment. Je suis noyé de tristesse, mais respire paradoxalement mieux qu'il y a quelques minutes.

Et d'évidence mieux que ces derniers mois.

Seul sur mon banc, je goûte cet étrange ballet de sentiments qui se jouent en moi entre peine et soulagement. Je sais ne revoir

Delphine que dans deux jours et ne veux pas attendre une minute de plus pour lui adresser un signe de vie.

Je lui écris spontanément ces quelques mots :

« Chère Delphine, il est difficile d'exprimer ce que je ressens en cet instant. Contrairement à toi qui as magnifiquement su dire ta vérité. Je comprends que c'est un constat plus qu'une crise. J'ai un amour profond pour toi. Mais je sens bien que la nature de mes sentiments ne peut plus te combler. Ni me satisfaire. J'avais prévu de te parler ce week-end. Tu as eu ce courage avant moi et je te remercie de ta lucidité qui me permet de me rendre compte des choses moi aussi. Ce petit signe de vie, car je ne voulais pas t'opposer de silence. Je pense très fort à toi. Je t'embrasse. Laurent. PS - Je viendrai samedi matin chercher Joséphine vers 10 h 30 pour la journée que j'ai prévue avec elle. Dans l'état d'esprit qui est le même que le tien, afin de préserver nos enfants, je passerai le week-end à La Gordinière. J'aimerais que l'on partage notre soirée de samedi ensemble, à discuter. »

Je lis et relis le message de Delphine.

Ça y est, nous y sommes.

Nous allons divorcer elle et moi.

Quelque chose en moi n'en revient pas.

J'ai eu longtemps la naïveté de penser que ma double vie allait perdurer jusqu'à ma mort. J'évoquais aux copains le principe du yin et du yang, ces énergies féminines et masculines qui me paraissaient se compléter parfaitement entre mes deux vies, entre mes deux amours, me vantant même d'avoir suffisamment d'énergie pour les deux, y compris sexuelle.

Tout semblait juste.

Dans ma tête en tout cas.

Trop anxieux de sonder davantage mon cœur, que je maintenais sous l'insidieuse tyrannie de mon mental.

Je regarde une dernière fois mon téléphone.

Je constate que Delphine est en tête de liste de mes numéros prioritaires.

Sam en numéro deux.

Une rapide manipulation dans le menu de l'appareil me permet d'inverser leurs places.

***

Ce premier week-end officiel après notre volonté commune de divorcer est plus apaisé qu'aucun autre depuis longtemps.

On prend le temps de se parler, calmement et respectueusement. On est très émus tous les deux.

Nous avons à cœur d'être des parents responsables et décidons de ne parler à nos enfants de notre séparation qu'après les fêtes de Noël. Nous évoquons l'avenir de manière pragmatique.

Je demande à Delphine si elle souhaite garder la maison.

Elle me répond spontanément que non.

Trop de « charges » sans nul doute.

Nous devons elle et moi tourner la page. *La Gordinière* n'a plus vocation à rester la maison de l'un de nous.

Je n'aurais jamais pu imaginer chose pareille. J'ai longtemps cru que cette propriété serait la seule de mon existence.

J'avais la satisfaction d'y avoir mis le meilleur de moi-même.

En apparence en tous cas.

Nous partons tous les cinq rejoindre ma famille pour ce Noël que nos enfants ne peuvent soupçonner être le dernier avec leurs deux parents. Nous avons à cœur, Delphine et moi, de les préserver au maximum.

Au tout début de l'année 2010, nous annonçons la nouvelle de notre séparation à nos familles respectives en les assurant de notre souhait d'agir le plus pacifiquement possible.

Nous décidons un soir de parler aux enfants.

Ils ont alors neuf, sept et six ans.

L'annonce de notre séparation et de notre départ de *La Gordinière* les fait pleurer tous les trois. Au fond de moi, une infinie tristesse se mêle à la honte d'imposer cela à mes enfants, si attachés à cette jolie maison qui est celle de leurs premières années d'existence. Leurs premières chambres, leurs premiers pas, leurs premiers jouets, leurs premiers vélos, leurs premiers dessins, leurs premières fois de tant de choses. Les roulades dans l'herbe, les cabanes dans les arbres, le toboggan, la balançoire, le bac à sable, les goûters d'anniversaire avec leurs petits copains venus partager toutes ces joies d'enfants.

Tous ces moments heureux comme autant de souvenirs précieux, qui resteront bientôt leur seul lien avec cet endroit qui ne sera plus jamais leur maison.

Puisque nous sommes d'accord pour nous séparer, avec l'intention commune d'agir en bonne intelligence, Delphine ne s'oppose plus à ce que je vienne accompagné de Foxy. La petite chienne, qui partage notre vie avec Sam à Paris depuis deux ans, fait sensation auprès des enfants. Elle trouve vite ses marques à *La Gordinière* où elle devient très populaire. Nos deux grands chiens s'en font une bonne copine de jeu. Je regarde cet animal profiter de ces parties de campagne comme le trait d'union de ma vie avec Sam. Le symbole prend des airs de talisman. Mes petits ont un pincement au cœur quand ils me voient repartir avec elle. Ils me confient qu'elle leur manque au cours de mes absences.

La complicité avec cet animal les rend curieux de cet « ami » parisien qu'ils ne connaissent pas, et qui est quand même très gentil de me laisser venir avec elle si régulièrement.

C'est le premier préjugé favorable que mes enfants ont pour Sam.

Ils me demandent son prénom, puis une photo.

Avec l'approbation de Delphine, j'étanche leur soif de curiosité au fur et à mesure de leurs interrogations.

Foxy symbolise l'inédit stratagème pour accompagner la lente transition vers ma nouvelle vie.

Une nouvelle vie qui devra inévitablement voir se rencontrer Sam et mes enfants.

Delphine me confie que notre fille aînée Joséphine s'inquiète de ce qui se dit à l'école. Je comprends que notre situation continue d'être l'objet de commentaires de certains parents. Et que de petits camarades ont pu entendre des conversations relatant ma relation extraconjugale avec un homme à Paris. Avec une part d'inconscience ou d'indiscrétion qui pose la question de la responsabilité de certains adultes et la charge qu'ils imposent bien inutilement à leurs enfants.

Je décide de lui faire une leçon de choses sur la différence et la peur que celle-ci ne manque pas d'engendrer. Je conclus en lui confiant que si son papa est peut-être différent, il n'en est pas moins très heureux.

Quelque temps plus tard, je suis enchanté d'apprendre que notre fille Joséphine dispense la bonne parole à ses copains sur le sujet, avec la force de conviction que lui ont inspirée mes quelques mots pour elle.

***

Le cœur, voilà bien une qualité qui n'est pas supposée être la plus essentielle chez un avocat du droit de la famille.

Mon mariage n'a plus rien de classique depuis ma rencontre avec Sam. Il n'y a donc pas de raison logique pour que mon divorce ressemble aux autres.

Mon avocat s'arrache plusieurs fois les derniers cheveux qui lui restent sur le sommet du crâne pour tenter de me faire entendre raison.

Je lui lâche un jour, au moment où je le vois prêt à s'étouffer devant mon choix d'être bien plus généreux avec Delphine que ce qu'il préconise :

— C'est le problème d'avoir épousé sa meilleure amie.

***

Alors que nous ne vivons plus sous le même toit depuis quelques mois, un événement va pourtant s'imposer à nous sans que nous ayons bien pris la mesure de ce qu'il implique, tant dans les faits que dans leur portée symbolique.

Au mois d'août 2010, mes parents ont la généreuse idée d'inviter toute la famille en voyage pour fêter leurs soixante ans de mariage. Départ de Venise pour une belle croisière en Croatie. L'événement est réjouissant et tout le monde est heureux de se retrouver à bord du fameux *Ponant* pour célébrer ces noces de diamant.

En pleine procédure de divorce, vivant maintenant à plein temps avec Sam à Paris, je dois néanmoins partager la même cabine que Delphine.

Confusion encore, confusion toujours.

Tout le monde sait et personne ne semble s'émouvoir de cette invraisemblable situation. Nous ne voulions pas être un couple comme les autres depuis ma rencontre avec Sam et jusqu'à notre séparation. Nous ne récoltons finalement que ce que nous avons semé. Tout se déroule néanmoins très bien, hormis une terrible crise d'herpès génital dont je suis victime tout au long de la croisière.

Je découvre que l'herpès est *« intimement lié à la relation et au risque inhérent de séparation qui l'accompagne. Comme bon nombre de maladies virales, il peut apparaître après la résolution du conflit, durant la phase de réparation de l'endroit du corps qui a été touché par le conflit actif. Il y a aussi une puissante notion de culpabilité par rapport à la sexualité. L'herpès peut devenir le symbole et la manifestation d'une autopunition »*.

Sans blague.

***

Il est des événements dramatiques dont on ne mesure pas tout de suite les vertus inattendues qu'ils ne manquent pourtant pas de révéler.

Le fameux mal pour un bien.

Celui qui survient fin novembre en est le parfait reflet.

Je rentre de Paris ce soir-là pour retrouver Delphine et les enfants à Montfort-l'Amaury. Nous dînons tous les cinq dans le restaurant thaïlandais où nous avons nos habitudes depuis longtemps. Nous avons aussi à cœur de partager ce moment pour démontrer aux enfants que l'on peut ne plus être un couple leur mère et moi, mais que l'on sait malgré tout rester une famille en certaines occasions.

Delphine, qui a emménagé dans sa nouvelle maison non loin de là, doit repasser par *La Gordinière* pour récupérer ses deux grands chiens restés dans le jardin avec la petite Foxy.

Il est presque vingt-trois heures quand nous franchissons à deux voitures le portail de la maison. Delphine est devant moi et se dirige lentement vers le parking situé à une vingtaine de mètres. Les trois enfants sont restés avec elle pour profiter des derniers instants avec leur maman qu'ils sont tristes de quitter pendant quarante-huit heures. Je les suis lentement dans ma voiture, vite contrarié par l'absence d'éclairage du jardin que ma télécommande n'arrive pas à allumer. Les plombs ont une nouvelle fois sauté. Quand tout à coup, Delphine freine brutalement. Immédiatement suivi d'un hurlement animal. Elle se précipite hors de sa voiture. J'entends les cris de peur des enfants. Je comprends qu'il vient d'arriver quelque chose. L'un des chiens est passé sous ses roues. Et pas n'importe lequel. Foxy, notre chienne à Sam et moi, gît par terre en hurlant à la mort. Delphine est aux cent coups, la prend rapidement dans ses bras pour l'installer sur sa banquette arrière. Elle me demande de calmer les enfants affolés par la situation et part d'urgence emmener le pauvre animal à la clinique vétérinaire. Je reste avec nos trois petits que je tente de réconforter comme je peux, essayant de leur dissimuler ma vive inquiétude. Une demi-heure plus tard, Delphine m'appelle. Foxy a le bassin fracturé, mais elle est vivante.

Un incident comme celui-là n'est jamais anodin.

Je pourrais philosopher longtemps sur le pouvoir de l'inconscient.

Je n'ai pourtant jamais imaginé ma femme caressant le sordide projet de faire disparaître cette chienne et son évident symbole.

En revanche, cet événement lui permet de communiquer ce soir-là avec Sam. Elle lui confie par texto combien elle est triste et désolée. Delphine est connue pour son amour des chiens depuis sa plus tendre enfance. Sam lui répond spontanément pour tenter de calmer l'immense culpabilité qui la ronge.

Delphine lui propose dès le lendemain de garder Foxy chez elle pour les trois semaines de repos qui lui sont imposées après la délicate intervention qu'elle a subie.

Cette convalescence permet ainsi à la petite chienne de se rétablir au mieux autant que de se mettre Delphine dans la poche.

Cette dernière nous proposera même de la garder chez elle pendant plusieurs de nos vacances à Sam et moi.

Qui l'eût cru ?

Comment aurais-je pu imaginer que Delphine et Sam puissent communiquer si vite, de manière apaisée, réunis par leur souci commun du bon rétablissement de cet animal ?

Si Foxy avait voulu provoquer du lien entre deux êtres humains, qui n'avaient certainement pas vocation à le créer aussi spontanément ensemble, elle ne s'y serait pas prise autrement.

Il m'est arrivé de penser que cet animal s'était volontairement jeté sous les roues de Delphine.

Un « cheval de Troie » qui aurait troqué sa vocation belliqueuse pour une mission de paix.

***

Depuis quatre ans, nous n'avions l'habitude de nous voir avec Sam que trois jours par semaine. Et ce, lors de deux moments de vingt-quatre et quarante-huit heures. Et deux courts séjours de vacances annuels.

Notre histoire prend donc à cette époque un nouveau virage dont il nous faut négocier la bonne trajectoire.

S'aimer à distance en se voyant sporadiquement est une chose.

Partager en permanence son quotidien en est une autre.

Ce qui aurait pu nous réjouir nous appelle à être vigilants.

Notre chance et notre force sont sans conteste la genèse de mon spectacle dont j'ai enfin terminé l'écriture. Sam décide d'accompagner au plus près l'aventure en acceptant de devenir à la fois mon producteur et mon manager. La mise en scène est confiée à mon cher ami Christophe L. Je ne peux rêver meilleur accoucheur pour ce bébé auquel il se consacre avec le talent et la bienveillance qui le caractérisent. Nos premières répétitions se partagent entre de grands moments de franches rigolades et l'expression de mes multiples peurs. Et d'abord par la décision de devoir énormément couper dans mon texte.

Quelle ironie et quelle souffrance après avoir eu tant de difficultés à l'écrire parfois.

Sam et moi sommes happés par le tourbillon de travail que suppose rapidement le montage de ce projet, que nous décidons d'assumer tous les deux avec exigence. Il mobilise toutes nos énergies qui ne convergent que vers cet objectif pendant plusieurs mois.

Le 6 novembre 2010, mes premiers pas sur une estrade improvisée dans la salle de fitness d'une copine de Nantes devant un insolite public de coachs sportifs — je suis censé être la surprise de leur fin de séminaire — restent un souvenir impérissable. C'est la première fois de ma vie que je vais jouer seul sur scène des sketchs que j'ai écrits. Je me souviens de mon effroyable trouille pendant les longues minutes d'attente, caché derrière un paravent publicitaire, attendant que s'installe la cinquantaine de spectateurs présents ce soir-là. Ils ont faim, sont un peu dubitatifs sur la surprise qui leur est réservée. Les vannes fusent, j'entends tous leurs commentaires, une ambiance bruyante dont la nervosité ne fait qu'amplifier la mienne. Je me sens plus seul au monde que jamais.

Mon Dieu, mais qu'est-ce que je fais là ?

Ce qui me plaît depuis toujours au théâtre, c'est l'incroyable palette de sensations que l'on peut éprouver dans une seule et même soirée. Le trac et la concentration avant, l'engagement dans la représentation qui peut là aussi vous saisir d'émotions si contrastées — allant de la magie au cauchemar parfois —, et puis la sortie de scène et sa multitude de ressentis selon les soirs, débordant de joie et d’adrénaline qui rendent ces moments si intenses.

Dans le cas d’un seul en scène, tout cela est multiplié par dix.

Je me souviens des premiers rires que je provoque.

Essentiellement féminins.

Plutôt flatteur.

Je ne dois jouer que trente minutes. J’en assure plus de cinquante devant l’enthousiasme du public qui m’en a réclamé davantage.

Je suis à nouveau chaleureusement applaudi à mon arrivée au dîner qui clôture cette soirée. Je savoure le succès et les nombreux compliments que j’y reçois.

Grâce à d’efficaces prises de contact de Sam, plus motivé que jamais à me voir sur les planches, on se retrouve embarqués dans une série de dix-huit dates en province et en Suisse. Les fameuses « tournées de rodage » communes à bon nombre de démarrages de spectacles avant de se produire sur une scène parisienne. Je me souviendrai toute ma vie de mes toutes premières représentations dans des lieux aussi inédits que le réfectoire d’une colonie de vacances, le salon d’un appartement d’amis, de minuscules scènes de cafés-concerts et autres dîners-spectacles. L’accueil est partout au-delà de mes espérances. La mise en scène au cordeau de Christophe, mon exigence sur l’écriture, autant que mes quinze années d’expérience de théâtre mises à profit pour incarner ma galerie de personnages, portent leurs premiers fruits.

Il n'en demeure pas moins que je souffre le martyre sur scène, dont je sors aussi exsangue que peu enclin à l'autosatisfaction. Dieu merci, ces premières salles ne semblent pas trop percevoir le trac qui me terrorise.

Après ma rencontre avec Sam, cette puissante expérience est sans conteste le deuxième événement de ma vie qui me met face à moi-même. Mon besoin d'exister se heurte à un terrifiant manque de confiance en moi. Il n'est rien de plus douloureux qu'une angoisse d'abandon quand vous la (re)vivez sur scène, en direct et sans filet, où mon sentiment d'insécurité me tyrannise.

Pendant que j'essaie de rester concentré sur ce que j'ai à jouer, je ne compte plus le nombre de mes suppositions quant aux spectateurs ne réagissant pas à un effet où j'attendais fiévreusement leurs rires. Il me faudra beaucoup de temps, et moins d'ego, pour comprendre qu'une salle moins réactive que l'on ne l'espère n'est pas forcément une salle hostile, mais bien souvent une salle qui écoute.

Ces premières représentations riches en émotions renforcent plus que jamais notre lien avec Sam. Le spectacle occupe tout notre temps et mobilise notre énergie commune. Il me soutient et me complimente avec foi et enthousiasme. L'admiration qu'il m'arrive de lire dans ses yeux est d'un précieux réconfort. Notre couple s'incarne en un véritable tandem professionnel, loin de nous ankyloser dans le danger du quotidien. Notre quotidien qui ne cède à aucune monotonie tout au long de cette incroyable aventure.

Sam a toujours cru en moi, en mon talent, en mon succès.

Alors que ce *one man show* était encore à l'état embryonnaire, il me dit un jour :

— Je voudrais être celui qui te mettra ton peignoir sur les épaules quand tu sortiras de scène.

***

7 mars 2011.

Des amis suisses me proposent de venir jouer quarante-cinq minutes de mon spectacle dans une ancienne cantine d'un « home d'enfants » de Crans-Montana, la célèbre station valaisanne. Un *showcase* pour lequel ils réussissent à mobiliser plus de « septante » spectateurs.

Cette représentation devient le parfait alibi pour provoquer la rencontre entre Sam et mes parents.

Un événement qui ne sera pas la moindre des vertus de mon *one man show.*

Mes parents séjournant sur place me convient à déjeuner chez eux, avec Sam et Christophe. J'assiste stupéfait à leurs efforts pour nous recevoir tout aussi chaleureusement que la météo déjà printanière qui s'est invitée ce jour-là. La présence de mon metteur en scène rend évidemment la situation plus détendue qu'elle ne le serait si nous n'étions que Sam et moi. Pour mes parents, ce dernier est d'abord là car il est le producteur de leur humoriste débutant de fils. Le prétexte professionnel est rassurant pour tous. La fonction de Sam primant ce jour-là sur son statut de « petit ami » nous permet de partager ce moment dans une ambiance très conviviale.

Me revient le fameux souvenir de mon père, où, cinq ans auparavant et à cette même table accueillant Sam aujourd'hui, il me confiait le résultat de ses insolites recherches généalogiques tentant de prouver que mon supposé gène homosexuel ne venait pas de sa famille à lui.

Sourire intérieur.

Moment ô combien puissant pour moi qui dans la même journée assiste à la rencontre entre Sam et mes parents et le soir venu leur fais découvrir une bonne partie de mon spectacle. Les organisateurs les ont placés au premier rang et j'entends encore le commentaire de ma mère au moment où j'essaie de rester concentré pour incarner celle de mon spectacle.

— Il y a une seule chose de vraie dans tout ce qu'il dit, c'est que je regarde *Plus belle la vie*.

Une dernière anecdote vient compléter ces instants mémorables.

Un signe en forme de cerise sur un gâteau déjà si « nourrissant ».

Après la représentation, je savoure de nombreux compliments autant que le délicieux accord « Fendant-viande séchée » au cours d'un cocktail faisant honneur à ce si beau canton du Valais. Nous discutons avec Sam avec le couple ayant œuvré à l'organisation de cette soirée réussie. Quand je comprends soudainement que nous les avons déjà rencontrés. La mémoire nous revient en même temps tous les quatre. Ils étaient à *Casa Corazón* le soir de notre arrivée lors de ce fameux week-end de juin 2006 où j'emmenais Sam avec une totale insouciance dans la maison de famille de Delphine à Ibiza.

Je vois au travers de cette belle coïncidence le symbole d'une boucle se refermant avec autant de sens que d'harmonie sur cet incroyable cycle.

Déjeuner irréel et soirée surréaliste.

Des souvenirs aussi mémorables que sacrés.

***

La première de mon spectacle à Paris a lieu le 1er avril à la Comédie des boulevards. La salle de cent places est pleine à craquer. Famille et amis découvrent pour la première fois l'intégralité de mon show qui ne laisse visiblement personne insensible. Je lutte contre un trac fou qui semble là encore ne pas entamer l'enthousiasme général. À l'issue de la représentation, j'accueille les nombreux compliments avec joie.

Mais ce qui me touche plus encore est la présence de Sam, sans lequel ce spectacle n'aurait jamais vu le jour.

J'enchaîne à partir de là quatre représentations par semaine qui sont l'occasion de le présenter aux nombreux copains et relations qui me font l'honneur de leur présence et le bonheur de rencontrer officiellement mon compagnon.

« Comment transformer une crise identitaire en crise de rire ? » est le sous-titre de ma toute première affiche.

Tout est dit.

Dans notre dossier de presse, mon metteur en scène a dressé ce portrait de moi :

« Laurent nous fait rire, éperdument, aux larmes, comme il peut nous faire pleurer. C'est un feu d'artifice permanent, une sorte de Dali délirant toujours en train de peindre et repeindre avec ses mots la société qui l'entoure. Il ne peut pas s'en empêcher, c'est plus fort que lui, et quel plaisir ! Qu'il goûte un bon vin — dont il a la passion —, il nous expliquera son cépage, mais finira bien par nous imiter le vigneron lors de leur rencontre, et le nectar aura le goût d'un éclat de rire…

Il s'amuse comme un gosse à imiter les adultes. Un don d'observation rare qu'il met au service de son récit, dans un texte acéré comme une flèche qu'il décoche pour faire mouche en pleine cible. Celle du rire et de l'étonnement.

Mais parler en quelques mots de Laurent n'est pas simple ; c'est un être complexe en perpétuelle recherche de lui-même, une sensibilité à vif, qui puise sa source aux confins de ses douleurs, là où, selon moi, héroïquement, il n'a pas peur d'aller pour se comprendre.

C'est pour cela que son histoire, ses histoires, tous les personnages qu'il incarne ont une dimension, un relief, une psychologie, un parcours, qui, derrière le rire, nous va droit au cœur ».

Je suis très touché par les mots de Christophe. Lui qui me connaît mieux que personne. Ses commentaires sur mon spectacle, qu'il m'a si précieusement et patiemment aidé à imaginer, semblent très vite en adéquation avec les ressentis de mes premiers spectateurs. Ils rient beaucoup, mais semblent aussi touchés par l'authenticité qui soutient ce seul en scène, comme une mise à nu intime qui aurait l'ambition de stimuler autant les zygomatiques que le cœur.

J'en ai une magnifique confirmation quand Delphine décide de venir me voir sur scène au bout de quelques semaines. Je me souviens de son sourire quand je la retrouve après la représentation. Et puis ses yeux rapidement embués de larmes. Je la prends par la main pour descendre les quelques marches qui conduisent à ma loge dont je referme la porte. On se prend tendrement dans les bras. À l'abri des regards, elle laisse venir son émotion sans retenue. Je la serre un peu plus fort contre moi et nous pleurons ensemble dans un moment de communion où nos larmes valent en cet instant bien plus que tous les mots.

***

S'il y a bien des larmes qui ont surpris tout le monde, ce sont celles que je verse devant la juge qui doit prononcer notre divorce au Palais de justice de Paris.

Nous sommes le 10 juin 2011, cinq ans jour pour jour après ma fracassante révélation à Delphine. Ce n'est pas ce clin d'œil incroyable du calendrier qui m'émeut de la sorte, mais la forte symbolique de l'événement qui doit acter la fin officielle de notre mariage. Nous sommes accompagnés de nos avocats, assis entre nous deux.

À la fin de la lecture très procédurière de l'acte dont nous avons convenu des termes, je suis soudainement submergé de chagrin.

Et éclate en sanglots.

Moi — Je te demande pardon, Delphine, je te demande pardon du mal que je t'ai fait… Je suis désolé… Je suis si triste…

La juge (me fixant avec surprise) — Mais pourquoi divorcez-vous en réalité ?

Moi (reprenant mes esprits) — Je suis tombé amoureux d'un homme…

La juge (dans un grand sourire) — Ah bon, bah voilà ! Alors ça va ! (Puis s'adressant à Delphine) Alors, ne vous inquiétez pas madame, vous ne le perdrez jamais…

À l'issue de cette audience qui ne devait immanquablement ressembler à aucune autre, j'invite Delphine dans un bon restaurant de sushis dont nous raffolons. Nous débriefons sur ce moment inédit que nous venons de vivre.

Autant que celui que nous partageons en cet instant.

Notre premier déjeuner de divorcés.

***

Les coïncidences du calendrier s'enchaînent bien. Moins d'un mois après notre divorce, *La Gordinière* est vendue. On se met avec Sam en recherche d'une maison à la campagne.

Delphine comprend et accepte facilement que les représentations de mon *one man show* m'imposent des week-ends décalés du dimanche au mardi, que connaissent bien les artistes de théâtre et les professionnels de nombreux commerces. C'est donc pendant ces deux jours de début de semaine que je peux prendre les enfants avec moi.

Un bon ami a la généreuse idée de nous prêter la jolie propriété de famille dont il profite le temps des week-ends « classiques ». On rejoint donc sa maison chaque semaine au moment où lui la quitte. Elle est située à une vingtaine de minutes de la nouvelle maison de Delphine.

Au mois de juillet, un mois après notre divorce, c'est par un bel après-midi d'été que je viens seul chercher mes trois petits chez leur mère.

C'est un grand jour.

Ils vont découvrir une nouvelle maison.

Mais bien plus important encore. Ils vont rencontrer Sam pour la première fois.

Mon cœur bat fort quand nous franchissons le portail.

J'essaie de ne rien en montrer aux enfants.

Ce moment est au-delà de toutes mes espérances. Sam a préparé un super goûter dans le jardin. Mais contre toute attente, ce sont mes trois enfants qui surenchérissent dans l'art de la séduction. C'est à qui pourra plaire le plus. Leur comportement si adorable, pour ne pas dire exemplaire, me les rend aussi touchants que méconnaissables.

J'assiste donc à la tentative d'apprivoisement de mon beau prince par mes trois petits renards.

Sam ne force en aucune façon sa nature.

Je ne suis pas certain de pouvoir en dire autant de mes enfants, même si leurs efforts m'enchantent littéralement.

Chacun cherche à être le plus serviable pour mettre la table, débarrasser, se proposer pour accompagner Sam faire les courses.

Un vrai miracle.

Le lendemain, à la faveur d'un moment seul avec lui dans la cuisine, Camille, neuf ans, lui lâche, yeux dans les yeux :

— Tu es mon meilleur ami.

Son petit frère Aurélien, huit ans et déjà si malicieux, n'est pas en reste le soir même au dîner en répondant à Sam qui lui demande de rapporter des assiettes à dessert :

— Oui, beau-père !

Je m’empresse de lui dire que l’on n’en demande pas tant.

Une fois passées les réjouissances de ce premier contact réussi, les séjours avec les enfants s’organisent peu à peu. Leur naturel revient rapidement au galop, provoquant des remontrances ou des recadrages dans lesquels Sam reste d’un calme et d’une patience qui forcent mon admiration.

Ce garçon plus que séduisant ne cherche jamais à l’être avec les enfants.

J’aimerais tant lui ressembler.

J’ai longtemps voulu me faire aimer d’eux plutôt que de les éduquer.

Sam doit souvent m’aider à grandir dans mon rôle de père.

J’ai parfois le sentiment qu’il a la charge de quatre enfants au lieu de trois.

Lui qui avait le projet de fonder une famille avec sa chère Estelle, disparue si prématurément.

Il m’a confié que c’était le seul regret de sa vie.

Mes enfants ne seront certes jamais les siens, mais je sais sa bienveillance pour eux, et son souci constant de leur bien-être passant parfois par de légitimes exigences quant à leur comportement.

Delphine, si attachée à ses petits, est vite rassurée par l’attitude de Sam à leur égard.

En 2012, elle retombe amoureuse.

Une nouvelle que j'accueille avec une immense joie.

Et un évident soulagement.

Ces deux conditions lui permettent d'accepter de rencontrer Sam.

Et leur premier rendez-vous est plutôt inédit.

Après avoir profité plus de six mois de la maison de notre ami, nous trouvons un grand pavillon à louer. Mais, ayant le souhait d'acheter, continuons de visiter de nombreux biens immobiliers dans la région.

Delphine me confie un jour que son nouveau compagnon souhaite vendre la résidence secondaire achetée avec son ex-femme.

Le hasard, toujours malicieux, voulait que Sam et moi passions et repassions sans le savoir devant cette charmante chaumière au cours de notre jogging rituel du lundi.

Si proche que c'est à pied que nous arrivons par une belle matinée pour visiter avec Sam la maison du compagnon de Delphine.

Ils nous accueillent tous les deux pour une visite aussi cordiale qu'insolite.

Pour la première fois de ma vie, j'ai mon ex-femme et Sam dans le même champ de vision. Les échanges entre eux sont courtois et semblent se circonscrire au seul intérêt de cette visite immobilière. Je donne le change pour ne rien laisser paraître de ma stupéfaction. Je ne cesse de les observer du coin de l'œil, suis ébahi de voir ces deux êtres partager ce même « espace-temps ». En cet instant, l'intense passif de la situation et des êtres en présence inspire malgré tout un moment fluide et serein, animé par une volonté commune d'accueillir la vie dans son inexorable mouvement.

Cette maison, que nous n'achèterons pas, devait faire l'objet d'une visite.

Elle fut bien plus que cela.

Elle fut le lieu d'une rencontre.

Et non des moindres.

Elle restera le prétexte inattendu de cette première entrevue entre Delphine et Sam.

***

Delphine m'appelle au milieu de l'été.

Je la sens un peu abasourdie.

Et je comprends vite pourquoi.

À la faveur d'une nuit d'étape chez des membres de sa famille en Suisse où elle a emmené nos enfants, elle me confie que notre fille aînée Joséphine a volé des produits cosmétiques dans la salle de bains de ses cousines.

Avec, semble-t-il, aussi peu de scrupules que de discrétion.

Notre fille ne semble pourtant manquer de rien.

Du moins le pense-t-on.

Les enfants, et plus encore les adolescents, savent faire preuve d'imagination quand ils veulent envoyer un signal de détresse. Ils ne savent pas toujours mettre des mots sur leur souffrance, mais sentent confusément qu'il faut d'une manière ou d'une autre tirer la sonnette d'alarme.

Comme Joséphine ce jour-là.

Nous la confrontons rapidement à son forfait qu'elle avoue sans grande résistance. Produits neufs rachetés et mots d'excuse sont envoyés sans délai aux cousines. On comprend avec Delphine que ce n'est pas tant de maquillage que notre fille aînée a besoin, mais d'une attention particulière à une douleur qu'elle a du mal à nous révéler. Quand je lui propose de l'emmener voir un psy, elle ne marque aucune opposition.

Ce qui de la part d'une ado de quatorze ans vaut bien un oui enthousiaste.

Sur les conseils d'une amie, je prends rendez-vous avec une célèbre psychologue clinicienne spécialisée dans l'enfance et l'adolescence et auteure de nombreux ouvrages sur le sujet. Elle nous accueille ma fille et moi dans son cabinet parisien. Après lui avoir rapidement présenté la situation, elle m'invite à patienter dans la salle d'attente pour s'entretenir seule avec Joséphine. Puis à les rejoindre une demi-heure plus tard.

Les mots qu'elle m'adresse alors sont aussi simples qu'éclairants :

— Cher monsieur, il n'y a aucun jugement ou réprobation de ma part dans ce que je vais vous confier concernant votre fille. C'est un simple constat. Vous avez le sentiment, qui est parfaitement justifié, d'avoir « réussi » votre divorce. Au sens où vous avez su, avec votre ex-épouse, vous séparer en évitant les conflits. Je comprends que vous avez même gardé une bonne relation avec elle. Vous pouvez vraiment vous en féliciter tous les deux, car c'est plutôt rare. En revanche, ce que vous avez oublié, c'est que la séparation des parents, quel qu'en soit le climat, reste une grande douleur et une grande angoisse pour les enfants.

Tout en écoutant attentivement cette femme, j'observe du coin de l'œil ma fille assise à ma droite. Je vois alors une grosse larme couler sur sa joue. Une larme qui vient en un instant témoigner de sa souffrance, justifiant son besoin d'attirer notre attention sur elle.

Prenant la thérapeute à témoin, je m'adresse alors à Joséphine pour lui avouer avoir pensé en effet que notre divorce apaisé serait indolore pour elle. Que je n'aie pas compris que notre bonne entente avec sa mère avait rajouté à son trouble. Je lui dis avoir entendu et senti sa douleur qu'elle n'avait pas pu exprimer jusque-là. Je lui demande pardon de ne pas avoir vu, et du mal que je lui ai fait avec notre divorce.

Le soulagement de Joséphine à la sortie de cette émouvante séance me rappelle combien il est essentiel d'entendre la souffrance de ses enfants, tout particulièrement quand on en est la cause.

Trois ans après mon divorce avec sa mère, j'ai enfin pris la mesure de son immense et légitime peine. Même s'il n'est jamais trop tard pour tenter d'apaiser et de réparer, je n'en suis pas moins honteux.

Dans les jours qui suivent, à la faveur d'un moment seul avec chacun d'eux, j'exprime les mêmes mots et présente mes excuses à Camille et Aurélien.

Ils ont eux aussi des larmes.

De celles qu'un père ne pourra jamais oublier d'avoir vues couler sur les joues de ses trois enfants.

***

Après huit mois de représentations à la Comédie des boulevards où mon spectacle se donne plus de cent-cinquante fois et reçoit un très bel accueil, je joue toute l'année 2012 au Théâtre des Petits Mathurins et enchaîne en 2013 dans la petite salle du Théâtre du Gymnase.

Sam est là tous les soirs sans exception.

L'incroyable histoire de ce seul en scène est d'abord celle que nous partageons tous les deux.

Lui dans l'ombre et moi dans la lumière.

Même si cette lumière vient éclairer beaucoup de mes doutes et de mes angoisses.

Notre chère amie Flo nous recommande vivement à cette époque d'aller consulter une femme remarquable prénommée Séraphie. Une très belle âme venue sur terre pour guider celles des autres. Son accompagnement, sous forme d'un coaching ancré dans le spirituel et les forces de l'invisible, va m'être des plus précieux.

Elle me propose de nous retrouver un après-midi pour une séance dans la salle de théâtre où je joue mon spectacle tous les soirs. Je ne peux rêver meilleur décor que cette scène où je dois précisément affronter mes angoisses, comme le reflet amplifié de celles de ma vie.

Ce jour-là, elle me dit cette phrase :

— Laurent, quand tu rentres sur scène, le public n'est pas là pour te dire quel est ton talent, il est là pour s'en nourrir.

Une phrase qui me bouleverse littéralement.

Une affirmation que devraient entendre bien des artistes qui, comme moi pendant si longtemps, dépensent plus d'énergie à vouloir exister et plaire plutôt que se concentrer sur ce qu'ils ont vraiment envie de donner d'eux-mêmes, et dire au monde.

Les mots vibrants de Séraphie mûrissent peu à peu en moi. J'arrive doucement à changer mon énergie sur scène. Je finis par ne plus y venir par besoin d'approbation, mais pour y donner le meilleur de moi-même. Mon mental arrive enfin à se taire et je peux me libérer sans me soucier des réactions de la salle. La peur terrorisante du petit enfant craignant de ne pas être aimé laisse enfin la place à sa joie de jouer. Je suis le premier surpris par mon lâcher-prise. Mes incarnations de personnages gagnent en épaisseur, en sincérité, me laissant le loisir d'improviser pour mieux leur donner vie, moi qui n'ai dérogé à aucun changement de virgule dans mon texte pendant presque deux-cents représentations. Je ralentis mon débit et découvre avec bonheur que l'on peut exister dans le silence.

Je connais alors la plus grande satisfaction d'un comédien sur scène.

Celle de la pleine liberté.

La qualité de mon spectacle s'en ressent de manière évidente.

Au point que de nombreux amis revenus voir mon seul en scène au bout de deux ans auront tous la conviction d'en découvrir un nouveau.

***

Treize ans après mon mariage, c'est à l'occasion de mon *one man show* que j'ai l'immense joie de revoir Alain, le fameux « grand chambellan » de mon mariage. Je le retrouve devant le théâtre à l'issue d'une de mes représentations où il m'attend en compagnie de Xavier. Il est heureux de me présenter ce soir-là à l'homme dont il est amoureux depuis plusieurs années.

Tous deux sont d'une fidélité exceptionnelle à mon endroit. Ils reviennent à plusieurs reprises voir mon spectacle qu'ils me confient adorer. Sam et moi scellons une belle amitié avec eux. On se reçoit mutuellement et partageons chaque fois des moments très conviviaux.

Ils nous annoncent un jour l'heureuse nouvelle de leur futur mariage.

Un de leurs couples d'amis accepte de leur prêter leur magnifique château pour accueillir leur réception. La maîtresse de maison, une femme au grand cœur mais attachée à certains principes, n'a qu'une seule exigence : le faire-part de Xavier et Alain doit impérativement annoncer leur « union civile » sans mention du mot « mariage ».

Les futurs mariés obtempèrent sans hésiter à cette requête.

Même si je suis attaché à l'idée que les couples homosexuels puissent profiter des mêmes droits que les couples hétéros, je n'ai pas compris l'obstination à vouloir absolument imposer le mot « mariage » à ces unions civiles entre gens de même sexe. Sinon pour satisfaire des lobbys pour des raisons éminemment politiques. J'ai été, comme beaucoup de Français, très choqué par ces mois de violence inouïe émanant des deux bords dans ce débat houleux. Quelle tristesse de voir se déverser tant de haine de part et d'autre. Je constate le paradoxe surprenant de la communauté LGBT : vouloir soudainement ressembler aux couples hétéros, jusque dans la terminologie de cet acte passé devant la société, alors que cette même communauté s'est battue pendant des décennies pour faire admettre sa différence.

Tout en accédant aux mêmes droits, n'était-il pas plus sage de laisser ce mot « mariage » à ceux qui l'incarnent depuis plus de deux siècles ? Ne fallait-il pas se féliciter d'avoir une « union civile » bien à soi, identique dans les faits juridiques, mais évitant l'inutile provocation de se dénommer de la même manière ? Cela n'est que mon humble avis, déjà périmé et bien naïf pour ce qui s'est joué bien au-delà de cette supposée « avancée sociétale ».

Peut-on se réjouir de gagner un combat quand il provoque autant de dégâts que de torts aux libertés qu'il défend ?

Le mariage d'Alain et Xavier est le premier célébrant l'amour de deux hommes auquel nous avons l'occasion d'assister avec Sam.

Je souris aujourd'hui de l'incroyable clin d'œil du destin d'avoir retrouvé Alain treize ans après mon mariage avec Delphine — dont il reste un symbole fort — et d'avoir pu célébrer le sien avec un homme.

Auquel je fus présent avec le mien.

***

Mes enfants viennent enfin voir leur père sur scène.

Nous pensions à juste titre avec leur mère et Sam que certains thèmes abordés et quelques aspects visuels de mon show, à l'impudeur assumée, supposaient d'attendre qu'ils grandissent un peu pour ne pas en être troublés, voire choqués.

Ils sont dans la salle le soir de ma trois-cent-quatre-vingt-dix-neuvième représentation. Une soirée mémorable pour eux comme pour moi, où arrive pour la première fois un incident rare. Je suis sur scène depuis presque une heure quand tout à coup, noir complet. Absolument pas prévu à ce moment du spectacle. Sam s'affaire avec le régisseur pour trouver une solution au problème. Ils apprennent très vite que l'électricité de tout le bâtiment a sauté et que le retour à la normale va prendre plusieurs minutes. Je pars alors dans une improvisation qui soulève l'hilarité du public. Je leur confie la présence de mes trois enfants dans la salle. Je demande à tous les spectateurs de m'éclairer avec leurs portables. Le moment est irréel. La lumière revient enfin au bout de dix minutes. Je reprends le cours de mon récit un peu en amont de l'endroit où il s'était brutalement interrompu. Le seul moment de mon spectacle que Joséphine, Camille et Aurélien connaissaient déjà par cœur, parodiant une comptine pour enfants qui les amuse beaucoup.

Cette invraisemblable coupure de courant leur permet ce soir-là de l'entendre une seconde fois.

Il en va des hasards comme de certaines soirées.

Uniques et magiques.

***

Mes parents reviennent assister à mon spectacle. Je suis très touché, car c'est la septième fois qu'ils font cet effort, à quatre-vingt-treize et quatre-vingt-deux ans. La salle est archicomble. Je suis très en joie sur scène où je me lâche totalement.

Le lendemain, mon père m'écrit une lettre exceptionnelle, me confiant avoir été « subjugué » par mon dynamisme qu'il qualifie « d'extraordinaire ». Il évoque mon « élocution et ma gestuelle qui ont atteint la perfection » et reconnaît « mon immense talent ». « Nous tenons à te dire combien nous sommes fiers de toi, de tes efforts et des rêves que tu réalises en dominant cette scène où tu excelles. »

Il me confie aussi avoir pleuré de rire.

Je suis fier d'avoir provoqué des larmes de rire à mon père ce soir-là, après toutes celles d'inquiétude et de colère que je lui ai souvent imposées au cours de ma jeunesse, dont les aspérités étaient loin de faire honneur à la rectitude légendaire qu'il incarnait.

Sans jamais arriver à la stimuler en moi.

Sa lettre est un immense cadeau.

Un contraste saisissant avec la litanie de déceptions et d'inquiétudes qui furent les siennes dans le fameux courrier qu'il me lut à haute voix sept ans auparavant, deux mois après la révélation de ma rencontre avec Sam.

Cette lettre vient achever une boucle que je n'imaginais pas pouvoir se refermer un jour. Il y a des compliments que l'on attend parfois toute une vie de ses parents, sans jamais avoir l'occasion de les entendre ou de les lire.

J'ai conscience de ma chance en recevant ce message de mon père, valant tous les trésors du monde.

Et bien des années de thérapie.

Ce spectacle m'autorise la plus belle des conquêtes.

Celle que l'on accomplit sur soi-même.

Bien au-delà de la reconnaissance médiatique — nombreux de mes spectateurs auront d'ailleurs la gentillesse de me dire qu'il en aurait mérité davantage — ce spectacle va m'offrir le plus précieux des succès : la reconnaissance de ma propre valeur.

Une révolution pour moi.

Mieux encore.

Une renaissance.

***

29 décembre 2016.

Je viens saluer mon père de quatre-vingt-seize ans.

Je le vois très affaibli sur son lit.

On lui a décelé depuis quelques semaines une tumeur aux poumons. Son grand âge n'a d'égal que la sagesse qui est la sienne de ne pas souhaiter être soigné pour ce mal qui le ronge.

Toute ma famille est réunie pour l'accompagner dans ses derniers instants. En conscience, et en accord avec mes frères et sœurs, j'ai néanmoins décidé de partir avec Sam. Je ne me sens pas capable d'assister à ces derniers jours de mon père.

C'est le cœur gros que je viens seul pour le voir dans sa chambre.

Le petit réveil de sa table de chevet s'est déréglé.

Il s'en inquiète.

Je le remets à l'heure.

Il en est tout heureux, comme soulagé, et me dit d'une voix chevrotante :

— Tu es gentil, toi…

Il me regarde de ses yeux fatigués avec une infinie tendresse.

Je me penche vers lui et l'embrasse délicatement.

Je sais que c'est la dernière fois.

Je le quitte en tentant de contenir l'émotion qui me submerge.

Sam rentre à son tour dans la chambre.

Je reste dans l'embrasure de la porte.

Je le vois alors tendre très respectueusement la main à mon père pour lui dire au revoir.

Papa prend alors la main de Sam dans la sienne, l'attire doucement à lui et l'embrasse tendrement sur les deux joues.

Pour la toute première fois.

Mon père est mort treize jours plus tard.

Je garde précieusement au fond de mon cœur l'image de ce baiser de paix et d'affection qu'il donna à Sam ce soir-là.

Je n'aurais jamais pu croire que mon père puisse m'offrir un jour ce si beau cadeau.

Le plus inestimable de sa part de toute ma vie.

***

ÉPILOGUE

Delphine et moi, sans être bien conscients de notre pari fou, avons tenu bon pendant trois ans et demi. Une situation que beaucoup dans notre entourage croyaient intenable au-delà de quelques semaines.

Nous nous sommes aimés au-delà de l'imaginable, du concevable, de l'acceptable, mais nous nous sommes aimés.

Dépassant tout entendement et toutes conventions, nous avons néanmoins réussi à partager encore des moments exceptionnels.

Notre satisfaction et notre fierté ne résidaient pas tant dans la réussite parfaite de cette tentative, que dans la volonté de l'avoir entreprise avec foi et espérance.

Cette longue période eut l'immense avantage de nous laisser le temps d'aller au bout de notre lien conjugal tout en ravivant la complicité des amis que nous avions su être l'un pour l'autre avant notre mariage.

Ce n'est pas la moindre des vertus de cette expérience inédite.

Elle nous a permis d'envisager la suite de notre histoire sans jamais perdre notre complicité d'âme.

Notre lien s'est essoufflé, affaibli, distendu.

Mais n'a jamais été rompu.

***

Durant les premiers mois de mon mariage, mon alliance était un objet de fascination constante. Cet anneau en or ne se résumait pas seulement au symbole de mon engagement avec Delphine. Je le voyais comme une entrée dans le monde des grandes personnes.

Ou comme une tentative d'y accéder.

Il ne faisait pas de moi un adulte, mais il me permettait d'y ressembler, comme un accessoire de théâtre façonnant un personnage.

Je regardais cette alliance à mon annulaire comme je scrutais enfant celle de mon père, avec à l'époque un étrange mélange d'envie et d'angoisse.

À commencer par celle de grandir.

Le monde des adultes m'a toujours effrayé.

Une angoisse provoquée par un lien trop dysfonctionnel avec mes parents.

Même si ce dernier ne les a pas empêchés de m'aimer, à leur façon, comme ils le pouvaient.

Ce lien est néanmoins à la racine de ma relation parfois compliquée avec les autres, souvent douloureuse et violente avec moi-même. Une angoisse à s'attacher faisant face à une obsession de plaire ne pouvant que générer une redoutable capacité à la souffrance.

Pour soi-même et pour ceux que l'on attire.

Dès notre rencontre, Delphine s'est incarnée en figure maternelle.

Pas une mère de substitution, mais sans aucun doute de réparation.

Ma condition d'enfant gâté par le confort matériel n'a rien arrangé. Je suis issu d'un milieu en décalage total avec mes besoins et mes élans profonds. Moins d'argent et plus d'amour auraient été infiniment mieux.

Car c'est bien l'amour que reçoit un enfant qui lui procure un vrai sentiment de sécurité. Une sécurité affective bien plus essentielle que la sécurité matérielle.

Le travail thérapeutique que j'ai entamé très jeune m'a permis de mieux me connaître sans parfois mieux m'aimer. J'ai réussi à composer avec ma douleur pour tenter d'apaiser mon rapport au monde et d'y créer du lien. Sans jamais abandonner la relation pathogène à moi-même, comme mon goût immodéré pour le vin, ma sexualité parfois compulsive, mon obsession pour l'ordrc ct lc rangement.

Trois symptômes identifiés du « syndrome de Peter Pan ».

Si mon mariage a été cohérent avec mon éducation, fidèle à une tradition sociétale et familiale, il a aussi été le désir et une tentative d'accéder à ce rôle d'adulte. Une réalité du monde que j'ai toujours fuie.

La force de Delphine a été de me laisser croire que j'y avais ma place.

Elle a accepté beaucoup de mes blessures personnelles, y reconnaissant certainement les siennes.

Nous avons tous les deux joué à faire comme des grands.

À défaut de toujours l'être.

***

Je croyais devoir me conformer au modèle de vie hérité de ma famille et aux normes sociales de mon milieu pour être digne d'y être admis et considéré.

Aujourd'hui que je m'en suis affranchi, je ne me suis pourtant jamais senti aussi aimé et respecté.

Pour ce que je suis et pour ce que je vis.

Parce que mon histoire, en invitant chacun à dépasser ses peurs, à avancer sur son propre chemin, a réellement « fait du bien à tout le monde ».

Les parents et proches confrontés à ce type de situation doivent trouver en eux la force de surmonter leur déception et leurs angoisses en optant pour le meilleur choix qui soit.

Celui de l'intelligence du cœur, dont on ne soupçonne pas assez la puissance prodigieuse.

Cela suppose évidemment de dépasser de nombreuses peurs, qui commencent souvent par celle liée à la réputation, au « qu'en-dira-t-on », au regard des autres.

Il y a aussi, je l'ai vécu avec mon père, une grande part d'interrogation coupable et anxieuse sur la responsabilité quant à l'expression de cette différence de son propre enfant, dans lequel on ne se reconnaît plus.

Il est essentiel que parents et familles sortent de la culpabilité, de cette peur nourrissant des colères parfois terrifiantes. Certaines se retournant parfois contre ses proches, voire contre soi-même. Je suis convaincu que certains féminicides peuvent s'expliquer dans la personnalité identitaire ambiguë de l'auteur. Et que dire de ces faits divers effrayants, où l'on apprend qu'un père de famille a tué ses propres enfants, puis sa femme, pour finir par retourner l'arme contre lui. Dans certains cas, ces gestes désespérés, d'une violence inouïe, doivent peut-être chercher leurs causes profondes dans l'invivable angoisse de ne pas être aussi hétérosexuel que l'on voulait et pensait l'être.

C'est par ignorance que les êtres causent leur propre malheur.

Et d'abord par l'ignorance d'eux-mêmes.

La vraie liberté intérieure est une quête longue et complexe tant nous sommes conditionnés — pour ne pas dire esclaves — par nos besoins, nos préjugés, notre éducation et nos croyances qui nous sont imposés depuis notre plus tendre enfance.

Je mesure la chance exceptionnelle qui a été la mienne dans une situation où tant d'autres se sont heurtés à de terribles rejets de la part de leur propre famille.

Je comprends ainsi que la violence de certains parents est à la mesure de la peur immense qu'ils ont d'avoir « raté quelque chose ». L'annonce de l'homosexualité de leur enfant les met face à un doute terrible, face à leurs propres erreurs, fautes ou manquements, dans ce long et difficile processus d'éducation où chacun agit avec ce qu'il est.

Et si tout cela était de ma faute ?

Étourdissante angoisse.

Plutôt que de culpabiliser celles et ceux qui ont osé révéler une autre sexualité, on devrait surtout travailler à déculpabiliser leurs parents d'en être les responsables.

***

Ce n'est pas la part homosexuelle qui peut exister en moi qui définit ce que je suis, mais plutôt la place que je lui donne. Que ce soit du questionnement, de la peur ou du fantasme, c'est le passage à l'acte qui procède du désir de vivre ou non cette expérience.

L'accepter en soi est le début d'un chemin parfois complexe vers sa vérité profonde.

L'assumer au grand jour est une étape plus difficile encore.

L'essentiel est de vivre ce qu'il y a de plus juste pour soi.

C'est le concept des « rôles » cher à Sarah S. qui m'a rapidement convaincu par son évidence.

Il en va ainsi de la sexualité comme de l'identité au sens le plus large.

Est-ce que je me montre au monde tel que je suis au plus profond de moi ?

Ai-je librement choisi la place qui est la mienne, que ce soit dans ma famille ou dans la société ? Ne me suis-je pas imposé, malgré moi, d'être ceci ou cela parce que c'était la seule façon d'exister ? Combien de personnes parmi nous ne sont finalement devenues que ce que l'on exigeait d'elles ? Pour s'incarner, le croient-elles, dans le seul rôle digne de l'attention de leur famille, en ligne avec leur éducation, leur culture, ou toutes sortes de traditions.

Il ne s'agit pas de juger si ces valeurs imposées sont bonnes ou mauvaises, mais bien de comprendre qu'elles se sont transmises parfois tyranniquement sans se soucier de savoir si elles étaient justes pour celles et ceux à qui on les imposait.

Que de voix entend-on ainsi depuis sa naissance. Celles de ses parents et de tant d'adultes, de ses professeurs d'école et d'université, des médias et de la pub, des réseaux sociaux aujourd'hui. Toutes ces voix qui nous dictent ce à quoi l'on doit ressembler, ce que l'on doit penser, ressentir, acheter, voter, ÊTRE… Notre monde complexe veut si souvent nous soumettre à tant d'obéissances et de conditionnements.

Ma rencontre avec Sam, que j'ai « choisi » sur cette piste de danse, est sans aucun doute un moment de ma vie où j'ai eu accès à ma vraie voix intérieure. Elle m'a guidé sans qu'à aucun moment je ne prenne la mesure des conséquences de mes actes. Une intuition plus puissante que mon entendement, remettant en question mon « rôle » de mari pour Delphine.

Comme si cette voix intime et profonde, débarrassée en un instant de la somme de toutes les autres, savait « mieux que moi-même » que je devais tôt au tard rompre avec un rôle que j'avais certes accepté et désiré, mais qui n'était pas le mien.

***

La rencontre d'âmes, au-delà du cœur, que j'ai eu la chance de vivre avec ce garçon s'est accompagnée d'un grand risque que j'ai décidé de pleinement assumer. J'ai eu pour seul moteur la conviction profonde que, malgré la peur et parfois la fureur qu'engendrait notre histoire autour de nous, il y avait quelque chose d'infiniment juste à conquérir et à vivre. Je me suis volontairement détourné de tout ce que l'on m'avait appris. J'ai perdu de vue ce qui était identifiable et définissable, ai quitté la route tracée par les générations qui m'ont précédé pour me plonger, à corps perdu, vers l'inconnu. Une voie nouvelle et inédite, comparable à celles que certains alpinistes choisissent d'emprunter pour la première fois en montagne.

Et qu'aucun avant eux n'avait pu ou su expérimenter.

J'ai certainement tout gagné parce qu'à un moment, j'ai pris le risque de tout perdre.

C'est une béatitude de pouvoir vivre aujourd'hui mon histoire d'amour sans que plus personne autour de moi en soit affecté.

Tant de gens se croient incapables de vivre ce type de victoire sur leur destin.

Dans de telles situations, ils seraient surpris de leur propre force intérieure.

Celle qu'a su trouver Delphine en elle, malgré son chagrin, continue de me fasciner et de nourrir en moi une immense gratitude pour cet être unique.

Elle est et restera LA femme de ma vie.

L'amour qu'a eu Delphine pour moi et sa force de caractère ont permis une transition douce, dans le respect de nos enfants et des sentiments très forts qui nous unissaient encore malgré le choc de ma rencontre avec Sam.

En ayant choisi de ne pas céder à la colère ni à l'envie de se venger, Delphine m'a permis de ne pas mobiliser toutes mes forces dans le combat d'un divorce brutal. J'ai pu ainsi m'interroger plus sereinement que l'on n'aurait pu l'imaginer en pareilles circonstances sur mon rôle de père et la juste place qui devait être la mienne auprès de mes enfants.

Je lui suis infiniment reconnaissant d'avoir fait la part des choses en ne mêlant jamais nos petits à notre histoire de couple.

Des parents en pleine séparation se servant de leurs enfants comme d'une épée ou d'un bouclier prennent-ils bien la mesure de la violence et des dégâts qu'ils commettent auprès de ceux qui devraient être les premiers à épargner et protéger dans un divorce, déjà si douloureux ?

***

Au-delà des forces du cœur, je crois aussi à celles que l'on peut apprendre à conquérir en soi auprès d'un thérapeute.

Incarner le vrai rôle qui est le sien, et gagner la confiance en soi dont nos parents nous ont parfois tant fait douter.

Quand j'ai annoncé être tombé amoureux d'un garçon, mon père ne me parlait plus et me croyait dépressif, ma mère pensait que j'étais malade, Sam était menacé de mort, certains amis m'ont tourné le dos, je me sentais effroyablement seul.

Mais au fond de moi, je savais devoir affronter et assumer ce chemin de traverse, quelles qu'en soient alors les difficultés.

Après la tourmente du chaos est venue l'ère de l'apaisement.

J'ai vu ma mère échanger des recettes de cuisine avec Sam, mon père nous accueillir avec affection, Delphine et son nouveau compagnon partager un repas de famille pour la première communion d'un de nos enfants, j'ai pu retrouver mon ex-beau-frère à Ibiza qui nous a ouvert ses bras et son cœur, partager la joie de nous réunir tous ensemble pour un dîner de Noël.

Dans ces instants d'harmonie et de paix, j'ai profondément ressenti la chance immense qui m'était offerte.

Autant que le beau chemin parcouru par tous.

Un chemin d'amour que je considère être la plus inestimable richesse qu'un être humain puisse connaître au cours de sa vie.

Des moments intenses et magnifiques venus me confirmer que nous sommes des êtres spirituels venus vivre l'expérience de la vie terrestre.

En écrivant les derniers mots de cette histoire, j'en retiens une révélation éclatante : ma foi indéfectible dans les miracles.

L'amour, dans toute sa force et sa beauté, m'a révélé sa magie.

J'ai compris véritablement ce que signifiait aimer et être aimé.

Cette croyance n'est pas issue des récits des autres, mais de ma propre expérience.

J'y crois parce que j'en ai été le témoin.

J'y crois parce que j'en ai été l'acteur.

Pour la toute première fois, je suis enfin devenu l'acteur de ma vie.

FIN

Que sont-ils devenus ?

En avril 2025, mon témoignage dans l'émission « Ça commence aujourd'hui » présenté par Faustine Bollaert sur France 2 (ayant pour thème « Son mari avait un amant… ») suscite de nombreux commentaires très positifs.

Avec Sam, nous avons fêté les dix-neuf ans de notre rencontre, dont on continue de s'émerveiller chaque jour.

A la même époque, la 100ème vidéo de « Lolo le Daron » est postée et je continue de nouer avec ma fille ainée une formidable complicité, pour notre plus grand bonheur et celui de nos abonnés (100 000 sur TikTok et 27 000 sur Instagram)

À la rentrée 2025, je lancerai mon propre podcast « Lolo le Daron », un nouveau projet qui me tient particulièrement à cœur.

De son côté, Sam s'épanouit pleinement en tant que médium-magnétiseur. Il s'incarne à merveille dans cette incroyable vocation au service des autres.

On a conservé de très bonnes relations avec Delphine qui a retrouvé l'amour depuis presque dix ans.

Joséphine, Camille et Aurélien s'entendent très bien avec tous et poursuivent chacun de brillants parcours de vie.

Le spectacle évoqué dans ces pages est accessible gratuitement et en intégralité en scannant le QR code ci-dessous :

Printed by Amazon Italia Logistica S.r.l.
Torrazza Piemonte (TO), Italy

73128511R00206